战争事典
WAR STORY /089

THE MICRO BATTLEFIELDS

微观战场

二战中那些被遗忘的人和事

刘啸虎 李庆伟 邢妍 著

台海出版社

图书在版编目（CIP）数据

微观战场：二战中那些被遗忘的人和事 / 刘啸虎，李庆伟，邢妍著 . -- 北京：台海出版社，2025.2.
ISBN 978-7-5168-4126-6

Ⅰ．K152-49

中国国家版本馆 CIP 数据核字第 2025LQ6998 号

微观战场：二战中那些被遗忘的人和事

著　　者：刘啸虎　李庆伟　邢妍	
责任编辑：戴　晨	
封面设计：周　杰	策划编辑：周　静

出版发行：台海出版社
地　　址：北京市东城区景山东街 20 号　　邮政编码：100009
电　　话：010-64041652（发行，邮购）
传　　真：010-84045799（总编室）
网　　址：www.taimeng.org.cn/thcbs/default.htm
E-mail：thcbs@126.com

经　　销：全国各地新华书店
印　　刷：重庆市国丰印务有限责任公司
本书如有破损、缺页、装订错误，请与本社联系调换

开　　本：787毫米×1092毫米	1/16
字　　数：319 千字	印　张：19
版　　次：2025年2月第1版	印　次：2025年4月第1次印刷
书　　号：ISBN 978-7-5168-4126-6	

定　　价：99.80元

版权所有　翻印必究

目 录

第一章
"工合":美国海军陆战队卡尔逊袭击营的往事 1

第二章
从纽约到冲绳:美军士兵的太平洋转战 37

第三章
钢铁雄心:
冲绳战役中的美军三名荣誉勋章获得者 59

第四章
奥运选手与苏联红军战士:两名美国战俘的传奇经历 71

第五章
不朽的荣耀:
卫国战争中鲜为人知的"苏联英雄"称号获得者 89

第六章
我是女人,也是女兵:
卫国战争中获得"苏联英雄"称号的女性 105

第七章
燃烧的火焰:苏联卫国战争中的敌后游击战 123

第八章
血与火:
第二次世界大战中的南斯拉夫游击队 141

第九章
冰与火:苏芬冬季战争实录 157

第十章
轰炸美利坚：
太平洋战争中日本潜艇对美国本土的破袭 169

第十一章
"决战兵器"：
第二次世界大战中日本气球炸弹对美国本土的袭击 ... 185

第十二章
踏进地狱的入口：东线战事初期的德军士兵 201

第十三章
坚守在地狱：前线士兵经历的斯大林格勒战役 213

第十四章
法兰西仍在战斗：二战时期法国本土的抵抗运动 241

第十五章
"都结束了"：纳粹德国人民冲锋队老兵的故事 251

第十六章
在暴风眼的漩涡之中：柏林之战实录 263

第十七章
加尔各答轻骑兵最后的冲锋：
二战时期英军情报部门在印度的秘密行动 279

第十八章
"从那时起，我不再信仰上帝"：
德军黑豹王牌路德维希·鲍尔的战争生涯 287

参考文献 293

"工合"：美国海军陆战队卡尔逊袭击营的往事

第一章

美国海军陆战队袭击营诞生于太平洋战争爆发之初。当时美国处于下风，急需一支特种作战力量能牵制强敌日本，并鼓舞国内的士气。美国总统罗斯福也欲效法著名的英国"哥曼德"（Commando，即突击队），组建一支美国自己的特种游击作战力量。于是，袭击营应运而生。袭击营存在的时间其实不足两年，最终还是作为精锐步兵投入对日作战，这与最初组建时设想的定位相违。但彼时美国海军陆战队袭击营一度号称"精英中的精英"（elite within an elite），是美国现代军事史上最早专门从事特种作战的部队。在时人眼中，袭击营装备精良的轻武器，接受严格的近距离作战训练，精通丛林生存技巧和游击战术。时至今日，美国海军陆战队弗吉尼亚州匡提科兵营里，仍有一座格斗训练中心名为"袭击营会堂"（Raiders Hall），这是袭击营给美国海军陆战队留下的遗产。至于作战理念和战术手段的影响，一般认为在今天的美国海军陆战队特种作战司令部中仍依稀可见。

美国海军陆战队袭击营最初的兵源，是太平洋战争爆发前参军的新兵。20—30年代经济大萧条席卷美国，当兵服役虽军饷不高，却是铁饭碗，于是成了贫困线上年轻人的首选。袭击营的陆战队员肯·麦卡洛（Ken McCullough）多年后回忆："那时在东南部的俄克拉何马州什么工作也找不到。"某日，几个高中男生跟当地一个小餐馆老板聊天，"那人说，'如果你们撑不下来，就别去海军陆战队'。这种话反而激起了我的兴趣……"麦卡洛记得，当时连自己在内共25个人志愿报名参加海军陆战队，只有4个人被录取。参加美国海军陆战队的人，从理由到背景各有不同。举例而言，后来同样加入袭击营的埃尔文·卡普兰（Ervin Kaplan），当时刚读完医学预科，实在没钱继续念医学院，于是参加了海军陆战队，当了一名无线电操作员。

至于埃里克·安德森（Erik Andersen），华盛顿州的挪威裔，

▲ 海军陆战队袭击营徽章。

经济大萧条时期跟大批美国青年一样，为了给自己一大家子人减轻点负担，毅然离家谋生。埃里克靠扒火车漫游了全美国，四处打短工、乞讨甚至小偷小摸过活。后来埃里克参加了著名的美国民间资源保护队（Civilian conservation Corps，即CCC，又译平民保育团），到得克萨斯州去植树建公园。民间资源保护队是大萧条时期罗斯福新政"以工代赈"的创举，给无家可归的失业劳动力提供食宿和每天1美元的工资（收入相当于美国陆军二等兵）。埃里克只拿25美分，余下的全部要寄给家里。埃里克顶着45摄氏度（112华氏度）的烈日，在一些美军退役士官的监督带领下，采石头修桥，练出了一副建筑工人的精壮身板。这项政策算是将埃里克从濒临饿死的边缘救了回来，让他具备了成为一名合格陆战队员的基本素质。

还有詹克·罗森（Jake Rosen），出身费城的中产阶级下层家庭，父亲开男装店，家里基本衣食无忧。詹克参加美国海军陆战队是出于责任感。上中学时，他一直关注西班牙内战和纳粹崛起的新闻，对纳粹德国迫害犹太人满心愤慨。与大多数美国人一样，詹克认为纳粹德国的威胁比日本要大。德国潜艇将猎杀范围扩大到美国本土近海，甚至于1941年10月击沉美国驱逐舰"鲁本·詹姆斯"号（Ruben James），这让中学毕业后在自家店里帮忙的詹克根本无心给客人试衣服。詹克经常路过征兵站，显眼的美国海军陆战队征兵海报仿佛在对他发出召唤。终于有一天，午饭后詹克下定决心沿着大街走进了征兵站，要求参加"第一批与纳粹作战的部队"。詹克还没有意识到，自己的家乡费城

▲ 民间资源保护队海报。

是美国海军陆战队的诞生地，1775年美国海军陆战队正式在费城的"一桶酒"酒馆（Tun Tavern）成立。在征兵官看来，詹克这小伙子简直就是冲着海军陆战队来的。

第一次世界大战时期，美国海军陆战队大规模扩军，1917年在加利福尼亚州的圣迭戈军港和南卡罗来纳州的帕里斯岛成立了两座新兵训练基地。以密西西比河为界，来自密西西比河以东的新兵去帕里斯岛，来自密西西比河以西的新兵去圣迭戈。新兵训练为期10周，重点强调严格纪律、队列步操和步枪射击训练。主要是因为这些科目在一战西线战事中发挥了巨大的作用。尤其步枪射击训练，让一战时期美国海军陆战队员的步枪射击水平远胜德军，可以在德军认为不可能的距离之外开枪射中目标。

埃里克进的就是圣迭戈训练营。新兵以小队为单位，沿着海军基地附近的平坦沙地扎帐篷住。对于小半辈子都在吃苦的穷孩子埃里克来说，新兵训练营过得就像天堂。食物充足，住宿条件远胜民间资源保护队，加利福尼亚南部更是气候宜人。埃里克的教官是个名叫考尔菲尔德（Caulfield）的老中士，真正的老陆战队员，曾在舰上服役，参加过美国武装干涉中美洲的"香蕉战争"，饱经风霜但脾气出奇好。这些年考尔菲尔德对手下新兵无论什么样的愚蠢错误和不听话举动都已司空见惯。每天周而复始的日常训练就是队列、体能和学习保养步枪及其他个人装备。打破这种单调的唯一乐趣，是去圣迭戈市区以北新修建的兵营参加步枪射击训练。考尔菲尔德耐心而温和，从不冲着新兵连吼带骂。射击训练中他手把手纠正新兵的动作要领。考尔菲尔德留着小胡子，操着一口不好听的弗吉尼亚乡音。

城里孩子詹克的体验则完全不同。他去的是帕里斯岛训练营，跟的教官汤普金斯下士（Tompkins）简直苛刻严厉到极点。詹克和战友们无论做什么都达不到汤普金斯的最低要求。汤普金斯说话全靠吼，张嘴就是骂。而且帕里斯岛新兵训练营本就是用废弃的海军船坞和监狱改建而成，潮湿炎热又遍地沙土，卫生内务无论怎么搞也不可能让下士满意。至于下士浓重的田纳西东部口音，更让北方佬詹克天天憋着笑。不过詹克和战友们相信，下士并非虐待狂，只是要求太高，严厉而略偏执。

新兵训练结束后，被分配去不同的部队。埃尔文·卡普兰去了通信兵学校，詹克被分配到了陆战5团第1营。陆战5团在第一次世界大战中对德作战屡立战功，詹克也算如愿以偿。

每个海军陆战队员参加袭击营的动机和方法都各不相同，但所有人都心怀对袭击营创始人和指挥官的信任。梅里特·奥斯汀·埃德逊中校（Merritt Austin Edson），美国海军陆战队中出了名的正统派，认为海军陆战队各部都应该具备从海上发动突袭的能力，就像英国的"哥曼德"突击队一样。埃德逊中校当年参加过香蕉战争，率部在热带雨林里长途追击尼加拉瓜游击队，他长时间不刮胡子，蓄了一把火红色的长须，因而得绰号"红麦克"（Red Mike）。埃德逊虽然身材矮小，军装穿在身上总显肥大，却是美国海军陆战队的步枪和手枪射击比赛全国冠军。他还根据自己在尼加拉瓜的作战经验，撰写过颇有影响力的反游击战手册。他出了名的为人冷酷，带兵严格。

詹克分派到第1营的时间，正值"红麦克"来第1营当营长。彼时是1941年6月，埃德逊中校努力要将该营打造成一支乘高速驱逐舰从海上发动夜间两栖登陆、突袭夺占岸上重要目标的部队。埃德逊想方设法加强各连的编制，连长必须由上尉担任，每连4名中尉、130名陆战队员。各连都要配备重火力，还要配属两名海军医护兵。全营另有一个营部连，一个装备8挺轻机枪、4门81毫米迫击炮的火力连负责支援各步兵连。

詹克对这些变化并不清楚。他只是发现，自打埃德逊来了之后，新兵训练营

▲ 梅里特·奥斯汀·埃德逊。

▲ 现代两栖作战之父——霍兰德·史密斯。

的人口密度陡然增大。陆战1师移驻加利福尼亚北部修建的新基地，只有陆战1营仍驻防原地，在美国海军陆战队"两栖作战之父"霍兰德·M·"霍克"·史密斯少将（Holland M ."Hoke" Smith）的眼皮子底下继续强化训练。

该营经常乘驱逐舰参加两栖突袭训练。从驱逐舰换乘橡皮艇登陆，是许多陆战队员的噩梦回忆。水手从驱逐舰一侧放下绳梯，陆战队员背着沉重的装备和弹药慢慢爬下去。驱逐舰还算稳当，但橡皮艇随着浪头而高低起伏可达8英尺（2.5米）。所以，人要看准了，从绳梯上一纵身可跳进橡皮艇。要是看不准，扑通一声跳进海里，就要赶紧松背包带，否则身上背着100磅（45千克）的东西，立时就要沉底。

陆上训练更加严酷。埃德逊特别热衷于让部下全副武装长途拉练。全营经常从训练营所在的小城匡提科出发，徒步行军前往当年南北战争中的马纳萨斯旧战场。全长30英里（48千米），第二天再原路行军返回。詹克和战友们心里早把埃德逊骂了无数遍，却也发现这个人到中年的指挥官每次都是随部下一起行军。而且休息时埃德逊要来检查部队情况，行军时他还要在队伍中跑前跑后视察督促。另外，埃德逊重视训练部下使用武器的技能，强调夜战训练。尤其强调夜战训练这一条，后来救了许多陆战队员的命。

太平洋战争爆发后，训练强度进一步加大。霍兰德·史密斯少将下令将陆战1营番号改为第1特种作战营（1st Special Battalion），直接归两栖作战司令部指挥，专门从事特殊行动。1942年1月，埃德逊的这个第1特种作战营又改称第1独立营（1st Separate Battalion）。同时第2独立营在加利福尼亚成立，营长就是大名鼎鼎的埃文斯·福代斯·卡尔逊少校（Evans Fordyce

▲ 埃文斯·福代斯·卡尔逊。

Carlson)。

卡尔逊是一个公理会牧师的儿子，14岁就离家出走，16岁谎报年龄参加了美国陆军，19岁就晋升为上士。1917年重新入伍，晋升为中尉，参加过在墨西哥围剿潘乔·维拉的行动，第一次世界大战后以上尉军衔在潘兴将军麾下任参谋。又经过一段三心二意且颇不如意的平民生活，1922年卡尔逊以二等兵身份加入美国海军陆战队。后又被提拔为海军陆战队军官，奉命担任美国总统罗斯福在其度假地佐治亚州沃姆斯普林斯温泉疗养院（Warm Springs）的军事副官。如此，卡尔逊与罗斯福总统本人及罗斯福的长子、预备役军官詹姆斯·罗斯福相交甚笃。

于是，卡尔逊得以作为情报军官和军事观察员第三次前往中国，近距离了解中国共产党军队的对日作战情况，并直接向罗斯福总统汇报。美国国内有人批评卡尔逊太过理想化，刻意粉饰中共，但卡尔逊完全不以为意。1939年4月，卡尔逊从海军陆战队辞职，写书并四处发表公开演讲，揭露日本对中国的侵略行径。1941年5月，卡尔逊动用自己在白宫的老关系，以预备役上尉身份重新加入美国海军陆战队，并很快晋升为少校。

高层的理念分歧，是詹克看不到的。卡尔逊的想法与埃德逊不同，他要打造一支从事游击战的部队。卡尔逊的这一想法得到了新任太平洋舰队司令尼米兹的支持，因为尼米兹要求尽快对日本还以颜色，提振士气。美国总统罗斯福更对此有直接指示，美国海军陆战队遂开始派人员赴英国观摩突击队训练，并开始对部队理念进行变革。

1942年2月16日，埃德逊的第1独立营终于正式改称第1袭击营（1st Raider Battalion）。埃德逊极不情愿地抽调出1个步兵连、1个机枪排和1个迫击炮小队，充实卡尔逊的第2袭击营。连转入现役的总统长子詹姆斯·罗斯福都来卡尔逊手下服役。詹克也晋升为下士，负责指挥第1袭击营D连的一个小队（即步兵班）。

跟性情冷峻、不苟言笑的埃德逊截然不同，二等兵布莱恩·夸克（Brain Quirk）如此回忆卡尔逊："（卡尔逊是）你一生中所遇到最棒的人，他无所畏惧。他精明敏锐……收放自如，无懈可击。他从不兴奋，讲话也从不抬高声调，而事情趋向于恶化时能做到这样可真难。"布莱恩·夸克本来想进航校，却被分配去当步兵。他听了一场卡尔逊的演讲，卡尔逊保证跟随自己的人在敌人那里将只有艰难困苦和九死一生。听完卡尔逊的演讲，夸克当即报名加入袭击营。

卡尔逊第2袭击营所有官兵都是精挑细选出来的。肯·麦卡洛回忆："卡尔逊上校……亲自面试挑选士官……其他军官亲自面试挑选士兵。"卡尔逊把第1袭击营调来的军官刷掉了一半，士兵刷掉了四分之三。卡尔逊对这些官兵的作战素质大加嘲讽，将他们全部送去了新成立的陆战9团。为此，埃德逊一辈子没原谅卡尔逊。

卡尔逊和小罗斯福一个个亲自面试袭击营成员，力图筛掉那些个人动机不够强烈的报名者。小罗斯福在面试中问埃里克："对你而言，美国象征着什么？这场战争过后，你想要美国拥有一个什么样的社会制度？"他还认真地问埃里克，愿不愿意用匕首杀人？这个问题难度巨大，实际是要让士兵直面自己的心理极限。小罗斯福发现无论自己怎样为难，埃里克都能接受。于是他批准埃里克加入袭击营，将埃里克分配到A连威尔弗雷德·法朗奇·勒弗朗索瓦中尉的排。

跟当时新扩编的部队一样，卡尔逊袭击营奉命进驻圣迭戈北部一处废弃的农场。袭击营士兵们睡两人一顶的帐篷，清出一座鸡舍当食堂，还把一座谷仓改成礼堂，卡尔逊用来向部下们训话。就是在这座谷仓里，卡尔逊用自己独特的演讲向部下们阐释了自己的哲学。他用一种近乎传教士的热忱，向部下们宣传自己的口号"工合"（Gung Ho），表示战后要共同努力建设一个平等正义的社会，人人自食其力，众人协作互助。全营每周开全体大会，士兵们可以畅所欲言提意见，排练合唱，看电影，邀请相关人士就政治和社会问题来发表演讲等等。

上级军官发现，卡尔逊的做法打破了官兵之间的上下级关系，军官公开与士兵称兄道弟，官兵不佩戴军衔标志。袭击营不分军官士兵，都穿丛林战斗服，戴遮阳短帽。这种袭击营遮阳短帽后来一度成为时尚。"工合大会"上，士兵们可以公开批评军官，毫无顾忌，不怕打击报复。卡尔逊就是这样试图将平等主义的理念带入等级森严的美国军队。一般认为，卡尔逊除了从中国共产党那里学到的理念，还糅合了自己作为公理会信徒的宗教背景，即为更大的社会理想而奋斗和牺牲。卡尔逊的想法有时也会与部下相抵牾。比如后来小罗斯福在回忆录中写道，有一次在"工合大会"上，袭击营官兵们投票否决了卡尔逊的主张。因为卡尔逊提出战后美国的个人年收入应以2.5万美元为上限，袭击营官兵想的却是：本事越大就该赚钱越多，人人都有机会发大财。

卡尔逊要求部下都过斯巴达式的生活，官兵待遇一致全睡在小帐篷里。平时的训练中，卡尔逊极为重视体能训练。埃尔文·卡普兰回忆："我们早上起床，先跑上一圈二十分钟……要两三英里。我们跑进米深河谷,有人在我们前方100英尺(30.48米)处领跑,我们跟在他们后面跑。"长途拉练更是一走就要走两天,远足70英里(112千米)。其他部队的官兵表示,无法忍受卡尔逊的理念。但卡尔逊坚持认为,具有牺牲精神的战士就应该这样生活,艰苦朴素,毫无享受。卡尔逊很少准假,不许袭击营官兵出去寻欢作乐。结果这些陆战队员经常领了军饷就偷偷溜出军营,坐上停在军营门口的出租车,去城里通宵达旦泡吧喝酒。他们说,不然一天14个小时的艰苦训练太难熬了。卡尔逊和部下斗智斗勇,经常凌晨三点突然集合点名,总算压住了这股风气。后来第2袭击营移驻夏威夷檀香山,驻地旁边满是酒吧、赌场、妓院和脱衣舞俱乐部。卡尔逊坚决不批假,部下们抱怨连天,但总算没有败坏军纪。

除了常规武器训练和体能拉练,卡尔逊还特别重视匕首刺杀搏击训练。他的袭

▲ 进攻图拉吉岛作战的海军陆战队军官,第一排左二为埃文斯·卡尔逊。

击营官兵人人携带两把匕首：一把大号的"工合猎刀"（Gung Ho Bowie），一把小号的"袭击者短刃"（Raider Stiletto），都是仿自英国突击队的制式刀具。卡尔逊袭击营接受的橡皮艇登陆训练很少，只在加利福尼亚沿海练过三周。所以移防夏威夷后，该营又在瓦胡岛的凯特林军营补上了这项训练。而这项训练的缺乏，也在后来的实战中暴露了出来。

第 2 袭击营离实战越来越近了。1942 年 5 月 22 日，C 连、D 连在高度保密的情况下被派去增援中途岛，应对日军可能的登陆。6 月 28 日，A、B、E、F 连乘船北上阿拉斯加，准备参加从日军手中收复阿图岛和基斯卡岛的作战。麦卡洛回忆："我们出海才两天，就调转航向奔中途岛去了。"但中途岛之战终究没能用到海军陆战队。

还是埃德逊第 1 袭击营先得到了参加实战的机会。埃德逊的首次任务，是

▲ 美国海军陆战队在瓜达尔卡纳尔岛的田野上休息。

在两栖登陆作战行动中充当先锋。这即是著名的"瞭望台行动"（Operation Watchtower），美军计划进攻所罗门群岛南部，拿下瓜达尔卡纳尔岛（简称瓜岛）上的机场。最难啃的一块骨头则是瓜岛附近的图拉吉岛。这个小岛曾是英国殖民地当局的驻地，如今岛上驻有战斗力强悍的日本海兵队350人。美国海军不肯发动夜袭，埃德逊第1袭击营只能乘坐登陆艇大白天行动。情报很少，粗略的地图还是一名从前岛上居民手绘的，袭击营只能用这些来作战。

1942年8月7日，贾斯迪斯·钱伯斯少校率第1袭击营D连抢滩登陆，詹克跟着上去了。小小的橡皮艇停在珊瑚礁上，詹克刚一跳下来，海水就没过了鼻子。他挣扎着涉水上岸，然后随全连向岛屿中部前进，到达了高350英尺（107米）的中央山脊。这道地势崎岖的山脊全由珊瑚礁形成，上面遍布洞穴，堪为天然的掩体。

第1袭击营官兵沿着山脊东南方向进发。很快搞清楚了，日本兵就藏在这些洞

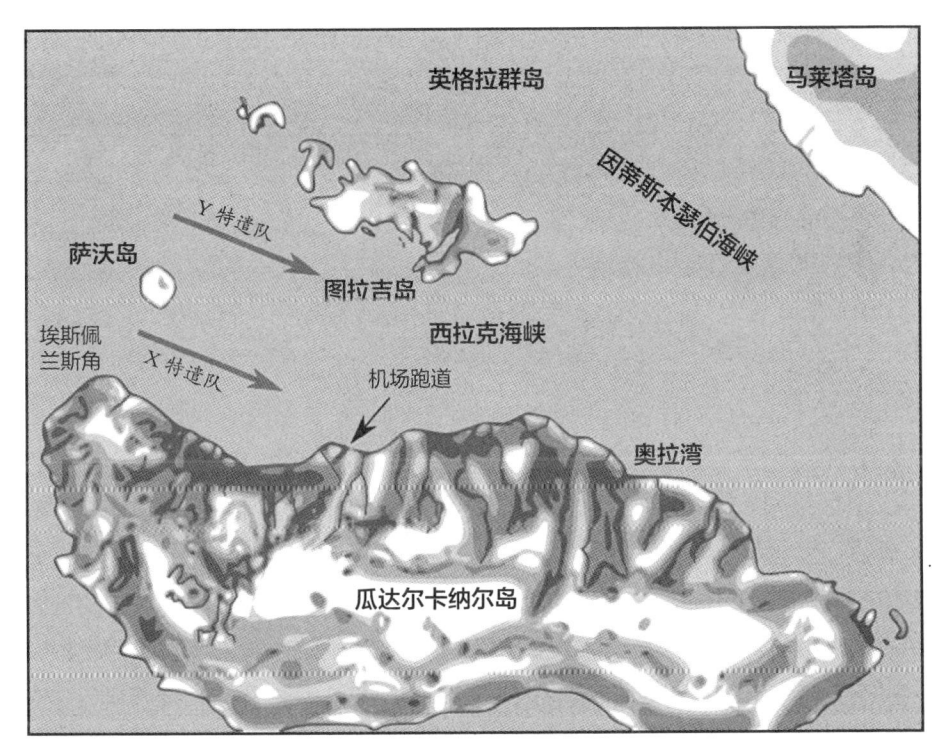

▲ *1942年8月7日，在瓜达尔卡纳尔岛和图拉吉岛登陆的盟军特遣队路线示意图。*

穴里，向美军打冷枪。这些日本人死不投降，袭击营只能逐个洞穴用手榴弹解决。这一过程中，袭击营的伤亡不断攀升。

与其他人一样，詹克从前以为日本人不过是矮个子罗圈腿、龅牙外凸再加厚如瓶底的大眼镜。但 5.56 毫米有坂步枪子弹可怕的射击精度让他改变了看法。在观察一次进攻时，詹克最好的朋友将头抬得稍稍高了一点，让詹克亲眼见到了恐怖的一幕：朋友的钢盔爆开一个小洞，粉红色的血雾从后脑的洞里喷出来。一名日军狙击手将子弹打进了朋友的额头正中央。

接下来的时间里，詹克满腔怒火。当天晚上，D 连构筑防御阵地，扼守通往该岛南端的通道。日军向 D 连阵地发动了夜袭，詹克记得当晚四周充斥着日军有意制造的噪声。从吼叫到谩骂，从声调奇怪的日语到模仿拙劣的英语，应有尽有。袭击营官兵听到声音就扔手榴弹过去，避免开枪暴露阵地位置。战斗相当惨烈，A 连下士刘易斯·沃尔特后来回忆：

▲ 1942 年 8 月 7 日，美国海军陆战队登陆瓜达尔卡纳尔岛。

"击退了日军在图拉吉岛的反击后,沃尔特少校沿着自己连的防线巡察,发现了那处散兵坑。守这处散兵坑的是上等兵爱德华·阿伦斯,一个胆小懦弱的肯塔基人。阿伦斯的散兵坑已经成了血泊,里面躺着一个日本军官和一个日本军曹的尸体。散兵坑周围还躺着11个死掉的日军。沃尔特想把阿伦斯从散兵坑里抱出来,阿伦斯身上有多处弹洞和被捅刺的伤口。阿伦斯低声对沃尔特说:'这些畜牲昨晚过来的——我猜他们不知道我是海军陆战队员。'说完就死在了沃尔特怀里。"

▲"鹦鹉螺"号。

　　清晨时分,陆战5团的两个连通过了D连防线。当天下午,第1袭击营沿道路开进,消灭了残余的日本守军。"红麦克"埃德逊报告已占领该岛,不过肃清岛上的残敌又用了几天。

　　就在第1袭击营刚刚登陆图拉吉岛的时候,日本海军便在萨沃岛海战中击败了美国舰队,拿到了夜间制海权。每天凌晨,都有一艘日本驱逐舰朝图拉吉岛盲目炮轰上一阵,趁天亮前北撤。第1袭击营官兵给这艘日本驱逐舰取了个绰号叫"起床号查理"(Revcille charlie)。三个星期的时间里,第1袭击营官兵就生活在击毙的日军尸体中间。到处苍蝇嗡嗡,不仅落满了食物,而且飞进陆战队员的嘴里。詹克跟其他人一样得了痢疾,严重到一阵阵腹泻之后连清理个人卫生的力气都没有。不少人对此深感耻辱,但是无可奈何。毕竟天气太热,他们平时连脏兮兮的内衣也不穿了。

　　与此同时,美国太平洋舰队司令尼米兹决定发动一次牵制作战行动,支援瓜岛登陆。他的参谋人员最后选定了马金环礁(Makin Atoll,今称布塔里塔里环礁,Butaritari,位于太平洋中西部,吉尔伯特群岛北部,属基里巴斯共和国)。该环礁上有日军一座气象站和一处水上飞机机场,而且距离所罗门群岛足够近,既是理想的目标,又可对日军形成有效牵制。卡尔逊的第2袭击营被选中执行这一任务。侦察工作进行得很不完备,仅有几张航空照片,还有一张通过潜艇潜望镜拍摄的照

13

片。第2袭击营情报官杰拉德·霍尔特姆中尉找到了一个从前马金环礁上的渔民，了解到一些情况。所有情报似乎显示，马金环礁上没有布置岸防。

美国海军陆战队在瓦胡岛上根据马金环礁的地形修建了训练场，进行实战演练。按照作战计划，第2袭击营每名官兵在马金环礁上都有自己的特殊任务。六名陆战队员接受了速成的爆破训练，布莱恩·夸克正是其中之一。夸克回忆："我连引爆索都不认识，那玩意儿看着像一捆电话线。"夸克原来属于B连，现在直接配属到营部。"我的任务是去找一个无线电台，炸掉它……我猜找那玩意儿有地标，我不操心往哪儿找……我们演练的就是如何一股脑儿把这玩意儿全炸掉。"

尼米兹调来了美国海军3艘大型潜艇中的2艘，即"鹦鹉螺"号（Nautilus, SS-168）和"船蛸"号（Argomaut, SS-166），用于搭载第2袭击营官兵发动突袭。"鹦鹉螺"号能搭载85人，较大的"船蛸"号能搭载134人。卡尔逊留下A连25人，B连30人，然后带这两个连参加突袭行动。

卡尔逊坚持此次突袭行动只有一名营级军官参加就够了，不能冒让美国总统的长子落入敌手的风险。小罗斯福坚持要与部下一起行动，最后他把电话打到了自己父亲的办公室，才确保自己拿到了参战许可。

第2袭击营还在瓦胡岛最艰难的浪涛里乘坐加装小型马达的橡皮艇进行了反复演练，结果证明金属板在海水中也无法保护点火器。卡尔逊还想到了搭乘潜艇时的条件，于是潜艇中加装了简陋的空调系统。

一天的刻苦训练结束后，埃里克·安德森排里的中士让他们各自挑一双鞋和一套军服装进洗衣袋，交上去。几天之后，洗衣袋送回来了。打开发现，军服染成了斑点黑，鞋子也换成了绿色的运动鞋。这种丛林作战服后来成了袭击营的标配。

1942年8月6日（所罗门群岛时间8月7日），瓜岛登陆的消息在珍珠港传开。第二天一早，第2袭击营官兵登上潜艇。为了节省空间，每名陆战队员只携带个人武器、钢盔和一套换洗衣物。埃里克就这样随部队上了"鹦鹉螺"号。顺着又窄又陡的舷梯进入潜艇内部，他发现"鹦鹉螺"号被人员、武器、燃料和捆扎好的橡皮艇塞到近乎超载。上午9点，潜艇离港出航。

埃里克感觉潜艇里面的条件糟透了。空气沉重浑浊，而且含氧量不足。潜艇上实在无事可做，埃里克只能躺在舱室里胡思乱想。简陋的舱室里安装着用木架捆扎紧的担架床。每个舱室能塞下4个人。潜艇内的温度未曾低于96华氏度（即36摄氏度）。埃里克只躺在担架床上不动，便是浑身大汗。加之潜艇里空气环流不畅，而且为了维持士气，潜艇里居然不禁烟。于是，汗臭味、烟味和柴油味混在一起，污浊不堪，让人没法忍受。人的喘气声、呼噜声和放屁声，柴油发动机的轰鸣声，一分一秒都不曾停歇。每天两次开饭时间，潜艇上浮，陆战队员才有机会走上甲板，呼吸一口新鲜空气。

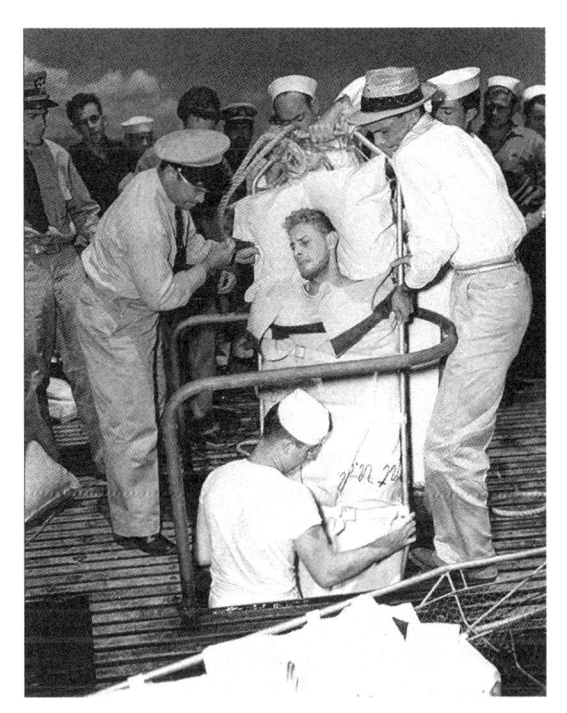

▲ 1942年8月26日，一名在马金环礁作战受伤的袭击营的突击队员通过"船蛸"号潜艇送到珍珠港上岸治疗。

1942年8月16日，星期六，凌晨3点，速度较快的"鹦鹉螺"号潜艇抵达了马金环礁海域，最后一次伸出潜望镜进行了侦察。此时岸上风雨大作，行动指挥官约翰·海恩斯准将（John Haines）选择按计划发起突袭。8月17日午夜时分，埃里克在潜艇上吃了最后一顿饭，他还记得是火腿和巧克力棒。凌晨3点30分，艇员打开前舱盖，第2袭击营官兵爬出潜艇，进入了暴风雨之中。

埃里克顺着舷梯爬上了打滑的甲板，随排长奥斯卡·皮特罗斯中尉（Oscar Peatross）上了橡皮艇。橡皮艇上涂有一层保护用的油脂，比甲板还滑。不过片刻，埃里克就淋成了落汤鸡。15英尺（4.5米）高的浪头不断打来，橡皮艇和潜艇甲板一样摇摇晃晃，人在上面根本站不稳。袭击营官兵们挣扎着安装好橡皮艇马达，加注燃料。橡皮艇一下水就差点儿被浪头掀翻，海水灌满了小船。两艘装载药品和弹药的橡皮艇被海浪扯断了缆索，消失在黑夜之中。埃里克与战友们一起疯了般划桨，将橡皮艇划向登陆点。

幸亏后面有大风助推，橡皮艇才能一鼓作气冲上登陆点的礁盘。甚至冲上岸之后，马达还是突突作响停不下来，更无法控制方向。负责马达的陆战队员咒骂着卸掉螺母，让马达掉进了海水里。终于上岸了，筋疲力尽的袭击营官兵将橡皮艇拖进灌木丛，在黑暗中匍匐隐蔽。埃里克忙着清理步枪枪栓，周围尽是中士们的声音，他们忙着找自己的人。两个连散布在一块长200码（约183米）的广阔海滩上，埃里克根本找不到皮特罗斯中尉和他的小队。

第2袭击营官兵决定等在原地不动，静待天亮。然而就在天亮之前，一名二等兵把手里的勃朗宁自动步枪枪机归位，谁知不小心打出一串长点射，划破了黑夜的寂静。军官和士官们赶紧跑来跑去，组织部队准备战斗。肯·麦卡洛回忆，二十分钟之后岛上的日本守军做出了反应。

埃里克的排长勒弗朗索瓦中尉派了一个小队划橡皮艇回潜艇报信，部队已在正确位置登陆。然后，该排展开队形，沿着一条窄路，经低矮的灌木丛和高大的棕榈树林缓缓前进。突然，走在最前面的侦察兵哈佛·杨下士卧倒在地，警告其他人当心。一辆日军卡车开了过来，猛地停在小路中间。日军士兵跳下车，组成一条散兵线，开始搜索前进。克莱德·汤姆森中士（Clyde Thomason）悄悄跑回来，沿着队形正面迅速布置了埋伏，将一部分人放在侧面，从而形成了交叉火力。

战斗就这样打响了。埃里克和其他没有作战经验的陆战队员激动地全力开火，根本没有节省子弹的意识。别人高喊让汤姆森中士卧倒隐蔽，他毫不理会，坚持指引大家开火射击，直到被日军的步枪子弹击中身亡。整整五分钟后，火力才弱了下来，这股日军被全歼了。但是随着第2排赶来增援，日军增援部队也大举赶到，日本兵高喊着"万岁"发起了进攻。两个排击退了日军的进攻，但再想往前推进则是伤亡不小。袭击营没有训练过如何对付藏在树顶上的日军狙击手。这些日军狙击手集中打霍尔特姆上尉这样的指挥官（主要通过指挥官在战场上做出的手势来分辨），再就是打无线电操作员。肯·麦卡洛下士当时就负责无线电通信。"我们手里拿着小小的SCR步话机，这破玩意儿却有长长的天线。有一两个无线电操作员便是被子弹打中了脑袋。"勒弗朗索瓦中尉也被子弹击中，一名二等兵给他进行了紧急包扎。勒弗朗索瓦坚持在战场上继续指挥。

早上7点，战斗基本结束。罗斯福少校用一部尚存的无线电向"鹦鹉螺"号报告：第2袭击营在马金环礁上击毁日军卡车两辆，歼灭小部分有生力量。岛上日本守军也发报告警，日军马上派出飞机赴马金环礁查看情况。上午9点，第一架日军飞机抵达。10点40分，又飞来两架。卡尔逊命令散兵线后退，引日军前来进攻。此举果然奏效。12点55分，一连飞来十几架日军飞机，对马金环礁进行轰炸和低空扫射，结果炸弹和机枪子弹全落在了地面日军头上。

两架日军水上飞机搭载援军在马金环礁降落，正好被埋伏在栈桥附近的勒弗朗索瓦、埃里克等人逮个正着。第2袭击营官兵用机枪、步枪和两挺"博伊斯"反坦克枪直接瞄准这两架水上飞机，猛烈射击。一架水上飞机中弹起火，沉没在海水中。另一架稍大型的四发水上飞机拼命想再起飞，但刚一离开水面就被打得满是弹孔，摇摇晃晃飞了一段就一头栽进海里坠毁。

皮特罗斯的小队始终没有跟大部队联系上。混战之中，其他袭击营官兵甚至朝他们开了火。没想到的是，皮特罗斯他们居然端了日军的指挥部。事后得知，岛上的日军最高指挥官、日本海军第62守备队队长金光久三郎兵曹长正在指挥部，被皮特罗斯小队当场击毙。皮特罗斯小队还击毙了数名骑自行车的日军通信兵，然后将指挥部付之一炬，原路返回橡皮艇。20时，他们撤回了"鹦鹉螺"号潜艇。这是唯一一个按计划撤回的小队。

卡尔逊原本计划19点30分从海滩撤离。但是没有估计到这里的夜间能见度实在太低，而且如此风大浪急。还有伤员要带走，外加两名军医。埃里克和战友们用了5个小时的时间，一再尝试劈波斩浪。橡皮艇灌满了海水，在风浪中四处打旋，一次次被浪头推回海滩。埃里克肌肉发达的胳膊如火烧一般疼痛，累到抽筋。橡皮艇翻了两次。大部分人丢掉了鞋子、衣服和武器。18艘橡皮艇中，只有7艘冲过风浪成功回到了潜艇上，包括布莱恩·夸克那艘。

23点，一支日军巡逻队摸到了海滩上。当时埃里克赤手空拳，步枪早就掉进了海里。他拔出匕首，准备肉搏。所幸一阵短暂的交火之后，日军撤走了。事后清点，又击毙日军士兵三名。袭击营官兵进退不能，实际是被困在了马金环礁上。他们努力在凄风苦雨中挺过这个夜晚，士气一度跌落到谷底，有的陆战队员甚至落泪哭泣。有人说，卡尔逊整晚上都焦虑不安。小罗斯福还在马金环礁上，天一亮日军飞机肯定还会来，可能带来增援部队。就在这一夜，出现了马金环礁之战和袭击营历史上最大的疑团——据称当晚卡尔逊沮丧不堪，竟然亲笔写下了投降信，还送给了日军。

多年后，已经是美国海军陆战队上校的奥斯卡·皮斯特罗在回忆录《全体保佑》（*Bless'em All*）中，首度公开了所谓卡尔逊在马金环礁上写投降信的事。皮斯特罗写道，当时卡尔逊以美国军官身份草草写就了一封投降信，派两名袭击营的陆战队员交给一个日军士兵带回去。但是没想到，这名日本兵被击毙了。当晚在卡尔逊身边的人如麦卡洛则对此断然否认。麦卡洛对当时的情景质疑道："他们走出帐篷的时候……看到一个日本兵逃跑。两人中的一个，抓起一支日本手枪，手枪却打不响。他又抓起一支步枪，一枪射中了那个日本兵（我们这两个人应该没带武器，而且碰巧那些日军武器就摆在那里）。找枪换枪的过程之中，那个日本兵又跑了多远？那时至少是夜间 12 点，没有一丝光亮。"而且那晚乌云密布，不见月光。日军方面后来声称在一具士兵的尸体上找到了卡尔逊的"投降书"，以此为证据大肆宣扬美国佬"变节背叛"。大批袭击营官兵根本不承认此事，如麦卡洛后来写道，当晚卡尔逊表现得"就像是去买菜，或者日常训练一样。他差不多是岛上最冷静的家伙。"此事真相如何，至今迷雾重重。

早上 8 点，卡尔逊的焦虑大为缓解：4 艘橡皮艇冲过浪头，与潜艇会合，小罗斯福少校就在其中一艘上。肯·麦卡洛写道："皮特罗斯或是其他什么人，派了 5 个人回来，其中一个跳下橡皮艇，游了过来……他说，潜艇艇长保证，会一直等在这里，直到我们所有人都登艇。这人又游了回去，没费太大力气就爬上了橡皮艇。潜艇便下潜了。"日军飞机低空扫射橡皮艇，朝橡皮艇投掷炸弹。所幸，日军飞机没有深水炸弹。

卡尔逊将人手组织起来，横扫了整个马金环礁，击毙了岛上残余的日军，摧毁了所有设施，完成了昨天混战中漏掉的任务。埃里克帮忙将这些橡皮艇拖到马金环礁的礁盘背风面一侧，查理·兰姆中尉指挥手下将这些橡皮艇与当地土著的独木舟捆扎在一起，做成了一艘"大船"。

所有无线电都丢在海里了，卡尔逊牺牲了 4 名无线电操作员，懂摩尔斯电码的人只活下来一个肯·麦卡洛。麦卡洛爬到一棵歪斜的椰子树上，用手电筒向潜艇发信号。"我能感觉到，他们（日本人）从这地方四下盯着我。我刚开始发了两三个字，就被他们打断了。"屡次打断，屡次重发，双方鸡同鸭讲，卡尔逊最后终于让对方明白了自己的意思：21 点 30 分，潜艇来马金环礁背风面与第 2 袭击营会合，那里风浪较小。

这天晚上，第 2 袭击营又与风浪搏斗了最后两个小时。官兵们拼尽全力划桨，一艘橡皮艇不幸被风浪吞没，上面的乘员再也不见了踪影。23 点 08 分，袭击营官兵总算都登上了潜艇。没时间清点死亡和失踪人数，潜艇直接下潜返航。自己也负了伤的军医在狭窄舱室的恶臭空气中为伤员做了紧急野战手术。

第2袭击营回到夏威夷，受到了盛大的欢迎。潜艇驶入珍珠港时，港内所有军舰向卡尔逊袭击营致敬，太平洋舰队司令尼米兹亲自前来迎接。卡尔逊袭击营不是最早向日军发动反击的美军部队，但他们是第一支在反击中面对面真枪实弹与日军进行近战的美军部队。这次突袭行动对美国国内的民心士气产生了巨大的鼓舞，知名度和影响力不亚于杜立特空袭东京。美国军方向参与行动的第2袭击营官兵共颁发了23枚海军十字勋章和一枚荣誉勋章。英勇阵亡的克莱德·汤姆森中士被追授荣誉勋章，卡尔逊、小罗斯福和皮斯特罗等人都被授予海军十字勋章。

当然，美国军方有意夸大了第2袭击营的战果。有统计认为，马金环礁上的日军守备队仅战死数十人。至于卡尔逊的损失，其实也不算小。此次第2袭击营共18人阵亡，17人受伤，3人失踪。另有9人在岛上失散，不幸被日军俘虏，后被日军残忍地斩首示众。连卡尔逊的"投降疑案"也被尼米兹有意压下。

其实这些都无关紧要，此时的美国公众和舆论界急需胜利和英雄来鼓舞士气，卡尔逊袭击营无疑是绝佳选择。为此，第二次世界大战期间美国先后有两部袭击营

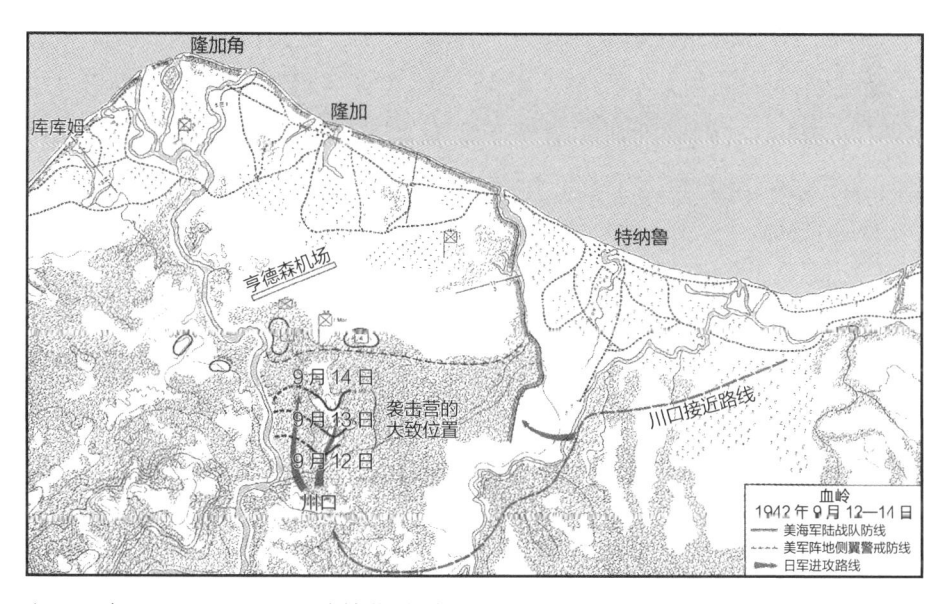

▲ 1942年9月12日至14日，血岭附近作战简图。

题材电影问世。第一部名字就叫《工合》(Gung Ho),完全取材自马金环礁突袭战,由卡尔逊本人和其他第 2 袭击营官兵担任顾问。但袭击营官兵都认为该片荒唐可笑。影片之中,马金环礁上日本飞机误炸自己部队这一段,被刻画成第 2 袭击营官兵在日军指挥部上画了一面大大的星条旗。袭击营成员本·卡森嘲笑道:"就像我们突袭还会带着红、白、蓝颜料桶一样。"不过,这就是那个年代美国好莱坞宣传电影的典范。还有一部《陆战队袭击营》(Marine Raiders)也是如此,讲的是一对亲兄弟都加入袭击营的故事。

战争仍在继续,埃德逊的第 1 袭击营也在经历艰难的战事。1942 年 8 月 30 日,日军飞机在瓜岛外海炸沉了美国陆军运输舰"科尔霍恩"号(Colhoun, APD—2)。当晚,第 1 袭击营官兵乘坐运输舰"格里高利"号(Gregory, APD—3)和"利特尔"号(Little, APD—4)渡过海峡前往瓜岛,正遇到三艘潜行在海峡中的日本驱逐舰。当时一架美国海军巡逻机从空中投下照明弹,不料却暴露了两艘运输船的位置。日本驱逐舰展开了杀戮,先用炮弹将两艘船轰沉,然后直直驶向成群挣扎在海水中的幸存者,用螺旋桨把幸存者活活搅碎,用机枪疯狂扫射。第 1 袭击营一时伤亡惨重,事后清点 D 连仅剩 46 人。被营救上岸后,亲身经历过这一幕的袭击营官兵都对日军恨得咬牙切齿。

9 月 7 日,埃德逊从陆战 1 师师部的作战会议上领受了新的任务。得知袭击营目前的名声,埃德逊颇为兴奋。第二天,第 1 袭击营分乘 4 艘舰艇,航程 18 英里(29 千米),在瓜达尔卡纳尔岛北岸的日军后勤基地塔西姆波克(Tasimboko)实施登陆。此次突袭,第 1 袭击营得到了美国海军陆战队第 1 伞兵营的补充。伞兵 1 营是美国海军陆战队中一支从没上过天的空降兵部队,刚刚经历过 8 月 7—8 日的加武图岛(Gavutu)血战,已减员至 208 人。

此前伤亡严重的 D 连负责掩护登陆场的安全,A 连和 B 连在黑夜中实施登陆,却找错了登陆点。然而更难以置信的是,A 连和 B 连偶然发现,这里树下堆着数以百计的日军补给箱。情报官判断,这些补给属于日军第 2 野炮联队。当时日军第 2 师团大部正向美国海军陆战队主力死守的隆加角(Lunga Point)发动进攻,但留下的后卫部队也足以消灭埃德逊的袭击营。D 连、E 连突然发现,黑夜中海面上出现了一支大型舰船组成的舰队,气氛空前紧张。所幸,来的不是日本海军的"东京特快",而是一支美国海军的护航舰队。日军仙台师团的后卫部队远远望向海上,认为这是美军要发动大规模登陆，赶紧撤退了。埃德逊袭击营算是躲过一劫。黎明时分，美军飞机前来支援，海面上的美国驱逐舰也用3英寸火炮轰击日军。

埃德逊无视撤退的命令，率第1袭击营又在岸上待了7个小时。彻底摧毁日军的这处补给站之后，第1袭击营携带一批战利品撤退了。其中有一部日军长波无线电台，一批日军仙台师团的作战文件，詹克还带上了所有能带上的缴获的香烟和酒。此次成功的突袭，一度迟滞了日军第2师团的进攻，作战效果极佳。

突袭塔西姆波克四天之后，陆战1师师长对第1袭击营进行嘉奖，顺带又派给了他们一项近乎不可能完成的任务。第1袭击营缴获的日军文件显示，日军川口支队要穿过丛林，从南边进攻美军防区。丛林中根本没有道路，日军发动进攻所用的补给大部分要沿着一条低矮且长满草的山脊运送，这就成了一条通往陆战1师和机场的天然道路。为了守住这条山脊，上面派给埃德逊一个加强营，其实还是第1袭击营和第1伞兵营的残部。埃德逊用3个连部署了一条狭窄的防线，迟滞日军的进攻。余下力量较弱的连，包括D连，放在这条山脊的制高点2号高地后面。

詹克只知道这条山脊热得像火炉，尘土扬天，布满坚硬的石头和纠结成团的茅草根，在上面挖掘防御工事几乎不可能。埃德逊还命令部队把能找到的所有带刺铁丝网全部敷设到阵地前，炮兵更是划好了火力覆盖区域。袭击营官兵甚至吃到了一顿热饭，有香肠、四季豆和咖啡。一切都预示着，大战即将发生。他们不知道，战后这条山脊得名"血岭"（Bloody Ridge）。

此时的詹克简直像是一具活骷髅，身上的军服又脏又破，整个人因疟疾和痢疾而发烧，烧到浑身打战。由于还没到浑身痉挛、倒地不起的程度，野战医院不收他，让他在前线照常作战。无论如何，D连部署在前线后方600码（550米）处。几天的时间里，袭击营唯一的威胁只有从拉包尔岛上起飞的日军轰炸机。

在日军第2师团的严令下，川口支队以6个大队强行穿过没有道路的丛林前进。9月12—13日晚，川口支队向美军防线发动了进攻。第124步兵联队的两个大队攻占了第1袭击营C连的阵地，然后冲入火网，涉水强渡隆加河（Lunga River），从侧面进攻袭击营阵地。

C连阵地在隆加河与一条废弃的河沟中间，河沟上横着一根倒下的树干当桥。该连丢掉阵地撤回去之后，这根树干就成了双方的瓶颈。丛林中相互射击、冲锋乃至肉搏都受阻于此。照明弹闪烁在夜空中，照亮了地面上的混战。日本巡洋舰发射的炮弹呼啸着落到美军和日军中间。负伤的袭击营官兵挣扎着爬进灌木丛躲避，有的死在了里面。B连死守右侧，日军反复发动冲锋均被击退。终于，日军的进攻渐渐减弱下来，地上堆满了尸体。

詹克和战友守在山坡上，收拢起被打残各连的幸存者。当夜日军没有再发动进攻，但夜空中回荡着被俘的袭击营成员遭日军酷刑折磨的凄厉惨叫。天亮之后，埃德逊派一支巡逻队下山寻找幸存者。这支小队踩着那根树干过河沟时一度被日军火力击退，而且日军狙击手专打美军医护兵。最终，这支巡逻队带回了14名幸存者。

埃德逊下令防线后撤。原本就没指望狭窄的防御阵地能挡住日军的主力进攻，只是用来迟滞。埃德逊只有一根电话线与后方联系，两部炮兵无线电归陆战11团的前线观察员。埃德逊再就是靠自己的通信兵沃尔特·布拉克下士。

第二天刚一入夜，日军再度全线发动进攻。作战经验丰富的日军步兵还没等袭击营官兵集体扔出手榴弹，就快速渗透到了B连狭窄的阵地上。陆战11团的迫击炮弹顿时向B连阵地上发射。詹克看到埃德逊挺立在夜空下，坚持用野战电话呼叫炮火支援，让炮火打得再近一点。埃德逊的轮廓很好认，他的钢盔特别大。子弹几次射穿埃德逊宽大的军服，身上居然一点儿没受伤。

通信兵布拉克跑下前方的山坡，反复高声大喊，努力让声音压过枪炮声。"'红麦克'说现在能后撤了！"袭击营官兵和伞兵后撤到C连、D连残部据守的阵地上。指挥部龟缩为一块马蹄形阵地，陆战队员拼命向外开火和投掷手榴弹。逃跑的念头一瞬间出现在詹克的脑际，但很快就被抛诸脑后，根本顾不上。詹克集中精力，向冲过D连前沿、冲向陆战1师师部的日军士兵开枪射击。詹克看到好几个人影随着自己开枪而栽倒在地。他不知道究竟是自己打中的，还是其他人打中的，或者是被遍地爆炸的弹片炸倒的。

日军无法从正面攻上"血岭"山脊，于是大批涌向詹克所在的左侧阵地。詹克猛然看到一个日本兵跑过了好几名陆战队员的掩体，已经冲到自己面前。来不及反应了，却听到一声枪响，这个日本兵倒在了詹克脚下。原来一名陆战队员连滚带爬冲下山坡，抬手一枪击中了那个日本兵。开枪后重心不稳，这名陆战队员滚下山坡，顺势一把抓住了一个日本军官的双腿，这个日本军官正双手挥舞着军刀。詹克小队里的勃朗宁自动步枪手打出一串点射，这名日本军官胸前爆起一片血雾，整个人向后栽倒。但又一名日本兵冲上来，用刺刀捅中了地上这名陆战队员。

再一个日本兵冲上来,一头撞倒一名袭击营的陆战队员,两人在地上扭打成一团。所有这些都发生在短短几秒钟之内,在詹克的脑中却极为漫长。

突然,詹克的左臂爆出撕裂般的剧痛,他一度痛得失去了意识。等到詹克恢复意识,他发现自己左肘以下全部麻木,左手血肉模糊已无法张开。詹克单手举起步枪,扣动扳机,打倒了一名敌人。他用一只手摸索着拉动枪机,又击倒了一名日本兵。一个日本兵疯了一样号叫着冲过来,抡起枪托像棍棒一样砸向詹克。詹克将打光了子弹的步枪夹在腋窝,枪口的刺刀直直捅穿了那个猛冲过来的家伙。詹克又一次失去了意识,他和那个日本兵一起倒在地上,纠缠成了一团。

天破晓的时候,一个下士把詹克从那名日本兵的尸体下面拖了出来。另一个下士检查了詹克的伤势,从旁边的尸体上扯下根腰带,给詹克的胳膊略作包扎,吊在脖子上,给詹克指出了通往后方的路。詹克跟跟跄跄往后方走去,半路遇到一辆美军救护车。救护车刚将詹克捎上,隐藏在丛林里的一挺日军机枪突然开火,救护车上的伤员成了活靶。陆战5团2营赶来解围,用猛烈火力消灭了那挺日军机枪。但救护车上又有三名伤员死亡。

对于詹克和其他三分之一"血岭"的保卫者来说,他们的战争就此结束了。第1袭击营如今兵力已不足一半。埃德逊晋升为上校,于1942年9月21日调任陆战5团团长。第1袭击营400多名幸存者乘船返回了新喀里多尼亚,其中267人身患疟疾,其他人也都饱受皮肤病、痢疾、黄疸和寄生虫的折磨。

另一边,马金环礁之战后,第2袭击营在媒体闪光灯下饱受公众关注的日子仅仅持续了一周。训练又恢复了。9月6日,第2袭击营登船开赴通往瓜岛的中途补给基地圣埃斯皮里图岛。卡尔逊的儿子小埃文斯(Evens Junior)也想调到第2袭击营,他父亲坚决反对。最后卡尔逊妥协了,但明言儿子的训练标准要比一般官兵更苛刻。

错过了瓜岛战役,卡尔逊深以为憾。瓜岛战役最后阶段,该营部分官兵被派往奥拉湾(Aola Bay)的登陆点保护美国海军工程兵施工。即将登船撤回圣埃斯皮里图岛之前,卡尔逊终于如愿以偿接到一个战斗任务。新上岛增援的陆战7团与日军一番苦战,已将日军击败。目前,被打散的日军正在败退。第2袭击营奉命从岛上包抄,截断日军向南和向东逃窜的退路。

11月6日清晨,卡尔逊率C连、E连及当地土著向导和脚夫,启程前往比努

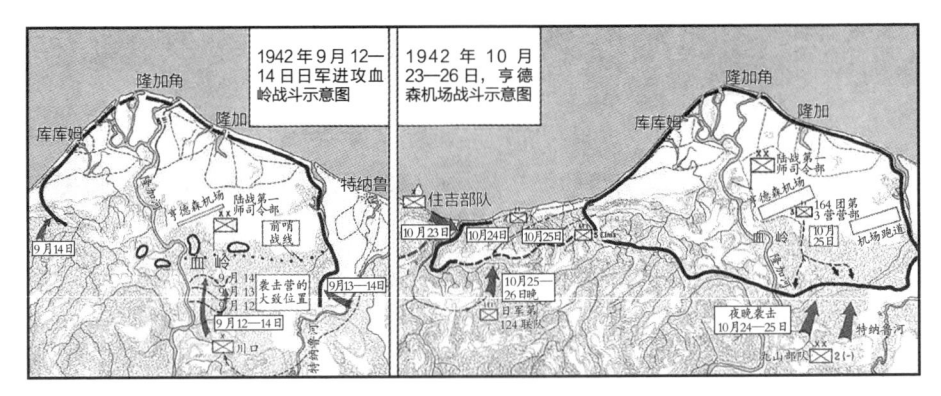

▲ 1942年日军进攻血岭作战示意图和亨德森机场作战示意图。

村（Binu Village）。同日，增援的 B 连、D 连和 F 连抵达奥拉湾。11 月 10 日，这三个连乘船机动到日军从前设在塔西姆波克的阵地，进入丛林寻找卡尔逊。尽管地图毫无用处，皮特罗斯上尉还是率部于当天下午找到了卡尔逊。经过详细侦察，他们发现共有 3000 多名日军逃出美军包围圈，正沿美塔普纳河（Metapona River）向第 2 袭击营窜来。

卡尔逊计划全营成扇形散开，各连分别进行巡逻搜索，以扩大接敌的机会。各连用无线电协同配合，每两小时联络一次，随时从其他连和预备队获取支援。通信兵配备的重型无线电用沉重的电池和手摇发电机保持供电。大部分装备都由当地土著人背着。

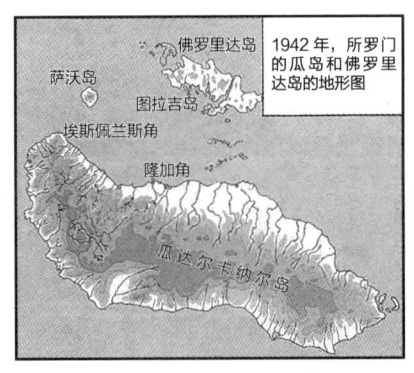

▲ 1942 年瓜达尔卡纳尔岛地形简图。

11 月 11 日上午 10 点，C 连与大批日军遭遇，战斗爆发。其他连迅速赶去增援。谁知，D 连一头扎进了日军的埋伏圈，先头小队遭日军压制。当天下午，连长麦考利夫上尉（McAuliffe）带着 7 个人跑来营指挥部，报告说自己的部队"全完了"。谁知不过片刻，D 连其他人也赶到了指挥部。暴怒之下，卡尔逊就地撤了麦考利夫上尉的职。很快，卡尔逊本人率部在一场几乎一模一样的战斗中涉水突袭了大股日

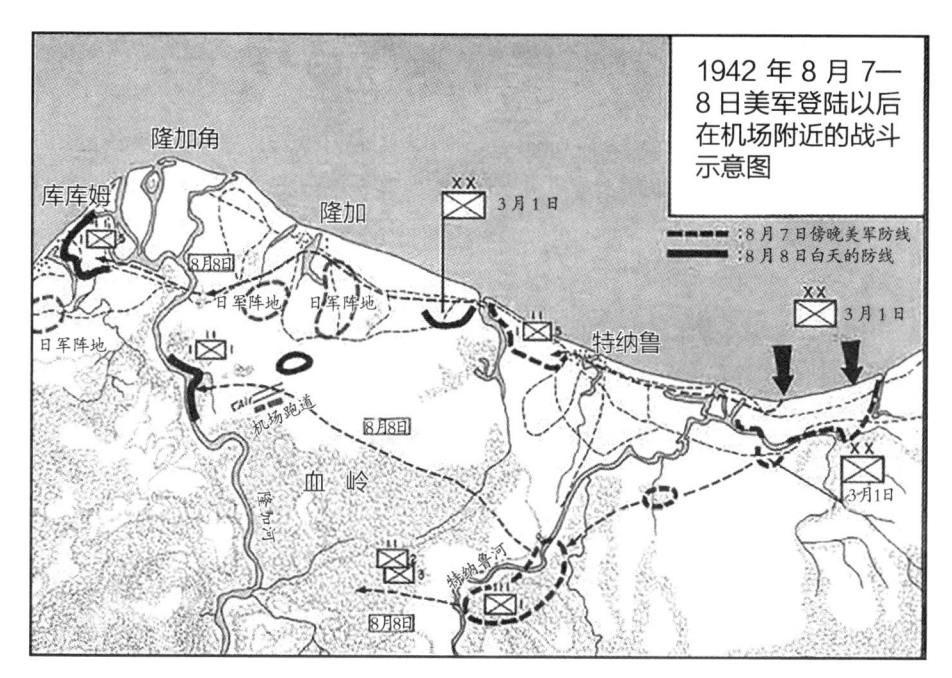

▲ 机场附近作战示意图。

军，基本将这股日军全歼。

第二天，袭击营转移阵地到美塔普纳河畔的阿萨马娜村（Asamana Village）。晚上挖工事的时候，他们才发现日军已经将这个村子用作了战死者的坟地。袭击营官兵只能一边挖，一边彻夜忍受着日军尸体腐烂的恶臭。

第三天，又是一场激烈的丛林混战。美国海军陆战队的炮火直接消灭了一路设伏的日军。但炮弹落点离C连太近了，麦卡洛用无线电呼叫停止炮击，得到的回复却是"该地区没有友军"。C连连长哈尔·斯降顿卜尉愤怒地去找卡尔逊质问，卡尔逊对他大加安慰。皮特罗斯上尉则对卡尔逊的做法不满，他认为卡尔逊带兵太软弱。一般认为，此番乃是双方筋疲力尽、衣衫褴褛、饱受疾病困扰的士兵在丛林中偶遇和厮杀。这样的混战，不可能由指挥官掌控局面，士兵的意志力和近身搏斗的勇气决定了战斗的结果。

11月15日，第2袭击营转移回比努村。在这里，袭击营官兵终于有机会用肥皂洗洗脸，治疗一下困扰所有人的热带疾病。他们在丛林间跋涉，每天能涉过同一条溪流七八次。夜幕降临，陆战队员就在丛林间和衣而卧。而且当时美国海军陆战队的卡其布军服含棉量太高，容易吸水。一连数周的战斗中，人身上的污垢、油汗全沾在没法洗的衣服上，又糙又潮的衣服摩擦身上最紧的地方，让人苦不堪言。埃尔文·卡普兰战后成了一名内科医生，他回忆："高温、骤雨以及每天都要蹚河涉水，让我们身上从来没干过。显而易见，这样的条件造成了普遍的真菌感染。"袭击营官兵基本都出现了下身和胳膊肘溃烂的症状。

比如埃里克的身体状态一直不错，他多次在巡逻队中充当尖兵。但是日子久了，他也开始深受丛林皮肤病折磨，用手一挠就血淋淋露出嫩肉。埃尔文·卡普兰更是用狠活儿治自己的丛林皮肤病：他用沙子将溃烂的皮肉活活搓掉，给露出来的嫩肉涂满硫柳汞。

略做休整，第2袭击营再度深入丛林，于11月24日长途跋涉到达泰纳鲁河（Tenaru River）。然后该营马不停蹄，继续向隆加角以南附近防区搜索前进。袭击营官兵已经快走不动了，日本兵更是熬成了活骷髅。11月28日，袭击营一支六人巡逻小队闯进了林间一处日军营地，饿得站不起来的日本兵无力战斗，但还想四散逃跑。结果，六名第2袭击营的陆战队员杀掉了一百多名日本兵。

12月3日，上级命令卡尔逊中止远程巡逻，但卡尔逊决心进行到底。他早已将无力再前进的人编为一部，沿泰纳鲁河顺流而下入海，再从东面进入隆加角的美军防区。至于剩下的A、B和F连，则由卡尔逊亲自率领，向瓜岛的制高点奥斯丁山（Mount Austen）前进。

山坡丛林密布，满是湿滑的泥泞、腐烂的植物和高峻陡峭的岩壁，三个连的登山过程缓慢而艰难。12月3日，第2袭击营官兵终于登上了奥斯丁山的山顶。他们发现，日军沿着山脊挖掘了堑壕，连接起了几个山头的工事。不过，日军基本弹尽粮绝，部分日军完全没有弹药了。这些日军无路可逃，只能如困兽般做绝望的死斗。

埃里克沿着山脊一边前进，一边向乱窜的日军开枪射击，并不时给地上受伤的日本兵补枪，毫不手软。他一一检查日军用树枝树叶搭建的小窝棚。埃里克刚跨过一具似乎已经断气的日本军官尸体，这个日本军官居然翻过身，一把抱住埃里克的双腿。埃里克猝不及防，摔倒在这个日本军官身上。日本军官伸手撕扯埃里克的耳朵，还想用牙撕咬埃里克的喉咙。埃里克能闻到这人灼热的呼吸，那是一股混合的味道，既有黄牙的腐烂发臭，又有一股酸味。他听说，这种酸味是人体被肌肉组织和器官自身所消耗吞噬时才会散发出来。埃里克拼命往后躲，这个日本人伸出血淋淋的手指头，用又长又脏的断裂指甲乱抓。埃里克眉毛下面和胡子拉碴的脸颊都被抓破了。

眉毛下面流出的血模糊了视线，埃里克摸索着拔出"工合"猎刀。他一刀捅进了这个日本军官的胸膛。刀刃卡在两根肋骨中间，带着泡沫的鲜血喷了埃里克一脸。因为肺被捅破了，肺里的空气全从嘴里喷了出来。埃里克使出全身力气，把猎刀往更深处压，一直到带着血沫的呼吸彻底停止。埃里克挣扎着站起来，扭动了几下猎刀，将猎刀从尸体上拔出，但随即马上弯下腰。胃里空空，埃里克一阵恶心干呕。他跌跌撞撞地从这些窝棚间走出去，浑身是血，一手紧握猎刀，一手拖着步枪，因愤怒和恐惧而胡乱挥舞。

第2袭击营撤下了奥斯丁山，不料途中B连走进了日军最后的埋伏圈。日军机枪猝然响起，虽然一名勃朗宁自动步枪手迅速击毙了整个日军机枪组，但已有三名袭击营官兵不幸倒在日军机枪下。最后一段行军中，两名袭击营伤员终因伤重不治身亡，遗体就地掩埋在丛林中。第2袭击营最终走到了美国陆战1师的防区，又再走了8英里（13千米）才到达宿营地。

在这次远程巡逻行动中，卡尔逊亲率第2袭击营长途跋涉达150英里（241千米），穿过了瓜达尔卡纳尔岛从来人迹罕至、最为复杂艰险的地区。一路上，袭击营官兵共击毙日军488人，付出了16人阵亡、19人受伤、225人染病的代价。到1942年12月5日会合时，各连能作战的人数都已不足20%。

于是，瓜岛之战后两个袭击营撤往新西兰的奥克兰和惠灵顿，休整30天。袭击营官兵在新西兰获得了久违的自由和舒适，结果军纪迅速败坏。当地女性居民跟袭击营官兵交上了朋友，请他们回家做客。再接下来，袭击营官兵卷入了大量的酗酒后街头斗殴，尤其是跟前线回来的新西兰士兵斗殴规模最大，时人戏称"惠灵顿战役"。袭击营官兵们尽情放松和发泄，却并不知道袭击营的命运即将发生逆转。

1942年9月，哈里·利弗西奇中校（Harry B. "Harry the Horse" Liversedge）成立了第3袭击营。10月，詹姆斯·罗斯福中校成立第4袭击营。同时，一个袭击教导营在加利福尼亚成立。小罗斯福由于疾病缠身，在第4袭击营赴海外作战之前放弃了指挥岗位，全部身心投入在国内操持教导营。接任第1袭击营营长的萨姆·格里菲斯（Sam Griffith）同样精于思考作战。传统的10人步兵战术小队在丛林中施展不开，格里菲斯便将小队重新编为一名队长率领三个3人的火力小组。

▲ 布干维尔岛，一群突击队员聚集在拿下的日军掩体口拍照留念。

每组一支勃朗宁自动步枪，小组长和勃朗宁副射手装备M1半自动步枪。

1943年3月，第1、第4袭击营统编为第1袭击团，由利弗西奇任团长。利弗西奇为人循规蹈矩，严格按照军队条例办事，这也代表了美国海军陆战队袭击营未来的发展方向。第2、第3袭击营于1943年9月12日统编为第2袭击团，阿伦·沙普利中校（Alan Shapley）任团长。此人明确表示，不得强调袭击营与美国海军陆战队其他部队有差异和不同。原本卡尔逊的第2袭击营在军服之外有些自己的风格化装扮，比如自制的帆布军靴、徽章等等。卡普兰回忆："我们都有些'袭击营长靴'之类的东西。所有人都被严令交出这些东西，然后这些东西全被付之一炬。"

再次赴海外作战时，埃里克·安德森作为富有战斗经验的老兵，被调往新组建的第4袭击营充实战斗骨干。他跟自己的小队长一度不对付。那个来自亚拉巴马州的大学生名叫利特尔（Little），人如其名瘦小单薄。在埃里克这些老兵看来，他纯属新袭击营训练体系的产物。大家给他起了个绰号叫"小鸡"（Chicken）。此时的埃里克和"小鸡"恐怕都不会想到，他们在即将到来的战争进程中将有何等经历。他们尚未被告知，袭击营的下一个作战目标是新几内亚岛。

进攻新几内亚岛，一般认为是美国在太平洋战争中失误最为严重的作战行动之一。美国陆军方面计划登陆后从陆路进攻日军在扪达（Munda）的大型基地。毫无作战经验的美军步兵营要在热带丛林间跋涉数十英里，与老练残忍的日军作战，结果可想而知。

于是，袭击营被分成小股的巡逻队，由澳大利亚海岸警备队（Australian Coastwatchers）和当地土著向导率领，乘坐土著人的独木舟，对从前不为人知的海岸线进行侦察和绘图。经过袭击营的努力，美军的作战计划发生了巨大的变化。尽管如此，作战计划仍存在严重漏洞。美国陆军主力从南向北进攻扪达，利弗西奇则率美国海军陆战队第1、第4袭击营及陆军4个营在新几内亚岛北岸登陆，负责切断日军补给线。埃里克小队又当上了先锋，配合第1袭击营行动。

1943年7月4日晚，一片漆黑的雨夜，第1袭击营在日军补给站以东一块名叫赖斯锚地（Rice Anchorage）的沼泽三角洲登陆。没想到，日军发现了登陆部队。人员登陆艇（LCP）将橡皮艇推进了河口，日军的140毫米炮弹呼啸着从头顶飞过，埃里克和"小鸡"感到一阵阵恐惧。美国舰队与日军的舰炮、驱逐舰爆发炮战，一道道闪光弹和曳光弹将夜空划得五颜六色。倾盆大雨之中，埃里克和"小鸡"看到美国驱逐舰"坚强"号燃起大火，迅速下沉。这艘船是被日本潜艇击沉的。美国海军遭受重创，赶紧撤退，撤退时带走了袭击营的全部给养、弹药和唯一一部长程电台。袭击营是被彻底遗弃在新几内亚岛上了。

橡皮艇的底部触到障碍，搁浅划不动了。埃里克和"小鸡"跳进臭气熏天、齐肩深的水里，后面整整一个小时都小心翼翼前进。伸手不见五指，他们在湿滑的红树根之间走得磕磕绊绊。最后，一名当地土著向导教给了他们如何辨别出长在红树根上的一种发光菌类。他们将这种菌类采下来，互相涂在对方背上，一个接一个继续在树根、断木和腐烂的树桩间跌跌撞撞前进。

8英里（13千米）走了三天，蹚过了两条洪水泛滥的河流。晚上袭击营官兵就吃K口粮罐头，睡在齐胫深的水里。陆军的部队负责掩护交通线，进攻恩诺盖（Enogai）日军据点的任务就落到了第1袭击营肩上。他们苦战五天，消灭了驻守当地的日本海兵队，付出的代价是45人阵亡，4人失踪，一百多人负伤。利弗西奇将根据地设在了恩诺盖，小型补给船只可以闯过日军阻拦来这里靠岸，"黑猫"PBY

海上巡逻机也可以在这里降落,撤运伤员。

第1袭击营这边死战,第4袭击营就必须承担进攻日军在贝罗科(Bairoko)主要据点的任务。利弗西奇对此颇感忧虑。高层指挥的一系列匆忙变化导致行动延误。而第4袭击营从新几内亚岛南岸出发,本来就已经快要筋疲力尽。这给了日军足够的时间增兵和加强工事。

与第4袭击营会合之后,7月17—18日夜,埃里克小队沿着海岸小心翼翼前进。中午时分,只有第1袭击营成功突破了日军的碉堡防线。第4袭击营改变方向,沿着一处深深的沼泽边缘前进,尝试找到日军阵地的侧翼。一切都没能按计划进行,呼叫来的空中打击没有发挥作用。陆军两个营想从沼泽南缘对日军进行侧翼包抄,却被日军的机枪阻拦。日军更用重型迫击炮对袭击营展开轰击。

日军重机枪子弹不断削掉树枝,残枝碎叶四处飞散,落了埃里克和"小鸡"一身。"小鸡"不慌不乱,仔细寻找,果然找到了一个上佳的藏身掩体,还发现这个掩体的开口处映出了日军机枪射手脑袋的轮廓。"小鸡"用心瞄准,扣动扳机,一发子弹就打穿了那个家伙的脑袋。一名身上溅着血的日本兵补上了这个位置,又被"小鸡"一枪击倒。

连续四名日军士兵被"小鸡"击杀之后,这处掩体的机枪射击声停了。小队迅速上前,准备搜索这处掩体。勃朗宁自动步枪射手先往掩体开口处打出一串点射。谁知掩体中竟然还藏着第五名日本兵,这个日本兵又用机枪打出了一串五发的点射回击。三枚子弹击中了埃里克的胸膛,打穿了两肺,打断了脊柱。"当场死亡"确是一种仁慈,其实很少人能够如此。埃里克向后倒了下去,满脸痛苦和震惊的表情。

第四枚子弹打偏了,但第五枚子弹击中了"小鸡"的左脸颊,掀掉了他的上颚牙齿,一直撕裂到耳朵部位。另一名勃朗宁自动步枪射手赶紧消灭了最后一名日军机枪射手,为小队争取时间,将伤员拖回到一棵大树后面。

下士给"小鸡"打了一针吗啡,给他紧急包扎止血,让他翻过身侧躺,这样他就不会被自己流出的血和骨头渣碎片给呛死。"小鸡"陷入了剧痛和眩晕之间,当地土著人担架队抬着他往后转移,一路上有其他近200名重伤员同行。"小鸡"对新几内亚岛最后的记忆,是PBY"黑猫"海上巡逻机从恩诺盖起飞时拍打的浪头。

最终,第4袭击营还是被迫撤退了。战友们只来得及拿走埃里克的身份牌,给他挖了一方浅浅的坟墓,将他草草掩埋。他们将旁边一棵树剥了树皮当记号,地点标进了排军士长的地图。第1袭击营的雷德蒙德神父碰巧穿越战线来到这里，给埃里克的葬礼做了简短的祈祷，虽然埃里克不信天主教。8月21日，空中打击终于奏效，要是早来一天战局可能不一样。但此时的空中打击只是用来掩护袭击营官兵沿着来时的路艰难撤退。三天之后，美国陆军从对面的方向攻入贝罗科。日军已经提前偷偷渡过海峡撤到科隆班加拉岛（Kolombangara）去了。袭击营在新几内亚岛上最后的任务，是运回像埃里克·安德森这样阵亡官兵的遗骸。

"小鸡"的哥哥利特尔中尉，曾是亚拉巴马理工学院（Alabama Polytechnic Institute，今奥本大学，Auburn University）的橄榄球运动员，后来也参加了预备军官训练团。跟自己的弟弟一样，利特尔中尉很快被起了个绰号"宝贝"（Babe），并被派往第2袭击团第2袭击营F连任排长。

1943年11月1日，该团被作为步兵部队使用，在布干维尔岛的托罗基纳角（Cape Torokina）登陆。布莱恩·夸克下士先前被调往第3袭击营L连，随部队在面积狭小的普鲁阿塔岛（Puruata Island）登陆，消灭了岛上可以从背后向布干维尔岛登陆部队开火的日军据点。然后第3袭击营也登陆布干维尔岛，两个营快速向岛屿内陆推进。他们的任务是让日军无法使用佩瓦（Piva）和努马—努马（Numa-Numa）两条小路。虽然这两条道路只能走人，但日军从岛屿南部发动反攻，必经这两条交通线。布莱恩·夸克回忆："很糟糕。从头到尾都在下雨。我们在水里艰难跋涉。睡觉也在水里。"埃尔文·卡普兰也回忆："差不多每二十分钟你就得用钢盔从散兵坑里往外舀水。"

11月7日，守在佩瓦村以南的E连遭到日军进攻。E连、F连在装备加农炮的半履带车和轻型坦克掩护下，试图从侧面包抄日军。没想到，两个连遭日军重机枪和迫击炮痛击，伤亡惨重。装甲车辆也被打得无法动弹，被迫满载袭击营伤员撤退。"宝贝"中尉的排奉命掩护袭击营撤退。眼见一发迫击炮弹在身边爆炸，一名部下被弹片击倒。"宝贝"一把拖过伤员，单肩扛起，冲过深深的泥泞将伤员后送。

军服上的血散发出恶臭味，吸引来昆虫，整整一晚上反复叮咬"宝贝"中尉。第二天早上，F连从右翼前进，向佩瓦河进攻。坦克和半履带自行火炮无法前出为第3袭击营L连提供支援。混乱之中仅有F连部分人员发动了进攻。所有人都遭遇了日军的重火力。

美军炮火轰击丛林，"宝贝"中尉的排拿下了沼泽中一块相对较干燥的地方。

试图从侧翼包抄日军则失败了，被迫撤回来。等到日军发动反攻，袭击营反过来又遭重创。"宝贝"中尉开枪射杀了两名冲过来的日军士兵，但一枚手榴弹爆炸的破片穿透了他一侧的肩膀。

日军渐渐放慢了进攻的脚步。中午 12 点 30 分，火力突然减弱。日军撤退了。15 点，袭击营得以向前推进了数百码。布莱恩·夸克也在此战中负伤，从而荣获海军十字勋章，并得到了军官委任。接下来数周，第 2、第 3 袭击营继续在布干维尔岛上战斗，坚持打到 12 月初，但一直是被作为步兵部队使用。

到 1943 年底，情况已经非常明朗：美国海军陆战队不断扩编，新的海军陆战队体系中没有袭击营的位置。不再需要进行牵制作战。尤其美国海军陆战队内部，普通军官和陆战队员也经历过残酷的战斗，他们对袭击营饱受公众关注实际是嫉妒乃至憎恶不已。"工合"成了美国海军陆战队内部用来嘲弄取笑的词。袭击营官兵们究竟何去何从？

1944 年 2 月，各袭击营解编，官兵重组为陆战 4 师的核心骨干。陆战 4 师攻占了埃米劳岛（Emirau），收复了关岛，参加了进攻冲绳，最后进驻日本本土。这一系列战役中，袭击营的老兵们都发挥了重要作用。

卡尔逊后来未能再带兵。他在太平洋战争的大部分惨烈战役中都担任了观察员，在塞班岛战役中身负重伤。1947 年 5 月，卡尔逊死于心脏病，去世时穷困潦倒。美国政府拒绝出资将卡尔逊的遗体运往弗吉尼亚州阿灵顿国家公墓安葬。愤怒的詹姆斯·罗斯福和其他老战友特意凑钱为卡尔逊办理了身后事。

至于埃德逊，也并非官运亨通。当时美国海军中尚有呼声，要将海军陆战队的作用角色重新限制在从前的海军宪兵部队，或者干脆将海军陆战队撤销。埃德逊愤而参与抵制行动，因坚守美国海军陆战队的原则而赔上了自己的前途。为参加美国国会众议院的公开听证会和发表公开演讲，埃德逊于 1947 年 6 月放弃了军职。与伤病交加的卡尔逊不同，埃德逊后来多年担任公职和从事私营事业。由于个人问题，埃德逊于 1955 年 8 月自杀身亡。这两个人风格和观点截然不同，却共同将美国海军陆战队袭击营打造成了富有战斗力、经历传奇的部队。最终，两人连结局都颇为相似。

时至今日，美国海军陆战队袭击营仍是后人津津乐道的传奇。2002 年由吴宇森执导、尼古拉斯·凯奇主演的美国战争巨片《风语者》（*Windtalkers*），曾是大批影迷和军事爱好者的经典回忆。该片开头部分即刻画了1943年袭击营参与的战事。该片的战争特效虽然夸张，但一般认为对于当时美国海军陆战队军服、装备等细节的复原，以及对太平洋战争中惨烈战斗的表现，都颇为真实。2004年的《荣誉勋章：血战太平洋》（*Medal of Honor Pacific Assault*），2008年的《使命召唤：战争世界》（*Call of Duty: World at War*），都是至今为全球玩家所追捧的经典军事题材FPS电玩游戏，其中都对卡尔逊第2袭击营的马金环礁突袭战有所取材和表现。可以说，袭击营的记忆早已超出第二次世界大战范畴，甚至超出了国界，为世人所共同铭记。

美国海军陆战队袭击营大事年表

1941 年夏,美国海军陆战队上尉山姆·格里菲斯(Sam Griffith)和沃利·格林尼(Wally Greene)赴英国"哥曼德"突击队(Commando)考察。

1942 年 1 月 13 日,美国海军陆战队预备役上尉詹姆斯·罗斯福(James Roosevelt)建议组建美国海军陆战队自己的"哥曼德"突击队,指挥架构初步奠定。

1942 年 2 月 16 日,第 1 特种作战营(1st Special Battalion)番号改为第 1 袭击营(1st Raider Battalion)。

1942 年 2 月 19 日,第 2 袭击营在圣迭戈成立。

1942 年 8 月 7 日,陆战 1 师在瓜达尔卡纳尔岛登陆,第 1 袭击营攻占图拉吉岛(Tulagi)。

1942 年 8 月 17 日,第 2 袭击营突袭吉尔伯特群岛马金环礁。

9 月 8 日,第 1 袭击营突袭瓜岛塔西姆波克村(Tasimboko)的日军大型补给点。

9 月 12—14 日,第 1 袭击营在瓜岛击退日军川口支队的疯狂进攻。

11 月 4 日—12 月 4 日,第 2 袭击营进行远程巡逻,跋涉近 150 英里(242 千米)横穿瓜岛,切断了日军退路。

1943 年 3 月,第 1 袭击团成立。

1943 年 7 月 5 日,第 1 袭击团登陆新几内亚,进军内陆。

7 月 19 日,第 1 袭击营攻占恩诺盖(Enogai)。

7 月 20 日,第 1、第 4 袭击营向贝罗科(Bairoko)发起进攻,付出惨重代价而未能得手。

9 月 12 日,第 2 袭击团在新几内亚临时组建。

11 月 1 日,第 2 袭击团登陆布干维尔岛,担任陆战 3 师右翼。

11 月 8—9 日,第 2 袭击营苦战佩瓦小路(Piva Trail)。

11 月底—12 月初,第 2 袭击营参加布干维尔岛剩余战事。

1944 年 2 月 1 日,各袭击营解编,老兵成为陆战 4 师骨干。

从纽约到冲绳：
美军士兵的太平洋转战

第二章

一、战前岁月

美国陆军第 165 步兵团属纽约州国民警卫队,即美国内战和第一次世界大战时期的美国陆军第 69 团,其部分连队历史可追溯至北美独立战争。1938 年夏,迈克·奥布莱恩应征入伍,进入该团服役。迈克 1921 年 5 月出生于纽约市布朗克斯区一个爱尔兰移民家庭,是家里最小的孩子,上面有三个哥哥和两个姐姐,这在笃信天主教的爱尔兰移民中属于正常情况。父亲和三个哥哥在附近的印刷厂上班,迈克课余也去那里打零工。

每个周末,迈克的三个哥哥都要去第 165 步兵团受训,每年夏天还要参加两周的集训。该团下辖 1 个团部、3 个步兵营、3 个步兵连、1 个机枪连、1 个补给连、1 个榴弹炮连以及 1 个医疗与随军牧师分队。兵源大多是布朗克斯区和曼哈顿区的爱尔兰移民后裔。所以传统上该团每年都要参加当地圣帕特里克大教堂的弥撒仪式,然后参加圣帕特里克节大游行。

迈克是被自己哥哥带进第 165 步兵团团部的。当时迈克年仅 17 岁,尚不足参加国民警卫队的最低法定年龄 18 岁。但时值美国经济大萧条,父母默许了。加之哥哥也在同一个连,招兵的中士和军官也就睁一只眼闭一只眼。哥哥很快拉着迈克签下了必要的文件手续。他被告知:作为一名二等兵,服役津贴是每次参加周末训练 1 美元,参加每年两周的暑期集训 14 美元。迈克举起右手宣了誓,然后从征兵官手里接过了第一笔津贴 2 美元。中士带迈克去领了制服装备。结果除了一顶战斗帽和一副绑腿,没有一件合身的。而除了裤子和上衣,全是一战时期的剩余物资,比迈克年纪都大。

接下来两年,迈克过的就是业余士兵的生活,只有周末训练、暑期集训和检阅时才能见到连长和中士(大都是一战老兵)。但毕竟也算有军旅经验,迈克早早学会了要信任自己的集体,切勿自作聪明。训练基本是队列,迈克印象最深的是暑期集训结束时的英式"日落巡游":全团成大方阵,各连成小方阵,随着团长一声令下"奏撤退曲",军乐响起,礼炮轰鸣,团军乐队奏国歌,星条旗和团旗迎风招展。南北战争时期的绿色团旗上有三叶草、爱尔兰竖琴和太阳的光芒,更有古老的盖尔语铭文:Riamh Nar Dhruid O Sapirn Iann——弃身锋刃,誓死不退(Who never retreated from the clash of spears)。

这年的暑期集训临近尾声时，罗斯福总统亲自来观看了"日落巡游"。每个人心里都清楚，很快要服现役了，只是还不知道具体何时。

9月底10月初，大批有父母妻儿的国民警卫队员纷纷申请退役。国民警卫队只能大量招募新兵补缺。10月15日举办转入现役仪式时，各连里大部分都是未受过训练的新兵。其实想服现役相当麻烦。国民警卫队员要接受从身体素质到文化水平的大量检查测试，迈克回忆那段时间天天都在排队。这些测试也淘汰了不少人，每个连90人，能服现役的普遍刚过一半。作为有两年军龄的"老兵"，迈克被连长晋升为下士，这意味着每个月军饷涨了6美元，还成了自己那个8人小队的二把手。

1940年10月，第165步兵团正式被划归美国联邦政府，编入同属纽约州国民警卫队的美国陆军第27步兵师。迈克和战友们领到了刻有8位数字军号的"狗牌"。10月26日，迈克的营登上火车，经5天的长途跋涉，抵达了亚拉巴马州的麦克莱伦堡。真正的军旅生涯开始了。

训练紧张起来，前2周集中练步兵基本战术素养和步枪射击，接下来8周训练班组和连排级战术，再然后是2周营级、1周团级战术训练。13周的训练，只有1天专门练队列，246小时用于战术训练，111小时用于射击训练。周一到周五每天训练8小时，周六4小时。周日休息，天主教神父会来军营主持弥撒。

迈克很快学会了如何调整斯布林菲尔德步枪背带上的金属环，这样背枪背得更舒服；学会了连续使用三天或开火射击后迅速保养步枪。训练于12月结束，全团就地驻防麦克莱伦堡，有家室的士兵可以乘火车周末回纽约休假。全团一步步正规化，从预备军官训练团选拔的年轻军官替换下了团里那些年龄太大、跟不上训练的老军官。新兵也越来越多，年纪都比迈克大，有的新兵都三十多岁了。全是跟迈克一样的纽约爱尔兰裔天主教徒。作为军龄两年的"老兵"，迈克被连长任命为训练新兵的教官。于是迈克晚上翻训练手册，白天现学现卖，一切都是在干中学。全团制服仍是新旧混杂，而且缺少重武器。因为机枪和迫击炮不足，训练只能用木制教具模型和铁皮烟囱来充数。

1941年5月底，第27师从麦克莱伦堡移防，开始进行野外拉练，为第2军大型野战演习做准备。迈克和战友们只记得那段日子整天都在亚拉巴马州和田纳西州的乡间长途行军，有时要彻夜行军开赴亚拉巴马州的演习地域。听说国会就是否延长国民警卫队员的服役期而展开了激烈辩论，迈克和战友们都想家了，想早点回到原来的生活中去。士兵们开始在所经之处绘上想家的涂鸦，有的士兵还给自己选区的议员写信，要求阻止通过延长服役期的法案。

8月，延长服役期法案还是通过了，国民警卫队员服役期延长18个月。1941年10月，年龄28岁以上的士兵被要求退役。迈克的哥哥终于可以回家。当时他可一点儿也不知道，12月珍珠港事件后自己马上又会被征召重返现役。那时迈克的哥哥已经回不了165步兵团，而是被派去了欧洲战场。

迈克只记得大演习就是天天在松树林里跑来跑去，在泥泞的土路上不停行军。参谋军官们练习了如何调兵遣将，普通士兵则往往根本不知道自己在干什么。演习的胜负结果，迈克他们还是后来在报纸上读到的。

大演习结束，迈克随第27师重返麦克莱伦堡。日常训练生活又开始了，服了一年现役早已习惯。吃完连里的感恩节大餐，所有人都开始为圣诞节做准备。然而，这天在军营附近一座从来没人走的桥边站岗时，迈克听说了日本偷袭珍珠港的消息。当时中士又带了一个士兵过来，命令布双岗。回到军营，所有士兵都围在能找到的收音机旁，聆听了罗斯福总统的"国耻日"演讲。第165团全体官兵进入戒备，军营里为珍珠港事件死难者举办了弥撒。从此，士兵迈克终于进入了自己的战争岁月。

二、马金环礁

12月16日，迈克随全团自麦克莱伦堡乘火车南下。一路上全是军队调动，火车足足走了一周时间。该团经得克萨斯州和新墨西哥州南下，抵达了加利福尼亚州的恩格尔伍德。迈克的连奉命驻守在这里的一座飞机制造厂，严防破坏活动。

整个1942年1月，士兵们睡帐篷，迈克和战友们传言纷纷，这不是他们从前想象中的战争。2月份训练重新开始，士兵们第一次领到了M1加兰德步枪。训练不断加码，为出兵海外做准备。不断有士兵在训练中被淘汰，又不断有新兵补充进来。迈克手下终于有了不是从纽约州来的新兵。1942年3月7日，迈克随部队开到旧金山第22号码头，风卷残云般消灭了红十字会提供的咖啡和甜甜圈，然后通过舷梯爬上了运输船"格兰特总统"号。运输船第二天朝西南方向起航，驶向夏威夷。

1942年3月16日，迈克的连来到了夏威夷群岛的考艾岛，立即构筑岸防工事。接下来20个月，第165步兵团就在不同的岛屿间辗转移防，不断构筑工事。夏威夷的物资供应相当不丰裕，牛奶尤缺，运来的补给基本是罐头。士兵们神经紧张，晚上经常朝海滩和近岸水域的可疑目标胡乱开枪，动辄发生误伤。迈克和战友们大部分时间都在海滩上挖散兵坑、修机枪碉堡和敷设铁丝网。一周七天无休，只能偶尔下海游泳。从5月份开始，又是高强度的抗登陆训练，士兵们从自己修筑的岸防工事里漫无目标地向外发射弹药。迈克和其他人对珊瑚海和中途岛海战浑然不知，等胜局已定后才从报纸上看到。

6月，局面渐渐稳定下来。8月，连里进行编制改革，改为每连下辖3个排，每排下辖3个作战小队（即步兵班），外加一个火力支援排。小队的班长从前是下士，现在全换成中士，由下士当副手。全连换装M1步枪，火力排装备M1919A3轻机枪和60毫米M2迫击炮。新配发了M1钢盔，取代了老式的M1917A1英式钢盔。士兵们很快找到了这种钢盔的多用途：可以当洗脸盆、烧水锅，还可以用来挖工事。不过他们也发现，这种钢盔影响指南针的转动方向。

执行岸防任务6个月后，第165步兵团终于开始在考艾岛和瓦胡岛展开进攻作战训练。1943年5月，迈克与战友开始了更加紧张的两栖登陆训练，一连数月乘坐半履带登陆车劈波斩浪冲上考艾岛和毛伊岛的滩头。8月开始用真枪实弹演练，误伤率随之激增，这也让士兵们迅速积累了经验。部分作战小队的班长配发了.45口径的汤姆逊冲锋枪。这种枪难保养又难端，远距离射击精度也差，但大威力大口径自动武器人人都喜欢，堪为近战神器。迈克还学会了使用Mk 2手榴弹，这玩意儿形似菠萝，个头虽小，爆炸范围30码，有效杀伤范围可达100码。1943年10月底11月初，经过高强度的两栖登陆训练之后，所有士兵都意识到自己在夏威夷快待到头了，马上就要投入作战。

11月9日，迈克的第165步兵团奉命乘"卡尔弗特"号运输舰前往吉尔伯特群岛。他们将要参加太平洋战争中著名的"电流行动"（Operation Galvanic），即吉尔伯特群岛登陆作战。船过赤道时，迈克和连里其他164名战友还一起举行了传统庆祝仪式，向海神致敬。1943年11月，迈克作为一名指挥一个作战小队的上士，服现役已经三年多了，军饷每月涨了5%，左衣袖上添了一条粗杠。大多数连队都已经服现役两年多。11月20日，这些美军士兵终于首次参加了实战。他们的目标是攻占吉尔伯特群岛中的马金环礁。1942年8月，著名的美国海军陆战队第2袭击营（即卡尔逊袭击营）曾对这里进行突袭。现在轮到美国陆军通过强攻从日军手中夺占这里。

每次从船上沿着绳网往下爬，迈克的心都提到嗓子眼儿。尽管双手紧紧抓住绳网，迈克还是生怕头上的士兵一脚踩在自己手上，自己"啪"的一声直接摔到下面的两栖登陆车上。更糟糕的是从两车之间漏下去，直接掉进海里。爬绳网可是一门技术活儿，一举一动要踩准海浪波动的节奏。身上背着沉重的装备，摔到两栖登陆车上就是骨折，掉进海里更是尸骨无存。

在半履带登陆车上坐稳了，开始抢滩，更严峻的考验这才刚刚开始。波翻浪涌，

▼1943年11月20日，第165团第2营从马金环礁的代号"黄滩"的位置登陆。

登陆车里的士兵形容自己被颠得"骨肉分离"。如果嘴不小心张开，很容易舌断齿落。更不用说所有人都要被海水淋成落汤鸡。车一停稳，所有人都祈祷自己要踏上的是沙滩，千万不要撞上障碍物，更不要涉水上岸，否则就是给岸上射来的子弹当活靶子。

抢滩登陆艰险重重，迈克的半履带登陆车卡在了礁盘上，全连被一波波浪头打得七零八落。士兵们只能从登陆车两侧跳进齐腰甚至齐肩的海水中，在礁盘上勉强整起队伍，涉水上岸。身上的子弹带全被海水泡透，迈克和全排战友扔掉弹药，步枪上刺刀，成战斗队形向岛屿中央挺进。没想到，他们碰到了50多个岛上的土著人。这些土著人用英语跟美军士兵打招呼，问"早上好"。迈克他们吓了一跳，赶紧投桃报李，给土著人分发香烟和糖果。又走了600多码，连长的命令传来：丢掉背包，轻装前进。如此，美军士兵身上除了武器、每人两壶水和一点K口粮外再无其他。前进过程中，子弹不断从头上飞过。每个士兵都神经紧绷，趴下寻找子弹的来路。其实这些乱枪基本是走在前面的第2营放的。

到达指定位置，所有士兵赶紧开始挖工事。地下水位太高了，挖出来的散兵坑马上被水填满。14点，迈克小队奉命出去巡逻，伺机抓捕日军散兵。刚一上路，他们就听到日军九八式步枪.25口径子弹的刺耳声音从身边滑过。迈克马上意识到，自己在战争中首次遭遇了敌人火力。这是日军在太平洋战场上惯用的战术：零星狙击手藏起来打冷枪。一个日军狙击手就能将整连整排的美军压住一整天动弹不得。更糟糕的是，迈克他们在夏威夷从未受过面对这种情况的训练。当时他们的训练还是在铁丝网下匍匐前进，教官射出的机枪子弹从他们头上嗖嗖飞过。后来他们在实战中慢慢学会分辨了美军.30口径与日军口径之间的声音差别。最恼人的是M1卡宾枪射击声，听上去跟日军步枪太像，经常带来麻烦。

三、登陆塞班

迈克和战友们趴在地上等了好久，只能撤回出发阵地。所有巡逻小队都回来了，天色渐渐黑下来，该连加紧就地布防，具休位置在全营右翼。马金环礁上的第一个夜晚，整夜大雨，美军步枪机枪的枪膛弹仓里都灌进了泥沙，必须不断清理。喷火器的电池也湿了，打不着火。身上的白T恤在黑夜中也太显眼了，美军后来学会了用咖啡将白T恤染成棕色。美军的M1938帆布绑腿太长，许多士兵自己动手割断一半。迈克和战友们又累又饿，整夜不敢合眼，都感觉明天情况会更糟。没多少人想到带雨衣，所有人浑身都湿漉漉的。连长排长反复警告士兵们，不要出声音，不要暴露散兵坑的位置。许多美军士兵紧张到不敢咳嗽，只能死死咬住毛巾和衣袖。日本兵精于夜战，会爬到美军防线附近，低声喊："嗨！中士！"有的美军士兵受到惊吓，开枪射击，顿时暴露位置。日本兵马上用步枪火力和手榴弹招呼。美军随即还击。迈克的排阵地上整晚不消停，不断有人喊："医护兵！医护兵！"或者诸如："查理！看到我战友没有？"

有支日军巡逻小队沿着海岸，悄悄溜进了迈克的连和后面连阵地之间的空隙。两个连一前一后集中轻武器火力，向那里自由射击，打了整整一夜，试图将这股日军全部消灭。打到第二天清早，迈克看到这股日军还在20英尺之外挣扎着向美军射击。两个连的美军距离太近，再打很可能会有误伤。子弹不断打到泥土里，打到树上，树枝树叶如雨点般落到散兵坑里的美军士兵身上。前后两个连迅速进行联络，迈克排里两个小队负责火力压制，迈克亲率自己的小队步枪上刺刀，从敌人侧面摸了上去。

刺刀训练发挥了作用。迈克猛冲到离自己最近的日本兵面前，抡起步枪枪托，狠砸日本兵的右腿。迈克又挺起左臂，脚蹬地上身前躬，一刺刀捅进了日本兵的身体。随着日本兵的惨叫，迈克将刺刀一拧，从原路拔了出来，锋刃上沾满了亮晶晶的鲜血。几秒钟后，迈克才感觉到震撼袭来。这场刺刀见红没有留俘虏，只逃掉一个日本兵。

第二天上午，迈克他们有了重机枪火力支援。重机枪是从该岛北岸的美军半履带登陆车上打来的。迈克的连跟在第193团坦克营的M3中型坦克后面，向前推进。坦克的75毫米炮和37毫米炮给了他们巨大的安全感。但岛上车辆太多了，很快引起了交通堵塞。他们只能从坦克旁走过，继续前进。走到傍晚时分，迈克的连在美军战线前方停驻下来，又开始挖散兵坑。这是在岛上的第二个晚上。有了前一夜的经验，迈克他们面对日军的渗透不再用步枪射击，而是全用手榴弹。结果整整一夜，连里除了还是不能合眼，没有出现任何伤亡。

第三天上午，迈克的连继续向前推进，迫击炮班和两个小队在后面支援，迈克排里的一个小队乘登陆车从海上迂回，在日军防线背后登陆。其余的人去捡拾收集登陆第一天该连丢在岛上的背包装备。

下午，海上迂回的小队从日军战线正面回来了。他们在敌后建立了阵地，击毙日军45人，配合第3营从正面突破了日军防线。丢掉的背包装备也找回来了。迈克的连和第1营、第2营其余兵力乘坦克登陆舰转移回自己的船上。迈克的首次实战经历就这样结束了。三天的战斗，教会了他太多东西。虽然训练了多年，但毕竟不一样。只有这些实战经验才能让自己保命。此战伤亡甚微，迈克的连仅有数人阵亡，排里只有2人受伤。第165步兵团共3000多人登陆，仅113人负伤，32人阵亡。但死者中包括第165步兵团团长加德纳·康罗伊上校，他在战斗的第一天亲赴前线指挥，结果被日军机枪子弹击中头部，不幸身亡。

1943年12月2日，第165步兵团返回夏威夷。迈克在兵营里吃了自己服现役以来的第四顿圣诞大餐。1944年1月，训练恢复，训练重点改为丛林战。马金环礁之战的许多经验都被纳入训练之中。2月，迈克的部队重新开始了两栖登陆训练。毛伊岛上的训练强度不断加大，迈克他们渐渐对岛上的一草一木都烂熟于胸，连地图都不再需要。3月，迈克他们还庆祝了圣帕特里克节，并因马金环礁之战而被授予了勋章。此时团里40%以上的兵员都来自纽约州以外了，相当一部分不是天主教徒。军官仍基本出自纽约州国民警卫队。连里7名军官，有4名是马金环礁之战的老兵。5月30日，全团举行阵亡将士纪念日仪式。次日，全团登上"哈里斯"号运输舰，起航出发。又过了一天，舰上广播系统宣布了此次出航的目标：攻占塞班岛、提尼安岛和关岛。

"哈里斯"号运输舰在夸贾林环礁略作停留，补给物资。船上空间狭窄，毫无个人空间可言，连体能训练都只得暂停。为了打发时间，迈克等人天天在钢盔上画迷彩，相互理发。6月16日晨，"哈里斯"号抵达了目标海域。士兵们在甲板上或坐或卧，注视着美国舰队炮轰塞班岛沿岸和内陆，岛上硝烟弥漫。这天18时，迈克率自己的小队，随连里三分之二的人一起，登上了3辆半履带登陆车。本以为能劈波斩浪一直冲上滩头，谁知只是在上下颠簸的浪头里等关于登陆滩头的具体命令就等了6个小时。半夜时分，这些吐得直不起腰的士兵才踏上了塞班岛。他们又一路跋涉过海滩，凌晨4点才走到集结地点，马上又开始挖散兵坑，等后续部队到达。7点30分，后续部队到达，开始从右侧对日军阵地发动首次进攻。

迈克的排负责支援先头排，肃清沿途的日军阵地。他们的目标是三处伪装很好的日军掩体，易守难攻，只能用手里的M1加兰德步枪和勃朗宁自动步枪压制，很难靠近。很快工兵和主炮37毫米的水陆两栖坦克来了。迈克小队跟在坦克后面,用自动步枪压制掩体里的日军火力。工兵趁机背起喷火器接近掩体,将凝固汽油的火龙喷进去,然后用TNT对掩体进行爆破,炸完用喷火器直直对准里面再烧一轮,不留死角。等掩体废墟的火灭了,美军士兵再进去打扫战场。

迈克小队打到一处山脊上,已经能俯瞰日军南村机场。这时该连突遭日军自动武器和火炮袭击。日本兵也渗透进该连与友邻的空隙,伏击美军。迈克小队以火力殿后,掩护战友们先撤。结果美军基本退回了当天早上发起进攻的位置。本日,全连共4人阵亡,18人负伤,基本相当于两个满编的小队。

▼ 1944年6月16日晨(西半球时间为6月15日),LVT搭载着美国兵冲向塞班岛的海滩,近处的伯明翰号巡洋舰和远处的印第安纳波利斯号重巡洋舰正在向塞班岛的日军基地猛烈开火,支援步兵上陆。

四、切腹之谷

接下来的 17 天，全都跟第一天一样。一场进攻往前打上几百码，遇到日军的迫击炮、山炮或机枪火力，被压制在地上动弹不得。有时能拔掉日军的碉堡掩体继续前进，有时则无法成功。有时迈克他们伤亡惨重，有时则没有伤亡，甚至还能抓到俘虏，全看运气。

所有人都被这场不断拖长的战役给折腾得筋疲力尽。一切似乎都是永无尽头的循环：早上露出第一缕晨光，立即清理武器，做好战斗准备。排长从连长那里领受本日的作战任务，再将任务分派给各小队。然后就是进攻，伤亡，碰到敌人的硬钉子，停止进攻，就地布防，挖散兵坑，士兵们在半睡半醒间防备日军夜袭，熬一整夜，直到第二天早上露出第一缕晨光，一切周而复始。

这一夜，各班排划分好防区，轻武器形成交叉火力。美军士兵挖的是 2—3 人的散兵坑，所有正副班长配备勃朗宁自动步枪。夜幕降临之前，各小队选出倒霉蛋，到各排阵地前方 50—100 码处担任监听哨，将前方日军的一举一动通过野战电话线报告给后方。所有人都屏住呼吸，不敢大声喘气，毕竟人人都有一根手指搭在扳机上。

连续打上几天，迈克的连就能当一天营预备队，暂时喘口气。不幸的是，有时只能喘息上几个小时，就要赶紧上前增援其他连脱困，或者填充防线的空隙。每天都是战斗，迈克根本记不清确切的日期，他只记得自己跟战友们一起，肃清日军的掩体、洞穴和坑道，攻下了南村机场。虽然一个确切日期也记不住，但自己全都亲身参与了。

全连从 165 人减员到不足 100 人，迈克小队情况还好。迈克只记得那些非同一般的经历。比如连打了 9 天仗之后，他们得到了超额的大量香烟配给。还有一回，他们亲眼看到 P47 战斗机首次降落在刚刚攻下的南村机场跑道上。在塞班岛待了 20 天之后，岛上所有美军士兵一个个胡子拉碴，双眼通红，形如枯槁，浑身死人的味道。肢体尚在行动，心灵已然麻木。一次不受狙击手子弹打扰的睡眠，一顿热饭，一次日出，甚至活下去的希望本身，都能给士兵们巨大的鼓舞。而长期生死与共的战友一旦在战场上倒下，立刻就被忘任脑后。

终于，7 月 5 日，迈克的连转为团预备队，撤到战线后方数千码。士兵们照例准备就地布防，但只是摆摆样子。他们可以脱下上衣晒太阳，清理装备，读读家信。

还来了一名随军天主教神父，给他们主持了一场弥撒。其实所有人都知道，第二天他们就要重返前线。他们希望，这是最后一次进攻。

7月6日，迈克小队12人还剩9人。自6月17日登陆塞班岛以来，该小队已经非常幸运，仅有3人负伤。此次行动，迈克小队的位置在全连最右侧，配合C连左翼，朝一条山谷推进。如果一切顺利，迈克的排将穿过山谷北侧的高地，攀过山坡峭壁，从顶上爬到日军盘踞的洞穴后面。此时他们完全不知道，这条山谷在战后有了一个恐怖的名字——切腹谷。

通往"切腹谷"的山坡简直如同一块搓衣板，最后的山谷则如一道排水沟，将两边划开。近处的山坡比远处的山坡坡度稍缓，高大的树木和稻草搭就的房屋各自相隔30—40码。

迈克听到60毫米和81毫米营属迫击炮的炮弹在200码外山谷对面的山坡上炸响，这是进攻开始的信号。所有人开始向前移动，从一处隐蔽物冲到另一处来隐蔽自己。没有人开火，战场上静得近乎诡异。

突然，迈克听到左边传来一阵爆炸声，转头一看几处稻草房冒出浓烟。全连保持战斗队形，又前进了15分钟。迈克和队形右翼的士兵们看到，队形中央的士兵卧倒匍匐，盯住那些稻草房。过了一会儿，消息传了下来——稻草房里有60多名日军伤兵，拉开手榴弹保险，按在自己腹部，自爆了。

美军士兵又开始前进。日军狙击手的子弹打进了脚下的焦土，大家赶紧跳进壕沟里找掩护。迈克大喊，让大家继续前进。但士兵们看到C连也被压制住，全都不敢继续上前了。他们等待坦克前来解围。但坦克只能往下开到山坡的一半，没法再提供掩护了。迈克的排继续向山脊移动。他们沿着"搓衣板"艰难地爬上爬下，没有发觉约25码之外还有一处伪装的日军坑道。对面山脊上一挺日军机枪突然开火，那处坑道也射来一阵步枪火力。迈克小队顿时陷入交叉火力的夹击之下。

眨眼之间，迈克小队再次受困，进攻完全停下来。但除了将两名伤员拖下交火线，迈克能做的实在有限。全排现在想撤下去，在日军火力面前近乎自杀。看到自己这边的机枪和迫击炮火力打到对面山坡上和山谷里，迈克意识到是时候将伤员撤下来了。他赶忙招呼身边离自己最近的一名步兵帮忙，两人分别架起伤员的一条胳膊，撤向山顶。快到山顶了，突然一颗子弹飞来，射穿了迈克的手，又穿过了伤员的肩膀和那名步兵的胸膛。这名步兵当场死亡，鲜血喷了迈克一身。迈克感觉不到疼，

▲ 迈克受伤了，可是前方战斗仍在继续。7月8日，一辆谢尔曼坦克和一小队陆战队员再向塞班岛纵深的日军进攻。

只是被这一幕给震撼了。麻木之中，三个人一起倒在地上。

迈克给自己的伤口撒上了磺胺粉，用那只没受伤的手扯开急救包草草包扎。他环视四周，想找排里的医护兵，也不知医护兵是死是活。迈克看到，副班长带着小队仅剩的5个人，转移到了日军火力打不到的山脊线另一边。但小队左右两侧都被日军火力压制了。两名士兵爬过山脊边缘，沿着山脊往下方的日军阵地扔手榴弹。

日军反应很快，马上用火力反击，又把他们给压制了。小队里又一名士兵拿着加装枪榴弹发射器的M1903斯布林菲尔德步枪，爬到一处能打到下方日军阵地的位置。然而，这名步兵还没来得及打出一枚枪榴弹，就不幸中弹身亡。

迈克看到，副班长示意勃朗宁自动步枪手前出，向下形成压制火力，让那两名士兵能撤回去。此时一名士兵跳出来，翻过山脊，跑向C连的方向。片刻之后，这名向导从C连带回来两个人支援，帮忙将迈克和另外两名伤员拖下去。他们又返回去全力射击，掩护迈克小队剩余的人撤下来。

迈克在连包扎所进行了紧急治疗，等待后送。医护兵给他打了一针吗啡，顿时不疼了。医护兵顺手将空注射器别在迈克的衣领上，表明他已经打过吗啡。迈克发现，跑去向C连求救的那个士兵不见了。他请求一定要把那个士兵找回来。那时候不行，入夜之后连长派2名中士带6名士兵回山谷去找，结果这名士兵和另一名其他连队的士兵一起躲藏在灌木丛里，当时已经几近绝望。迈克小队的两名伤员，一个死在了连包扎所，一个经抢救活了下来。

在这条"切腹谷"前，迈克小队原本有9个人，下午战斗结束时只剩3个了。3人阵亡，3人负伤，其中2人是当初第69团出来的老纽约州国民警卫队员，他们从前一起训练和生活了3年时间。

五、开赴冲绳

夜幕降临时，迈克和其他伤员被后送到营救护所。迈克在这里重新包扎了伤手，上衣扣眼里又被挂了一个"伤员"的标签。接下来，迈克又被转送到设在海滩上的战地医院。他在这里再一次重新包扎，军医将迈克受伤的胳膊用绷带挂在脖子上加以固定。最后，迈克同一批躺在担架上的重伤员一起，乘坐战地医院的吉普车前往码头，被转移到一艘坦克登陆舰改装的医疗船上。其实迈克的伤并不算重，但战役期间海滩上没地方给他做手术和进行康复。于是，医疗船开往夸贾林环礁时，迈克也跟着一起去了。他希望再也不用回塞班岛。

夸贾林环礁上的医院有1000个床位，设备条件与美国本土的医院基本一致。迈克后来被要求重返前线，不是因为伤势痊愈了，而是因为伤员太多，他的床位要腾出来给别人用。到塞班岛战役尾声时，第27步兵师272名伤员中，有74%伤愈重返前线。

8月，迈克才搭乘一艘补给舰回到塞班岛。他不在的日子里，塞班岛战役终于结束。美军士兵清剿残敌，打扫战场，用短波收音机追听欧洲和太平洋战场进展。士兵们一面奉命学习使用缴获的日军武器，一面饱受塞班岛雨季的折磨。弹坑里积满了雨水，蚊虫滋生，疟疾横行，美军士气极度低落。迈克回来时正赶上连里为阵亡战友举办悼念仪式，团里的随军神父来主持了仪式。9月底，迈克最后一次去第27步兵师阵亡将士公墓看望了战友，然后随部队搭乘美国陆军运输舰"罗宾·唐卡斯特"号离开了塞班岛。

1944年10月7日，迈克的连刚刚从圣埃斯皮里图岛下船，立刻被滚滚热浪击倒。这里一无所有，迈克他们要先自己动手搭建营地。美军士兵们只能私下用战利品交换物资，聊以慰藉。到1944年9月，迈克与全师75%的人员一样，已经海外服役两年半。大家普遍感觉，自己的余生都要在这个被上帝遗忘的热带岛屿度过，再也回不了美国本土。有的士兵能抽到团里极为有限的90天回国轮休假，但大部分时间都要用在旅途中。迈克的一个朋友计算过，如果全团所有人都轮休一遍，最后一个人要等到1949年。每当有朋友回国轮休，其他人都是既开心又羡慕。他们知道，所有人只要一回国休假，一定都会想尽办法办理调动，调回本土服役，退伍都在所不惜，只要不再回来。

就这样一直熬到12月，连里来了57名补充兵，但还缺40个人。加之未归队的伤员，实际兵力要比纸面上还少。各连兵力都不满编制的50%。而且平均每两名伤员仅能归队一人。迈克小队分来4名新兵，小队又有8个人了。还有一个在医院里，实际仍缺编3人。

10月，训练强度再次加大，尤其注重小队配合与近战训练，强调小队与连属机枪及迫击炮协同。还有夜战训练，岛上的夜晚简直比其他地方黑暗几倍。士兵们都听过丛林中有食人族和巨蟒盘踞的传闻，一个个极不情愿晚上出去，只能硬着头皮参加。部队再度全面换装武器，作为班长，迈克的武器终于从M1加兰德步枪换成了汤姆逊冲锋枪。这玩意儿虽然射击精度不佳，但强大的火力足以让他在近战中占有先机。

1945年1月到3月，日子仍是苦熬。大批士兵发高烧，热带皮肤病肆虐，连马金环礁和塞班岛的老兵都病倒了。训练之外，岛上还经常举办阅兵式和授勋仪式。迈克的连因塞班岛战役共荣获42枚银星勋章和铜星勋章，其中15人赢得双料。迈克又荣获了一枚铜星勋章，此时他胸前已经可以佩戴5枚勋章了：铜星勋章、紫心勋章、品行优良奖章、国防部服役奖章和亚洲—太平洋战场奖章。但美军士兵大多将这些勋章收进箱子，只佩戴战斗步兵徽章。他们说，谁都能混到奖章，但只有真正参加过战斗的步兵才有资格佩戴那枚战斗步兵徽章。

▲ 1945年4月1日，美军登陆冲绳岛。

3月初，第165步兵团再获嘉奖，下辖3个营共计65%的人员都荣获了步兵战斗徽章。没过多久，3月19日，迈克和战友在漫天大雨中登上了美国海军"密苏拉"号运输舰，在海龟湾进行了登陆演练，然后开赴冲绳。

不像在马金环礁那样有抢滩登陆，也不像在塞班岛那样夜间乘坐半履带登陆车在风浪里颠簸了6个小时，迈克和营级战斗队里的战友们一起，顺着网梯从运输舰爬到半履带车上，一波就开上了渡具知海滩的"棕滩"，时间正赶上吃午饭。士兵们坐在海滩上，大嚼野战口粮里的硬糖、巧克力棒和口香糖，点起香烟吞云吐雾，恍如海滨野餐。唯一出乎意料的是天空中下起了冷雨。毕竟在热带地区待了三年，美国士兵们毫无防备，不少人心想自己要是还穿着1941年的羊毛衬衫该多好。

跟前面两场战役不一样，此番部队根本不满编。编制要求全连193人，其实连里仅有152人。迈克小队一枪未开，兵力便仅剩了75%，即满编12人实际只有9人。这倒无关紧要。如果传言属实，他们不过是来充当琉球群岛的驻军而已，最多清剿一下残敌。

六、浴血之战

接下来 9 天，迈克的连确实都在美军战线后方清剿日军的散兵游勇。他们俘虏了一些，击毙的更多。其间他们又纷纷传言，侦察排有人用了一种新式武器，这东西看起来很像战前科幻电影里超级英雄巴克·罗杰斯（Buck Rogers）手中的"热线枪"（Ray guns），即 M2 卡宾枪下面挂着一张碟子，上面装着一支大手电筒，电线连着后面一个金属盒。他们管这个叫"狙击镜"（Sniperscope），美国陆军研发这东西为的就是对付日军渗透。这种装备能让士兵在黑暗中看到约 70 码外的东西，目标在镜中以绿影显形。冲绳战役开头几周，日军遭步枪火力杀伤所导致的总伤亡里，30% 是由带狙击镜的 M2 卡宾枪造成的。

至于迈克小队，有时就负责为装备狙击镜的小队提供掩护。坐在隐蔽的阵地里，看着日本兵的绿影自己慢慢爬过来，感觉美得很。自动步枪打一个连发，又一个目标就报销了。不过，后面一连几个雨夜，他们发现狙击镜的效果大打折扣。

新命令来了，要迈克他们向浦添附近机场的日军阵地发动进攻。迈克所在连的目标是城间村，就在一处山脊下面，要穿过一道山沟，距离约 800 码。上面要他们直接冲过去，不要理会两边日军的抵抗。这里是开旷的山地，跟塞班岛上植被茂密的地形大相径庭。这意味着美军要趁夜攻占机场。

进攻在第二天黎明之前发动。迈克的连长被迫击炮弹炸伤，副连长接过指挥权。全连在 7 点 30 分开始进攻，直直从山坡下冲过去，一头扎进了日军的口袋。日军三面居高临下，另外一面据守村庄。美军步兵一个一个啃下日军的地堡和坑道，喷火器配合炸药包的战术在塞班岛就已练得炉火纯青。当天下午，迈克和战友冲上了山脊，但日军重机枪火力迫使他们撤了下来，冲过道路到铁路那边找掩护。他们沿着铁轨，直来到了山沟深处。公路桥和铁路桥都被日军炸掉了，日军从山脊上和口袋里对这条山沟形成了完美的交叉火力。

几个美军士兵往山沟里扔出了烟雾弹。日本兵只能胡乱开火，美军趁机冲过了山沟。但冲出山沟就没了掩护，美军士兵集结在那一侧的山坡上，继续前进，直至该连找到几处草丛藏身。这里的山坡一棵树都没有，位置正好在城间村以东。地形复杂车辆过不来，没有坦克支援，日军重火力将该连压制在那里动弹不得。太阳快落山了，美军士兵开始就地挖工事以防夜袭。迈克他们在这里打了 10 天才脱身。

夜间收到了一点补给。后勤人员穿过1000码的崎岖山地,送上来饮用水、弹药和口粮。作战小队的勃朗宁自动步枪和汤姆逊冲锋枪用来夜间防御再合适不过。但如此远的距离,补给弹药就成了大问题。勃朗宁自动步枪1分钟能打数百发.30口径子弹,更何况用的是20发短弹匣。汤姆逊冲锋枪30发子弹的.45口径弹匣1分钟能打好几个,M1加兰德步枪1分钟也能打三四个8发弹夹。迈克的排里有30多个兵,手里全是这些玩意儿,一次要补充多少弹药可想而知。而且伤兵需要抬担架后送,没有坦克和其他车辆支援,全靠人力完成。

美军士兵躲在草丛里,偶有几发炮弹落到前面的村庄里。别处也在打仗,力所能及的火力支援不过如此。迈克的排呈倒三角队形前进,两个小队在前,一个小队在后提供支援。他们穿过道路,进入一片没有遮掩的坡地,接近了村庄东侧,其间村庄里和对面山脊上都没有动静。突然,至少4挺日军机枪从正面和左右两侧同时开火,交叉火力顿时将他们压制在地上。

只有两条路,或往前冲或往后退。迈克想退回去,排长却命令迈克小队前进。冲锋变成了匍匐前进,从一处掩体爬到下一处,前进只能论英尺而不能论码。慢慢爬了4个小时,迈克和小队部分战友终于爬到了村庄外围一处坍塌的房子,其他人掩护他们。出乎意料,开阔地上其他小队都有伤亡,迈克的小队却只有一人负伤。命令传给了其他小队:就地坚守,等右面的连队上来。所有人开始挖掩体,防备日军夜袭。

晚上约21点,日军炮火开始向这一带轰击。迈克和战友们在塞班岛都未曾经历过这样猛烈的炮击,如同一轮又一轮永无尽头的雷霆闪电在他们头上炸响。日军一连轰击了几个小时,骤然停止,空气马上陷入死一般的沉寂。大群日本兵令人头皮发麻的喊杀声从右边响起,机枪和步枪射击的喷焰表明至少数百名日军士兵从包围圈和村庄北边冲了出来。迈克和小队里的战友们稳住神,坐在自己挖好的散兵坑里,等着日本兵冲到近处,近到能看清日本兵步枪射击的喷焰,再一一开火。美军侧翼不妙,迈克看到有人从山坡上撤下去了。没有战场通讯,靠人跑过来传令,要迈克他们往后撤,支援全排防线。这个夜晚,无人入眠。

第二天早上,迈克他们看到了浓烟,听到了手榴弹的爆炸声,紧接着就是山沟里传来的惨叫。夜里部分受伤的美军士兵没法从藏身的洞穴里撤下来。日本兵往他们藏身的洞穴里一一扔手榴弹,或者干脆在洞穴入口处纵火。爬出来的人全被日军射杀或者用刺刀捅死，爬不出来的被活活熏死。迈克他们听着这些声音，一个个咬牙切齿地发誓，一定不留日本兵的活口。

接下来几天，战斗越发激烈。迈克和战友们支援其他连队进攻包围圈，为轰击城间村的美军炮火校准目标，最后经过惨烈的肉搏战拿下了村庄。对面山脊上的火力已经切断了这边的退路，迈克和战友们只能继续前进。伤亡率很高，依然没有坦克支援，城间村对面山脊上布满了洞穴和坑道。想摧毁敌人，要么将他们挖出来，要么将他们埋进去。两种办法都需要美军步兵跟日军近距离搏斗。

对于迈克和其他干这活儿的人来说，时间过得飞快。对于旁观者，看起来却好像是静止一般。负责监视山脊的人找到疑似洞穴，接着就该迈克他们上场。迈克匍匐着接近，直到能看清洞里的情况。迈克趴着观察几分钟，示意其他人掩护自己爬向洞口。其他人做好掩护的准备，迈克深呼吸，打开汤姆逊冲锋枪的保险，一个箭步跳到洞穴入口处，朝洞穴深处打一个长点射，再朝洞穴两侧射击。他掏出一枚手雷，拔出撞针，退到安全距离外，默数三秒钟，就手雷扔进去。随着一声闷响，浓烟冒出，破片四溅。迈克观察了一会儿，里面没有动静。可以了，迈克招呼工兵上来安装炸药。一般是装30—40磅炸药，然后迅速后退。一声巨响，硝烟腾起，洞穴里的东西就此埋葬。硝烟散去，迈克再爬上来看看洞口封严实没有。小队再向下一处洞穴进发。

进攻城间村之前，连里补充了10个新兵，每个小队分到一个。迈克坚决不要，他真不知道能让新兵干啥。还要给新兵配一个老兵，让老兵在战场上时时盯着他，让他跟其他人一样行动，而且不让他做傻事。如此，其他什么事都做不了。

包围圈里的战斗又打了几天。坦克终于上来了，肃清了余下的洞穴。战斗的最后一天，迈克目睹了上等兵亚历杭德罗·鲁伊斯，一个当初在圣埃斯皮里图岛就加入自己小队的老兵，如何做出了英雄壮举。当时小队里7名战友遭一处暗堡的伏击，相继负伤。鲁伊斯凭一人之力干掉了这处暗堡，消灭了包围圈里剩余的全部敌人。他端着勃朗宁自动步枪冲向这处暗堡，爬到了暗堡顶上。鲁伊斯用勃朗宁自动步枪当棍棒活活砸死一个日本兵，然后爬下暗堡，顺着坑道跑回去换了件武器，转过头又冲向暗堡。他击毙了自己遇到的所有日本兵，一个洞穴又一个洞穴扫荡，摧毁了自己找到的所有日军洞穴。鲁伊斯后被授予荣誉勋章。他是第165步兵团在第二次世界大战中唯一获此殊荣者。

七、士兵归来

4月底,迈克的部队由海军陆战队第1师换防。烧焦、腐烂的尸体散发出的气味长期充塞着鼻孔,迈克他们都习惯了。在海边洗个澡,能洗去身上的污垢和汗臭,却洗不掉尸体腐烂的味道和死亡"甜美"的气息。休息了几天,迈克他们又回到后方巡逻清剿。5月中旬,大家得知了欧洲战事结束的消息,但冲绳的战斗仍在继续,士兵仍不断战死,欧洲战场的好消息没能产生如在其他地方一样的效果。冲绳的雨季到了,道路泥泞不堪,原本光秃秃的地方也开始疯长出绿色植被。

此时,上面宣布服役点数超过85者即可回国,事情顿时发生了变化。各地的美军士兵都开始认真计算起自己的服役点数。所有1942年2月赴海外部署的士兵,服役点数都超过了100。再加上参战、勋章、负伤以及有子女等因素,有些士兵服役点数高达150以上。迈克的第27步兵师里,75%的官兵都是1942年赴海外部署,这意味着全都有资格回国,师里快要没人了。于是只能让那些服役点数最高、海外参战时间最长的人先回国。1942年3月部署到夏威夷的人基本在其中,包括迈克和连里的17名战友。在回国的船上,迈克庆祝了自己从军7周年纪念日,也就是自己的24岁生日。服现役近五年之后,迈克于1945年8月退役。

迈克之后,下一批回国的是服役点数105的人,再然后轮到服役点数85的。到1945年9月,迈克连里乃至第165步兵团绝大部分官兵都被本土新来的人替换回国了。9月2日,迈克坐在纽约市区一家酒吧里,倾耳聆听了美国总统杜鲁门在全国发表的演讲:"我们不会忘记珍珠港……我们想到那些在战争中忍受亲人死亡的悲痛的人们,死亡夺去了他们挚爱的丈夫、儿子、兄弟和姐妹。无论多么巨大的胜利也不能使他们和亲人重逢了。只有当他们知道亲人流血牺牲换来的胜利会被明智地运用时,他们才会稍感安慰。我们活着的人,有责任保证使这次胜利成为一座纪念碑,以纪念那些为此牺牲的烈士。"迈克激动了,他会永远记得马金环礁、塞班岛和冲绳的那些坟茔,永远向战死的同袍们脱帽致敬。

迈克的经历,是第二次世界大战尤其太平洋战争中所有美军普通士兵的缩影。太平洋战场上共有20个美国陆军步兵师投入作战(包括第1骑兵师,不包括海军陆战队),战斗伤亡总计96034人。其中22660人阵亡,占伤亡总人数的23%。第165步兵团1942年2月部署到海外,1943年11月21日投入作战,与其他美国陆军步兵团一样在太平洋战场上渡过了艰苦的岁月。一年半的战斗中，第165步兵团军官31人、士兵409人阵亡，军官65人、士兵1412人负伤，伤亡大部分出现在1944年6月塞班岛战役和1945年4月冲绳战役。他们为反法西斯战争做出的贡献和牺牲，值得后人铭记。

钢铁雄心：冲绳战役中的美军三名荣誉勋章获得者

第三章

2016年美国电影《血战钢锯岭》（*Hacksaw Ridge*）让冲绳战役中的美军医护兵戴斯蒙德·道斯（Desmond Doss，1919—2006）为世人所熟知。这个年轻人在第二次世界大战期间服役于美国陆军第77步兵师第307步兵团医疗分队，出于虔诚的宗教信仰而拒绝携带武器参加战斗。结果在惨烈的冲绳战役中，医护兵戴斯蒙德道斯在赤手空拳的情况下救助了75名伤亡战友，成为历史上第一个拒绝使用武器、没有杀死任何敌人的记录而获得美国最高军事奖章荣誉勋章（Medal of Honor）的军人。其实，冲绳战役中美军荣誉勋章获得者远不止戴斯蒙德·道斯一人，本章即选取其中几人略作介绍。

戴斯蒙德·道斯是美国陆军医护兵，冲绳战役中也曾有美国海军医护兵被授予荣誉勋章。众所周知，美国海军陆战队不但依靠海军进行海上输送，而且战地医疗护理也要靠海军医护兵。美国海军医护兵相当于陆战队的医护兵，在太平洋战场上与海军陆战队并肩战斗。19岁的美国海军一等医护兵罗伯特·尤金·布什（Robert Eugene Bush）正是在冲绳战役中因英勇救护陆战队伤员而被授予荣誉勋章。

1945年5月2日，布什被分配到陆战1师第5团2营下辖的陆战连。当天陆战5团进攻日军据守的一处山脊，一路仰攻代价惨重，山坡上躺满死伤者。布什冒着炮火一刻不停地跑来跑去救护伤员。陆战5团终于攻上了山头，布什也跟上去抢救一名负伤倒地的陆战队军官。他刚给伤员输上血，日军突然发动了反击。于是，

▲ 罗伯特·尤金·布什（1926—2005）。　　▲ 杜鲁门总统向罗伯特·布什颁发荣誉勋章。

布什一手高举血浆瓶坚持给伤员输血，另一只手用手枪不断向逼近的日军射击。后来他又从旁边抄起一支卡宾枪，一连击毙6名日本兵。交火中，布什身上多处受伤，一只眼睛失明。但他始终守护着伤员，直至敌人被击退。据官方档案记载，布什坚持先将伤员送下去，自己才肯接受治疗。

  不过，后来公布的美国海军档案记载稍有不同。当时这名陆战队军官受伤昏迷，布什刚刚给他输上血，他突然恢复了意识，跳起来背后拖着血浆瓶就朝山下狂奔而去。布什被撇在后面，暴露在最靠前的阵地上，正赶上日军发动反击。布什身处险境，只有一支手枪防身，外加那个军官丢下的一支M1卡宾枪。他单枪匹马将日军顶了一阵子，日本兵开始朝这边投掷手榴弹。布什的眼睛、肩膀、臀部和腹部等多处受伤。不能坐以待毙，布什借着爆炸的烟雾悄悄溜出藏身处，沿着山坡往上爬。日本兵不知道他溜了，还在继续扔手榴弹。往山坡上爬时，布什又摸到一支M1卡宾枪。很快，他发现自己已经爬到了日军头上，绕到了日军的背后。布什忍着伤痛，从背后给了日本兵一顿痛击，然后才溜回了美军的战线。

  无论如何，布什成了冲绳战役中的明星，美国《海军时报》上还刊载了宣传他英雄事迹的连环画。据称当时布什右眼被日军手榴弹炸伤失明，他只能一边用右上臂擦去右眼流出的血，一边拔出卡宾枪的空弹匣，换满弹匣，不断对躲在不远处石堆后的日军开枪。他自言双眼已无法仔细瞄准，只能找日军钢盔上的星星标志，大致瞄向星星下方1英尺处射击。关于授勋，布什谦虚称："我真的不是最伟大的，有好几千个阵亡的人都比我够资格，只是他们的事迹没有出现在报告里，

▲ 约瑟夫·奥卡拉汉（1905—1964），摄于1945年春。

▲ 1946年，奥卡拉汉（右）与杜鲁门总统（中）及其他荣誉勋章获得者在颁奖仪式上合影。

所以这枚勋章等于是我帮他们领的，暂时帮他们保管而已。"

战争结束后，罗伯特·布什退役从商，最终成为成功的企业家。他甚至克服了仅有左眼视力的障碍，考取了小型飞机飞行执照。连首次轰炸东京的杜立德将军都乐于乘坐布什驾驶的飞机，两人甚至成为忘年好友。2004年罗伯特·布什在华盛顿州去世，州政府大楼降半旗以示悼念。美国至今有街道和海军医院以罗伯特·布什命名，以表彰他的勇气。

就美国海军方面而言，冲绳战役中比罗伯特·布什更耀眼的荣誉勋章获得者，非随军牧师约瑟夫·奥卡拉汉（Joseph O'Callahan）少校莫属。

众所周知，彼时米切尔上将的第58特遣舰队奉命从冲绳海域对日本本土展开空袭，支持冲绳登陆作战。2.7万吨的"埃塞克斯"级"富兰克林"号航空母舰是舰队的主力。1945年3月19日，"富兰克林"号向濑户内海沿岸港口发动空袭。空袭开始后不久，"富兰克林"号突遭云层中钻出的一架日军轰炸机重创。这架日军轰炸机鬼使神差般躲过了护航舰只的火力网，以75英尺的高度突然从云层间钻出，将一枚500磅重的穿甲弹扔到了"富兰克林"号的飞行甲板上。紧接着，这架轰炸机又飞到"富兰克林"号的另一侧，将另一枚炸弹扔到甲板停机区。第一枚炸弹穿透了悬挂甲板，引起大火。第二枚炸弹穿透了飞行甲板，燃起的大火引爆了地上堆放的各种弹药。舰上人员形容"富兰克林"号成了一座"燃烧的地狱"，漂浮在海面上挣扎。舰上的死亡人数很快达到832人。

这天一大早，"富兰克林"号的随军神父便通过舰上的广播系统进行了布道，为空袭日本顺利而祈祷。随军神父约瑟夫·奥卡拉汉，1905年出生于马萨诸塞州的罗科斯伯里，从波上顿读完高中就加入了耶稣会。他毕业于乔治城大学，一直在波士顿地区的几所大学任教，是一位数学教授。1934年，奥卡拉汉取得了天主教神父资格。出乎所有人的意料，奥卡拉汉神父1940年参加了美国海军，同年被授予中尉军衔。一开始他被分配到佛罗里达州彭萨科拉的海军航空站，后来调往"突击者"号轻型航空母舰。1945年3月，奥卡拉汉神父又调往"富兰克林"号航空母舰。太平洋战争爆发后，神父听说自己在菲律宾传教的妹妹落入日军之手，被关进了战俘营。这是他对战争最切身的感知。

当天早晨，炸弹引发大火和弹药殉爆的时候，奥卡拉汉神父正在食堂吃早餐。所有人立即钻进桌子底下，以免被飞溅的碎片所伤。奥卡拉汉神父临危不乱，给聚在自己周围的水兵们做了祈祷，安定军心。他意识到情况危急，遂马上赶回自己的岗位，一边安抚和鼓励大家，一边为垂死的伤员主持临终涂圣油仪式。奥卡拉汉神父先赶到机库，那里躺着许多死伤者，遍地是痛苦的呻吟。神父逐一给需要的伤员做临终祈祷，每个人都给上宝贵的几分钟，尽其所能地让他们平静离去。

接下来，奥卡拉汉神父赶到悬挂甲板。那里已经被熊熊大火吞没，没有幸存者。神父继续往上，爬到了飞行甲板。场面一片混乱，神父马上意识到，自己是甲板上唯一的军官。如果不立即采取行动，"富兰克林"号就要保不住了。他一边指挥救护伤员，一边指挥损管消防全力扑救大火。眼看火势威胁到甲板上堆放的.50口径机枪弹药，奥卡拉汉神父组织起一队人，将那些已经烫手的弹药全部扔进海里。

就这样，奥卡拉汉神父身兼两职，从白天一直忙到晚上。在神父和其他人的共

▲ 因受伤进水而倾斜的"富兰克林"号航母,船员都集中在甲板上等待营救(1945年3月19日)。

同努力下，"富兰克林"号保住了。这艘航空母舰创下了美国海军历史上受损伤最严重而未沉没的纪录。接下来的几天里，奥卡拉汉神父依然忙到不眠不休。舰上有800多人遇难，神父一批一批为死者主持了葬礼。"富兰克林"号的舰长称奥卡拉汉神父是"我一生中所见过的最勇敢的人"。1946年1月，美国总统杜鲁门授予奥卡拉汉神父荣誉勋章。他是美国历史上第一位获得国家最高军事奖章的神职人员。

1945年7月，奥卡拉汉神父晋升为中校，转到"富兰克林·罗斯福"号航空母舰（与"富兰克林"号不是同一艘）上服役。1946年底，奥卡拉汉神父退出现役，回大学任教。1953年，奥卡拉汉神父被晋升为上校，正式退出海军预备役。1964年，奥卡拉汉神父在马萨诸塞州逝世。1968年，美国海军一艘护航驱逐舰被命名为"奥卡拉汉"号，作为对他的纪念。

至于战场上的英雄，当以美国海军陆战队一等兵阿尔伯特·欧内斯特·施瓦布（Albert Earnest Schwab）为代表。施瓦布时年23岁，战前是俄克拉何马州塔尔萨的一名石油工人。冲绳战役中，他是陆战5团第1营的一名喷火兵，背着一具M2便携式喷火器上了战场。M2喷火器负责扫清部队前进道路上的日军工事，缺点是有效攻击距离太短，喷火射程跟手枪的射程差不多。为了给近距离攻击的喷火

▲ 阿尔伯特·欧内斯特·施瓦布（1920—1945）。

兵提供火力掩护，后面需要跟着整整一个小队 12 名陆战队员，外加一名背负燃料的助手和一名替补的喷火兵。

5月7日，陆战5团第1营向首里以东的一处日军阵地发动进攻。日军疯狂抵抗，阻挡美军前进长达 48 小时。施瓦布的陆战连被一处日军机枪掩体压制得动弹不得。施瓦布清楚眼下的危险，遂决定绕到侧面，打掉这处机枪掩体。他沿着战线绕过去，越绕发现地形越复杂。最后，施瓦布眼前出现一道陡峭的石壁。他不想退回去，也清楚自己背上的喷火器里剩下的燃料只够持续喷火 10 秒钟。施瓦布毅然冒着日军的机枪子弹和迫击炮弹，攀上了石壁。他朝机枪掩体越靠越近，深吸一口气，猛地冲到掩体前，喷出一道火龙，摧毁了机枪掩体。连里其他人眼见施瓦布的英勇表现，也纷纷爬起来冲锋，成功摧垮了日军的抵抗，拿下了对面的山脊。

胜利的喜悦没能持续多久，又一处隐蔽的日军机枪掩体突然开火，隐藏在山脊另一面的一门日军迫击炮也开始射击。施瓦布毫不犹豫，不顾喷火器的燃料即将耗尽，只身冲向那处机枪掩体。迫击炮弹不断落在身边，机枪子弹溅起的泥土不断落在脚上，施瓦布浑然不顾，一步一步接近了掩体。机枪子弹击中了他的要害，施瓦布拼着最后的力气又一次喷出火龙，摧毁了这处掩体。后面的战友这才得以最后肃清山脊上的日军。

战争结束后，1946 年美国阵亡将士纪念日，施瓦布被追授荣誉勋章。美国海军陆战队将勋章颁发给了施瓦布 3 岁的儿子。1949 年，施瓦布的遗体从冲绳运回美国，重新安葬在家乡俄克拉何马州的塔尔萨。10 年之后，冲绳岛上一座美国海军陆战队训练营用施瓦布的名字命名（Camp Schwab，该营至今存在，位于日本冲绳县名护市），以纪念他的勇气和牺牲。

这是美国军队在反法西斯战争中立下的功勋，同样是冲绳战役的惨烈见证。一如许多参战美国海军陆战队员的回忆："冲绳岛唯有残忍。"2010年美国HBO电视台出品的经典战争题材电视剧《血战太平洋》（The Pacific）取材自真实的海军陆战队员战时经历，主人公之一"大锤"尤金·B. 斯莱奇（Eugene B. Sledge）战后成为美国亚拉巴马州蒙泰瓦拉大学的生物学教授。多年后回忆起在冲绳岛上的经历，"大锤"依然心有余悸：

▲"大锤"尤金·B. 斯莱奇（1923—2001）。

日本人依照他们自认为正确的准则——武士道——打仗，即绝不投降。如果不身临其境，跟那些面临绝境但绝不投降的人搏斗，你是无法理解这一点的。你想去搭救一个日本兵，他多半会拉响一颗手榴弹，跟你同归于尽。在他们心目中，当俘虏是耻辱。对于我们来说，当然也是不堪的。巴丹半岛发生的事，我们都很清楚。

冲绳战役快要结束的时候，我们在一个先前大概是野战医院的地方，发现了一张铺上躺着一个衰弱不堪的日本兵。我们在巡逻，大雨下了整整两个星期，掩体里面都是水。那个日本兵身上只穿一块兜裆布。他大概只剩下九十磅了，让人觉得挺可怜。我的同伴把这个人扶起，背出来放在泥地上；当时实在没有别的地方可以安顿他。

我们坐在自己的钢盔上，等卫生兵来给这个日本兵检查。他看起来挺温顺。我们还以为他起不来了。谁知他突然从兜裆里掏出一颗日本手榴弹，猛地拉出导火线，在拳头上猛砸，想把盖子打开。他想把我们跟他一起炸成肉酱。我大喊："当心！"于是只听得我那位战友骂道："你个狗娘养的！你想找死……"说着，抽出0.45口径手枪，对准日本兵的眉心开了一枪。

这就是我们要对付的事情。我不喜欢暴力，可是有时候又无法不使用暴力。我不愿意看那种宣扬暴力的电视片。我讨厌一切可怕的东西。而那时候，我天天活在恐惧当中，以至于连害怕都厌倦了。我见过一些当兵的，经过三次战役都安然无恙，但是到了最后一天还是在冲绳难逃一死。你就知道，人人朝不保夕，只有眼前这会儿是活着的。

…………

我们攻破日军在冲绳的防线的时候，我端着一支汤姆逊冲锋枪，走进一间小茅屋去。一个老太婆坐在一进门的地方。她伸出一双手，上面刺着古代计时用的沙漏的图案。这说明她是冲绳人。她说："不是日本人。"她解开身上的和服，指着下腹部一处大伤口，已经化脓感染，肯定活不了了，显然极其痛苦。她很可能是在双方打炮或者空袭的时候受伤的。

她颤颤巍巍地把手转过来，抓住我的冲锋枪枪口，拉着对准自己的脑门，另一只手比画着，让我扣扳机。我把枪猛地甩开，对卫生兵喊道："这儿有个重伤的土人老太婆。喂，大夫，你来看看。"那时候，我们管太平洋地区的当地居民都叫土人。

他给老太婆包扎了伤口，又吩咐后头的人让她撤离。我们正要离开那儿，忽听得步枪响了一声。卫生兵跟我赶忙蹲下，"这是M-1步枪的枪声，对吧？"那是美国枪。我们回头看那茅屋，心里想，也许屋子里藏着一个日本狙击手，那老婆子是在给他打掩护呢。

可是屋里走出来的是连里的一个弟兄，正在扣好枪上的保险。我问："屋里有日本兵吗？"他说："没有。只有一个土人老太婆。我猜她是吃不了这个苦，想到老祖宗那儿去了。我成全了她。"

我火冒三丈："人家派我们到这儿来可不是来杀老太婆的！"他找了一大堆理由替自己辩解。这时候，一个中士走了过来。我们向他报告了这件事。我们离开了，不知后来是怎么处理的。其实，那小伙子也是好人，就跟街坊上一般小伙子一样。他也不是个头脑发热好冲动的人。他也想做一个好样儿的。可是为什么一个人的所作所为会和另一个人的所作所为大不相同呢？我就是弄不明白。

大家的心肠都变硬了。人类，地球人生命发展的最高形式，在那里像野兽一样互相厮杀。我们经常处在炮火之下，必须走两里地的泥路去送伤员。死的可就没法运走了。到处是日本兵的尸体。我们用稀泥把他们盖住，可是炮弹过来又把泥巴炸飞了，死尸也炸散了。蛆虫在稀泥里乱爬，就像在腐烂的东西或者粪堆里一样。

人都有自己特别受不了的事儿。于我，最可怕的莫过于炮火。那简直让你毫无办法。鬼东西就像火车呼啸而来，夹着可怕的爆炸，地动山摇，血肉横飞。

我还记得在半月山的那个下午。当时我旁边掩体里有两个小伙子。再过去的一千米有三个。周围一点声音也没有。突然，炮声响了，像打枪一样向我们开炮。炮弹在离我头顶一英尺的空中掠过。跟我隔两个掩体的地方，有一个小伙子正坐在钢盔上，喝 C 口粮里那种巧克力热饮。炮弹在他的掩体里爆炸。我亲眼看见这个小伙子比尔·莱顿被炸到半空中。另外两个小伙子都被炸得仰面朝天，当然是死了。我旁边掩体里的两个人也当场牺牲。

莱顿是唯一的幸存者，你信吗？他只是局部有些伤残，弹片炸的。他的病历上一点儿也没有提脑震荡，但是以后他的脑震荡后遗症经常发作。他是被炸到半空中的呀！如果你不把这叫作脑震荡，那……卫生兵忙着救命，哪儿顾得上给人填写病历啊！

还有一个小伙子被炸掉了一条腿。他原先是个伐木工人，大约二十一岁。他经常对我说，用云杉做的圣诞树散发出来的气味好闻极了，又说："'大锤'，你看我的腿能丢了吗？"唉，想起来就让人伤心……担架上放着他的一只行军鞋，那截脚脖子露在外面，就像砍断的树桩。抬担架的人相互看了一眼，用他的雨披把他盖了起来。他死了。

雨没完没了地下，泥水没过我们的两膝。我心里想，他妈的，我们待在这个臭气熏天、泥泞不堪的山脊上到底为啥？这一切都是为什么？你知道我是什么意思吗？我是说，我们在泥泞的山坡上浪费我们的生命！

夏威夷土著出身的约翰·卡西亚 19 岁便作为美国海军陆战队员参加过冲绳战役，战后在洛杉矶当公寓管理员度过余生。冲绳战役的残酷给他留下了终生的阴影：

我们把日本的牛岛将军和他的部下统统活埋在一个山洞里了。这是这次战争当中最糟糕的一件事，所以我不喜欢冲绳那茬事。日本人总是躲进山洞不出来，女人，小孩，当兵的都有。我们爬上小山头，把成桶的汽油用绳子往下吊，然后对油桶开枪，油桶爆炸，就把洞里的人活活地憋死了。

我亲手开枪打死过一个日本女人，因为她夜里通过我们营房外边的空地。我们再三空投传单，晚上禁止通行，因为看不清是军队还是百姓。我们营地外面修筑了环形火网，不管谁走进这个圈子，就开枪。那天晚上我开枪了，白天一看，是个女的，背上绑着一个小孩。子弹从她前胸打进去，穿透了孩子的背部。

这件事，直到现在还是我心里一块疙瘩，解不开，像是欠了人命。唉，黑乎乎的，就看见一道影子，弯着腰，当时看不清是军人还是百姓啊！

那一阵子，我每天要喝小半瓶威士忌，有的是自己做的，有的是拿钱买的。只有灌够了，我才下得了手杀人。我的不少朋友是日本后裔。我每次扣动扳机，或是往洞里喷射火焰，心里总是想：要是这个人永世回不了家，他的亲人会怎么样呢？他总有老婆孩子什么的吧。

演给我们看的电影里，日本女人都不哭，默默地领走骨灰盒。我知道并不是这样。她们回家去哭。

那时的美军与后来也不尽相同，参加过冲绳战役、战后成为纽约市立大学经济学教授的罗伯特·里克曼如此感慨：

"冲绳战役快结束了，这时，从头到尾参加过三次攻势的人全都顶不住了。好些人往自己脚上开枪，总之千方百计进医院。有人故意把身上虫咬的地方抓烂感染，最后弄得不得不送回夏威夷。……今天你到各大学教师俱乐部看看，墙上挂着长长的阵亡名单，都是二次大战中牺牲的毕业生。那时候大多数美国人都无条件地相信他们是纯洁善良的青年——这种看法，今后再也不会有了。"

奥运选手与苏联红军战士：
两名美国战俘的传奇经历

第四章

路易斯·西尔维·赞佩里尼（Louis Silvie Zamperini）是在美国出生的第一代意大利移民，1917年1月26日生于纽约的奥利安。他的父亲安索尼·赞佩里尼和母亲路易瑟·多茜都出生在意大利北部的维罗纳，后来移民到美国。1919年，赞佩里尼全家从纽约搬到了加利福尼亚长滩附近的托伦斯。直到此时，小赞佩里尼的父母、哥哥连同他自己都还不会说英语。

在当年美国人的刻板印象中，意大利移民就是黑帮和罪犯的代名词。所以，小赞佩里尼自幼就成了学校里面欺凌者的目标。而父亲老赞佩里尼教他如何自卫和反击，保护自己不受欺凌。不久，小赞佩里尼就把欺负他的人都打怕了。一如小赞佩里尼多年后的回忆："我把他们所有人都揍到柏油路面里去了。我太擅长这个了，开始沉迷于斗殴带来的快感。"渐渐地，小赞佩里尼学坏了。他抽烟喝酒，街头斗殴，有一次放火差点儿把自己烧死，还有一次从钻井平台上掉下来差点淹死。

▲ 路易斯·西尔维·赞佩里尼（1943年）。

哥哥皮特擅长田径，为了阻止这个年轻的冒失鬼再惹上麻烦，让他也参加了学校的田径队。九年级的时候，学校里组织赛跑，小赞佩里尼跑了倒数第一，成了同学们的笑柄。心有不甘的小赞佩里尼找哥哥皮特帮忙。有皮特当教练，他的成绩突飞猛进。身边的人这才意识到，小赞佩里尼骨子里似乎具有运动天赋。后来，小赞佩里尼偶遇自己崇拜的偶像——美国著名长跑运动员格伦·坎宁安。坎宁安只是略比赞佩里尼年长，8岁时因严重烧伤几乎致残，医生曾预言他永远无法走路，而这个顽强的男孩重新站了起来，忍受着巨大的疼痛练习长跑，后来竟然屡破大赛纪录，其事迹激励了无数人。小赞佩里尼得到机会投入坎宁安门下，在坎宁安的指导下开始练习长跑。就读托伦斯中学一年级的时候，小赞佩里尼获得了洛杉矶全城C级660码短跑第五名。这是小赞佩里尼人生中第一个真正的高光时刻，多年后他回忆道：

"这是对我能力的认可。以前除了我的几个朋友之外，其他人都不认识我。可是我获得了成绩，其他同学都知道了我名字，遇见我和我打招呼。皮特对我说，如果我要做得更好，必须戒烟戒酒，然后就是不停地跑，跑，跑。那年夏天，我变得狂热起来，决定全力以赴练习跑步。"

经过1932年一个夏天的练习，小赞佩里尼在三年高中生涯里一直保持成绩领先，甚至打破了他哥哥皮特的记录。1934年，他以1英里4分21秒的成绩打破了校纪录，后来以1英里4分27.8秒的成绩赢得了加州高中锦标赛的冠军。这一成绩使他获得了南加州大学的奖学金。在大学里，小赞佩里尼还加入了美国大学著名的社团组织卡帕·西格玛兄弟会，一时成了校园风云人物。

1936年，小赞佩里尼决定远赴欧洲，参加德国柏林奥运会。当时参加奥运会必须运动员自己筹集经费。毕竟自己家庭一般，虽然父亲是铁路工人，小赞佩里尼可以免费乘坐火车，但手头还是紧巴巴。一群托伦斯的商人为小赞佩里尼筹集了路费，希望他给加州人民增光添彩。于是，小赞佩里尼得以有钱去纽约兰德尔斯岛参加初步训练。看到参加1500米赛跑的选手里有自己的老师格伦·坎宁安，以及阿奇·圣罗曼尼、吉恩·文兹克等名将，小赞佩里尼顿失信心。他经过权衡，没有报名1500米赛跑，而是决定参加5000米长跑。

就这样，在柏林奥运会上小赞佩里尼参加了5000米长跑比赛。起初他的表现并不显眼，可是在最后一圈的时候，他全力加速，竟以56秒的速度跑完。他最终获得第八名，却因最后一圈冲刺的速度极快，引起了希特勒的注意。颁奖的时候，希特勒握着他的手说："啊，你就是那个冲刺很快的小伙子！"尽管这次奥运会没有取得理想成绩，但小赞佩里尼并不灰心，打算1940年日本东京奥运会再显身手。1938年，小赞佩里尼以4分8.3秒的成绩打破了全美大学生一英里赛跑纪录。这个纪录保持了15年，为小赞佩里尼赢得了"托伦斯龙卷风"的称号。

1939年9月1日，第二次世界大战爆发。第二年，东京奥运会宣布取消，小赞佩里尼从此失去了参加奥运会的机会。1941年，第二次世界大战，小赞佩里尼志愿参加了美国陆军航空队，很快被任命为少尉。

珍珠港事件爆发，美国正式参战。小赞佩里尼作为一名B24"解放者"轰炸机的机组人员，没有参加什么像样的任务。中途岛海战胜利后，美国在太平洋战场显露优势，开始进攻日本占领区。1942年9月，美军悄然在埃利斯群岛登陆，以此作为进攻吉尔伯特群岛的跳板。10月2日，美国海军陆战队登陆富纳富提岛，美国海军工程兵部队在岛上修建了一条可供B24轰炸机使用的跑道。1942年底，小赞佩

▲ 1943年4月，日本占领的瑙鲁岛遭到第七航空队解放者轰炸机的袭击。

▲ 执行完轰炸瑙鲁的任务后，赞佩里尼在检查受伤的B-24D轰炸机（1943年）。

里尼的机组奉命飞往富纳富提岛。这里位置极其隐秘，又距离日军据点甚远，一直到1943年3月27日才被日军侦察发现。小赞佩里尼他们的任务，是从这里驾机出发，轰炸基里巴斯和瑙鲁的日军据点。

1943年4月，小赞佩里尼机组驾驶这架代号"超人"的B24轰炸机执行轰炸瑙鲁的任务。任务顺利完成，返航时他们突然遭到3架日本零式战斗机的攻击。小赞佩里尼和其他机组人员用机枪机炮奋力还击，成功逼退了日本飞机。代价也很大，1名机组人员死亡，4人受伤。"超人"受损严重，小赞佩里尼机组想尽办法，努力驾机飞回了富纳富提岛。后来，"超人"剩余的机组人员被调回夏威夷，加入了另一架代号"绿色大黄蜂"的B24轰炸机机组。新机组很快接受了任务：海面搜寻被击落坠海的机组人员和飞机残骸。

1943年5月27日，"绿色大黄蜂"在执行任务时突发机械故障，坠落于夏威夷瓦胡岛南850英里的海中。机上11人，有8人丧生，仅投弹手小赞佩里尼、副驾驶拉塞尔·艾伦·菲利普斯和炮手弗朗西斯·麦克纳马拉三人幸存。他们在海里给救生筏充气，三个人吃力地爬上去。身上的食物和水只有一点点，几个人不知道何去何从。所幸身处热带环境，下雨能够保证他们的饮水。可是很快食物没有了，他们捕捉了两只落在救生筏上的信天翁，吃了一只，另一只用来钓鱼。鸟肉和鱼引来了鲨鱼，麦克纳马拉用船桨狠揍鲨鱼，将鲨鱼赶跑。而暴风雨也使他们的小船几度倾覆。

有美国飞机来搜索，没有发现他们。就这样，救生筏随着洋流，慢慢向西越飘越远。有一架日本飞机发现了他们，多次用机枪扫射。子弹打穿了救生筏，没人被击中。在海上熬了33天，可怜的麦克纳马拉因虚弱和患病而死去。小赞佩里尼和菲利普斯把他包裹起来，进行了海葬。

47天以后，在食物和水几乎用尽的情况下，小赞佩里尼和菲利普斯漂到了属于日占区的马绍尔群岛夸贾林环礁，被日军俘虏。他们先被关押在夸贾林，42天后转移到日本本土的横须贺海军警备队植分遣队。该部队和下设收容所位于神奈川县镰仓郡大船町，所以统称为"大船收容所"。在这里，小赞佩里尼每天从事重体力劳动，吃不饱饭，还要被日本兵殴打虐待。身边不少难友精神崩溃，被活活饿死，或者被日本兵活活打死。小赞佩里尼凭借自己坚韧的性格和强壮的体质，硬生生熬了过来。

1944年9月，小赞佩里尼被转移到东京的大森战俘营，遇到了自己的宿命之敌——日本看守军曹渡边睦裕。此人个性激进暴躁，对待战俘非常残暴，经常凌虐战俘。战俘们给他起了个绰号"大鸟"。战后，不断有盟军战俘做证指认渡边的种种罪行，比如经常殴打重伤的战俘，曾经大冬天让战俘中的盟军军官穿着兜裆布在棚屋里受冻4天，把一名65岁的战俘绑在树上16天，每晚进行殴打，还强迫一名刚做过阑尾切除手术的战俘跟自己练习柔道。有战俘称，渡边情绪不稳定，他经常让战俘们排成一排，向自己不停敬礼，随意殴打姿势不好或动作慢的人。但有时候他会给自己殴打过的战俘发放糖果、苹果和香烟。

渡边睦裕发现自己手头关押着一个参加过奥运会的名人，便要求小赞佩里尼参加日本的广播节目，在广播中念反美口号。小赞佩里尼拒绝了。从此，渡边扭曲的心理开始作祟。他经常让小赞佩里尼和同室的战俘挨饿，时不时对他们进行体罚。有一次他命令小赞佩里尼扛着沉重的木梁超过半小时，然后反复猛击小赞佩里尼的腹部。渡边还经常用皮带扣抽他的脸，甚至强迫小赞佩里尼在粪便里做俯卧撑。

多年后小赞佩里尼称："我可以接受殴打和体罚，因为这仅仅是对方想摧毁你的意志，让你成为一具行尸走肉。"所以，有时渡边故意把小赞佩里尼和菲利普斯分开，让他们互相看不见对方，再对小赞佩里尼说菲利普斯已经死了，从精神上折磨他。每次觉得自己熬不下去的时候，小赞佩里尼就会想到自己的运动员生涯，以此激励自己："成为一名成功的运动员，首先必须学会自律。另一方面，对自己保持信心。无论经历什么，都要去认真处理——不能放弃。然后就是保持自己的身体健康。"战俘营里缺少食物，小赞佩里尼每天坚持向难友们讲意大利食谱，让大家不断振作。这种略带幽默的自我激励，帮助小赞佩里尼熬过了日本战俘营恐怖煎熬的日子。

随着战争的进程，日本本土不断遭到美军轰炸。1945年3月，小赞佩里尼从大森战俘营转移到日本北部的直江津战俘营。小赞佩里尼在这里保住了性命，因为人人都清楚日本战败是大势所趋，战俘营当局知道他是个名人，要留着他作为战败后谈条件的筹码。谁知渡边睦裕也跟着调来这座战俘营。一直到日本战败，小赞佩里尼受的虐待一点儿没少。

1945年8月15日，日本投降了。几天后，小赞佩里尼和几百名难友重获自由。小赞佩里尼被俘后，日本方面没有登记上报红十字会，所以他被美军列为失踪人员，1944年6月按规定转为阵亡人员。美国总统罗斯福亲自签署了哀悼信，寄到了小赞佩里尼的家中。所以，等到小赞佩里尼活着回来时，他受到了洛杉矶人民英雄般的欢迎。1946年，小赞佩里尼和辛西娅·阿普尔怀特结婚。但是由于在日本战俘营中所遭受的痛苦虐待，小赞佩里尼患上了严重的精神疾病。在妻子的鼓励下，1949年小赞佩里尼加入了美国著名基督教福音布道家葛培理牧师的葛培理布道协会，开始从事传教工作，精神问题有好转。1950年小赞佩里尼回到日本，探访巢鸭监狱，当面向在押的日本战犯表示了宽恕。

近半个世纪之后，1998年1月，晚年的小赞佩里尼前往东京，担任了日本长野冬奥会的火炬手。这里离小赞佩里尼曾被关押的战俘营不远，他提出想见一见渡边睦裕。这个渡边在战后一度被盟军占领当局列为日本40名头号通缉犯中的第23名。但他逃亡在外，始终没有被抓住，也没受到指控。盟军占领结束后，渡边从保险推销员做起，逐渐积累财富，最后竟成富豪。1956年，渡边为日本著名的文艺春秋出版社撰写了回忆录《我不想被美国人审判：一个潜逃7年终于逃脱审判的男人的回忆》。1995年渡边接受报纸采访时还说："如果曾经我看管的战俘愿意，可以来这里打我。"小赞佩里尼来日本时提出见面要求，美国哥伦比亚公司马上联系采访了渡边睦裕。渡边却对记者说："我虐待他们是因为上面让我这么干。""你想，赞佩里尼先生是名人，他被渡边打那肯定是赞佩里尼自己做错了事。""因为他们是日本的敌人，所以我才严厉对待他们。"

最终渡边拒绝与小赞佩里尼见面，具体理由未知，或许是心里不想见，也或许是无颜面对。小赞佩里尼给渡边留了一封信，信中内容说，虽然经受了渡边非人的虐待，但自己已经从心里原谅了他。2003年4月1日，渡边睦裕去世，这个残酷的战犯至死都没有受到正义的审判。

2005年3月，小赞佩里尼前往德国，参观了柏林奥林匹克体育场。这是他自1936年以来第一次回到德国。2014年7月2日，路易斯·赞佩里尼因肺炎在洛杉矶的家中病逝，享年97岁。

小赞佩里尼在美国一直享有盛誉，被称为是"最伟大的美国英雄"，其坚不可摧的性格一度被视为美国精神的写照。小赞佩里尼本人生前撰写过两部回忆录，他的故事先后被改编成三部电影。其中最出名的，当属2014年由安吉丽娜·朱莉执导，杰克·奥康奈尔、多姆纳尔·格里森及石原贵雅等人主演的美国影片《坚不可摧》（Unbroken），改编自著名作家劳拉·希伦布兰德撰写的小赞佩里尼传记《坚不可摧：一个关于生存、韧性和救赎的二战故事》（Unbroken: A World War II Story of Survival, Resilience, and Redemption）。小赞佩里尼在该片临近上映时去世，但他的故事再度为世人所知晓，他的精神仍旧鼓舞着逆境中的人们。

约瑟夫·拜尔勒（Joseph R. Beyrle，俄语：Джозеф Вильямович Байерли），常被昵称为"乔"（Joe），1923年8月25日出生在美国密歇根州马斯基根的一户普通人家。他的父母都是德国巴伐利亚人，在19世纪的移民潮中来到美国，成为这个移民国家的一员。乔从小就用德英双语和家人朋友沟通，所以德语相当流利。乔7岁时赶上美国经济大萧条，父亲失业了，只能去干伐木的零工，收入无法支付抵押房子的赎金，结果乔全家被银行赶出了自己的房子。慈祥的奶奶收留了乔的父母和乔他们7个兄弟姐妹，才让这个贫穷的家庭有了安身之处。同前面章节中的埃里克一样，乔的哥哥们靠参加著名的美国民间资源保护队（Civilian conservation Corps，即CCC，又译平民保育团）获取微薄的收入，来维持家里的生计。穷人的孩子早当家，年纪小小的乔也去理发馆找了一份扫地的工作。晚年的他回忆："更多的时候是父亲带我排长队，等待领取政府的救济面包。"乔的父母希望自己的孩子里能有一个上完高中，成为有知识的人，而不是像自己一样只能出卖力气。所以，父母一直鼓励乔完成学业。

1941年12月珍珠港事件爆发，美国对轴心国宣战。就在那年夏天，乔从圣约瑟高中毕业。乔在体育运动方面表现出色，特别是棒球和田径。校方在毕业时给了乔这样的评语:"消息最灵通的人""像鲨鱼一样勇敢强壮的人""着装最佳"。乔的出色引起了印第安纳州南本德圣母大学的注意。圣母大学棒球队向他伸出橄榄枝,承诺给一笔丰厚的奖学金。然而有一天,乔走在马斯基根的街头,偶然看到了一幅美国陆军伞兵部队的征兵海报。

征兵海报中,一名美军伞兵从飞机上跳下来,拿着汤姆逊冲锋枪战斗。乔顿时觉得:"这样简直是太刺激了!"于是,他大步走向了征兵中心。

乔担心自己的色盲会成为当伞兵的障碍。他诚实地向征兵处一名中士说:"我有色盲,长官,这样会不会妨碍我参加伞兵?"

"那您有没有收到过闯红绿灯的交通罚单呢?"

"从来没有,长官。"乔说道。

"那你就放心吧。无论你看得清或是看不清跳伞的红绿灯,后面有十几个人看到灯泡颜色变了,他们会把你从飞机上推下去的。"中士说道,顺手在乔的申请书上扣了"合格"的戳子。

就这样,约瑟夫·拜尔勒如愿以偿加入了伞兵。在密歇根州的卡斯特军营,他和十几个人被分配到了美国陆军第101空降师第506团。从那里,他们要坐三天的火车前往佐治亚州的托科阿接受军事训练。训练期间,认真刻苦、聪明机灵且富有运动天赋的乔晋升为技术中士,在506团3营I连专门从事通讯和爆破作业。乔的跳伞技术也相当过硬,在部队里赢得了"跳伞乔"的称号。

经过一年的训练,第101空降师要开拔了。1943年9月17日,乔随506团乘英国豪华客轮"撒玛利亚"号横渡大西洋,来到英国利物浦。该团在伦敦以西的拉姆斯伯里继续接受战斗训练,准备参加"霸王"行动,空降诺曼底。

1944年4月,乔作为团里跳伞技术的佼佼者,和其他两位战友一起被选出来执行特殊任务。他们被秘密空投到诺曼底地区的阿伦孔,在那里与法国抵抗运动成员接头,向抵抗运动转交黄金作为活动经费。10天之后,乔和战友秘密返回英国。过了一个月,乔再度被空投到诺曼底,给法国抵抗运动运送黄金。德国人仍然没发现,乔又平安返回英国。这次之后,整个英国南部都被封锁。因为"霸王"行动要开始了。所有军人和平民都知道,伟大的时刻即将来临。但他们又都不知道自己要去哪里,何时出发去揍德国人。

经过长期的计划、准备和等待,1944年6月5日晚,整个英国都忙碌了起来。

所有人终于知道了自己的使命和目标——诺曼底。美国、英国、加拿大和自由法国共2.4万人的空降部队将在午夜空投到诺曼底地区，袭击海滩后面的德军目标，配合13.2万盟军黎明时分发起登陆。乔所在的美军第101空降师要被空投到犹他海滩后面，切断法国内陆通往诺曼底的4条公路，阻止德军支援海滩。其他任务还包括破坏敌人通信设施、消灭德军据点和建立横跨杜阿芙河的桥头堡等。

午夜，乔和所有的空降兵一起，登机，起飞。他在这天的日记中写道：

"我们从英格兰起飞，只飞了90分钟，就到达了诺曼底。飞行高度700英尺，身边有几架飞机被击中，或者爆炸，或者坠毁。这时候机舱的红色信号灯亮了，然后绿灯亮。我们都跳了出去，在400英尺的高度打开了降落伞。我落在了圣卡蒙杜蒙村（Saint-come-du-mont）的教堂顶上。我从教堂顶上小心地滑下来，然后穿过墓地，越过一堵墙，朝着我们预定的目标前进，就是杜阿芙河边的木桥。我回头看了看，德国人在我落地的地方烧了一所房子，并且不停朝天上的飞机开火。曳光弹纵横交错，许多兄弟在天上就被打死了。"

当时只有第506空降团团长辛克上校和第1营落到了预定地点。所以乔身边找不到任何战友，只能单独行动。在前往杜阿芙河的途中，他炸毁了圣卡蒙杜蒙村边的变电站。任务完成以后，在翻越诺曼底地区独特的树篱时，乔却一头栽进了一个机枪掩体坑，里面有十几名德军士兵。如此，倒霉的乔在落地后不到几个小时就成了德军的俘虏。这次被俘给乔带来了许多痛苦，也给他意外开启了另一段奇妙的人生经历。

当时德军面对突如其来的打击不知所措，整个诺曼底地区都处于一片混乱之中。乔经过德军的初步审讯，就与其他战俘一起被送往卡朗唐。在前往卡朗唐的路上，他们遭到了盟军的炮火袭击。乔被炮弹爆炸的冲击波掀到路边的水渠里，屁股被炸伤，昏迷过去。醒来后，他发现身边有两个美军战俘双腿被炸断。乔为他们进行了及时的急救包扎，保住了他们的命。此时一支德军巡逻队过来抢救自己的伤员，乔趁机和另外两名美军战俘逃跑。可惜，他们在诺曼底错综复杂的树篱地形中走丢了。乔他们在野外徘徊了几个小时，再次被德军俘虏。

德军再度抓住乔他们，将他们送往圣洛。半路上，押送盟军战俘的车队又遭美军P51"野马"战斗机的扫射，所幸没有人员伤亡。车队刚到圣洛，当地又遭盟军飞机轰炸，整个圣洛被炸成一片废墟。令人惊讶的是，没有一颗炸弹落入美军战俘

▲ 约瑟夫·拜尔勒（拉姆斯伯里，1943年）。

◀ 约瑟夫·拜尔勒在XIIA集中营的档案照片，其中除了姓名还有他的战俘编号：80213。

▲ 当年战俘营里关于拜尔勒战俘身份的档案卡。

关押的地方。第二天，乔和其他人被送往特索莫村（Tessy Sur Mur）的修道院关押。德国人给这个临时战俘拘留所起名为"饥饿山"。德军得知乔有德国血统，对待他非常严厉。多年以后，乔回忆道：

"德国人每天几乎审讯我20—24个小时。翻来覆去就是那些问题：你作为一个德国人，为什么要替犹太人、罗斯福和摩根这些人卖命，同自己的祖国人民作战？我在审讯的时候昏迷了。几天后在医院中醒来，头痛不已。我被重新送回了修道院。"

接下来的几周，乔作为战俘被迫从事重体力劳动，修复附近被炸毁的铁路。后来他被送往巴黎关押两周，然后又被塞进运送战俘的火车，运往德国本土。路途中，盟军飞机袭击了火车。乔所在的车厢被子弹穿透，几名战俘死亡，二十多人受伤，但火车没有停下来。5天后，火车到达德国林堡的战俘营。乔在这里被正式登记为战俘，有了战俘编号。乔洗了澡刮了胡子，德国人还让战俘写了家信。几天后，这些战俘被转移到更远的德国东部。

1944年9月17日，乔到达老德莱维茨（Alt Drewitz，现为波兰波茨坦附近一个村庄）的战俘营。这里关押着2000多名美国战俘，还有大量的英国、法国、苏联、比利时和塞尔维亚战俘。德军守卫森严，对待战俘残酷无情。有一天战俘们在外面劳动，有人趁机偷马车上的土豆。德国看守发现，断然开枪射杀。流弹横飞，连乔也右臂中弹受伤。

美国人经常凑在一起秘密讨论逃跑的可能性，甚至在战俘营里成立了一个"越狱委员会"。活泼的乔自然也参加了这个"委员会"。然而他们的几次逃跑计划都被德国人事先得知。经过缜密研究，他们发现是有人给德国人通风报信。最后查明，战俘中间有德国人安插的耳目，居然是个德国人冒充美国大兵混进了"委员会"。经过这次事件，乔想明白了：与其大家一起跑，不如自己单独跑。于是，他开始策划单独越狱。

乔找到两个志同道合的难友，布鲁尔和奎因。三个人深入讨论，想到一个独特的主意：利用香烟。此时德国因多年战争消耗，早已穷途末路，吃喝眼见都要供应不上，遑论香烟。而乔最近在战俘营里靠赌博赢了60包香烟。有这些东西，无论在战俘中还是看守战俘的德国兵里，乔都是大手笔的"有钱人"。乔决定贿赂德国人，让德国看守放自己一条生路。乔后来如此描述这个独特的主意：

"我们三个讨论，决定给铁丝网外的卫兵10包烟。他执勤的时候，我们剪断铁丝网，他假装看不见。在他和下一个卫兵换班的时候，我们逃掉。我和那个卫兵交流几次后，他同意了。先收 5 包烟，等我们出去，再给 5 包。"

搞定了德国看守，就是行动。

那天夜里，乔和两个难友成功穿过了铁丝网，来到了战俘营南边一处铁路转运场。这里每天夜里 21—23 点都会有火车经过。听说这里的火车都是开往东线的。他们希望搭火车前往东线，同波兰游击队或苏联红军取得联系。他们三个爬上火车，一路风驰电掣。可倒霉的事情发生了——几小时后火车停了，他们悄悄下车一看，出现在眼前的居然是柏林！

乔他们三个惊恐地躲在车厢里，不敢出一点儿声音。天黑以后，英国皇家空军的机群开始轰炸柏林。人们都躲了起来，乔他们赶紧趁着轰炸离开车站。穿过铁路的时候，他们迎面撞见一位德国老铁路工人。躲不开了，乔索性摊牌，向老人一五一十说出了自己一行三人的身份和经历，掏出几包香烟作为谢礼，请求老人帮助。德国老人竟然同意了，把他们带到一处临时避难所，还给他们拿来了食物和啤酒。第二天晚上，其他铁路工人将乔、布鲁尔和奎因藏进马车，送到了德国地下反希特勒组织的人那里。德国地下组织接待了这三名美军战俘，答应将他们送往西线，交给盟军。

黑夜很快过去。清晨，乔他们三人在地下室里突然听到上面一片嘈杂，还有枪声。一群盖世太保冲进地下室，将他们逮捕了。没人知道消息是怎么泄露的。

"接下来的十几天里，我们从前所听说的盖世太保传言全是真的。我们被审讯，折磨，殴打。双臂向后吊起来，用鞭子抽，用棍棒、枪托砸。当我们快要死掉的时候，又换另一种折磨方式。当你意识模糊的时候，他们再换别的方法折磨。折磨几天，看到我们快死了，就把我们扔进一座冰冷黑暗的牢房。牢房没有任何卫生设施，前一个关在这里的人已经把牢房弄得腐臭不堪。"

几天后，有德国国防军军官来到了盖世太保总部，认领乔等三人。德国军官声称，战俘属国防军管辖。所幸盖世太保也懒得管这些闲事，就把乔、布鲁尔和奎因交给了国防军的人。乔他们三人重新回到战俘营，被单独禁闭 30 天，每天配给的水和食物少得可怜。随着气温急剧下降，他们随时有可能冻死。凑巧的是，国际红十字会人员来访，看到他们三个的处境，对战俘营进行了干预。于是，三人仅单独禁闭了 7 天就被放了出来。

刚放出来，乔就发现难友中间多了一台秘密组装的收音机。战俘们从这台收音机里面了解到外面的最新战况。1945年1月12日，苏联红军发动维斯瓦河－奥得河攻势，17日解放华沙，18日解放克拉科夫和罗兹。再有几天，苏联红军就打到德国本土了。乔、布鲁尔和奎因三人深受鼓舞，决定再次越狱。他们相信这次越狱大有希望，能逃出战俘营就一路向东，与前进中的苏联红军会合。

说干就干。这一天，趁着操场上放风活动的时间，奎因假装癫痫发作，乔和布鲁尔假装去药房拿担架。战俘们以打架给他们作掩护。就在德国兵热心于观看战俘们打架的时候，乔和布鲁尔抬着奎因穿过大门，大摇大摆地走向了药房。然后，他们藏进了外面一辆马车上的木桶。谁知马车没走多远，竟不小心压上了石头，木桶掉到地上，乔等三人被德国看守发现了。看守马上开枪射击，布鲁尔和奎因不幸中弹身亡，只有身手敏捷的乔逃了出去。然后，乔开始一路向东。

向东走了三天，乔发现枪炮声越来越激烈，已经靠近前线了。他躲进一个谷仓，倾听外面的战斗。躲了一天，他听到了隆隆的坦克声，而且越来越近。坦克来到谷仓旁边了，乔整个人紧张到极点。突然，乔发现外面的人说俄语！是苏联红军第一近卫坦克集团军的先头部队到了这里。乔激动地高举双手，双手各拿着一盒好彩烟，嘴里大喊着他唯一会的一句俄语，从谷仓里钻了出来："Ameranski Tovarish! Ameranski Tovarish（美国同志）! Ameranski Tovarish（美国同志）!"

所有苏联士兵的枪口齐刷刷对准乔。他们满心狐疑，这里怎么还有美国人？紧张和好奇之后，乔被带到红军指挥员那里问话。走在路上，乔赫然发现这支苏联红军部队装备的全是美国M4"谢尔曼"坦克，《租借法案》的产物。等见到了指挥官，乔更是吃惊，竟然是一个年轻漂亮的女孩子！后来他才知道，这是一位功勋卓著的坦克指挥员，在军队里备受尊重，名叫亚历山德拉·萨穆森科。

"我告诉她，我是一名逃跑的美军战俘。我想加入她的部队，和她一起去柏林，杀死那些残暴的纳粹分子。经过她和政委商量，我被允许加入她的队伍，还给我发了一支波波沙冲锋枪。第二天早上，我们西边的炮兵对德军进行了饱和炮击，我们便从农场和谷仓出发，向西前进。我就在那支队伍里，一个美国人，坐在苏联军人驾驶的美国坦克上，指挥我们的是一名漂亮可爱的女坦克指挥员。"

乔很快在苏联红军里有了名声，他在美军那里学到的爆破技能备受称赞。他负责爆破阻碍坦克队列前进的障碍。经过几次战斗，乔和红军战友们打到了曾经关押过自己的战俘营附近。他们消灭了看守，解放了战俘营，乔总算报了一箭之仇。在肃清战俘营的抵抗之后，一名苏联军官把乔叫到了刚攻占的当地德军司令部。多年后，乔回忆起这段"收获颇丰"的经历，仍津津乐道：

"俄国人有美国援助的1/4磅的硝基淀粉炸药，但是不会用。他们让我用这个炸开了德国军官办公室的一个超大保险柜。俄国人兴奋地拿走了相机、手表、戒指和卢布，剩下的英镑、美元和法郎却没有人动。我有一个大号背包，我就把里面装满了他们不要的美元英镑之类，将大背包捆在坦克后面。我还在这里找到了自己当战俘时候的档案和照片，可以带回家聊以纪念。"

乔和苏联红军战友们继续西进，冲向柏林。在后面的两周战斗中，随着苏联红军越来越深入德国本土，德国人的抵抗越来越激烈。乔作为一名正式的苏联红军战士，亲历了整场第二次世界大战中最残酷的东线战斗。彼时，苏联红军战士以压倒性的装备和力量，以鲜红的血，为彻底摧毁法西斯德国而殊死战斗。

1945年2月的一天清晨，乔坐在一辆"谢尔曼"坦克上前进的时候，一群德国"斯图卡"轰炸机飞来，俯冲攻击了坦克队列。乔受重伤，昏迷不醒。他和几十名受伤的红军战友被送往瓦尔特河畔兰茨贝格（今波兰戈尔茹夫）的战地医院。住院的日子里，医院迎来了一名意外访客。当时乔看到许多病友都站起来，他也跟着站了起来。这名访客走进病房，乔完全惊呆了。来视察的竟然是做梦都想不到的大人物——苏联红军白俄罗斯第1方面军司令员格奥尔基·康斯坦丁诺维奇·朱可夫元帅！看到一个活着的传奇就站在自己面前，乔激动得说不出话。朱可夫元帅也很惊讶，自己的士兵里居然有个美国人？通过翻译，两人交谈了许久。乔向朱可夫元帅讲述了自己的身份来历，讲述了自己如何与红军战友并肩作战。他的故事让朱可夫元帅着迷。朱可夫元帅答应他，一定会帮助他回到美国家乡。

第二天，乔接到命令：上级让他去莫斯科。乔认定，这是朱可夫元帅将自己的情况通知了莫斯科。经过几天的旅行，途经饱受战争摧残的波兰，乔乘上了去往莫斯科的伤员列车。到了莫斯科郊区，一名苏联红军军官带他去了位于红场附近的美国大使馆。乔很高兴，自己要回家了。谁知一进入美国大使馆，满心的期待变成了不可思议。两名美国陆军军官和一名海军陆战队军官立即对乔展开审讯。乔很费解，问为什么自己要受到这般对待？对方解释："根据记录，你已经在1944年6月10日的战斗中阵亡了。"乔反复解释，总算说清了自己的问题。一切自然都是误会。

▲ 约瑟夫·拜尔勒在苏联治伤住院的病历。

原来，乔仕被俘的时候，德国兵拿走了这群美军俘虏的狗牌（军用识别牌）。这些狗牌后来在诺曼底乡村一具无名尸体上被发现。美军于是判定，乔已经牺牲，便通过电报将乔阵亡的消息通知了他在密歇根州马斯基根的家乡。而法国诺曼底这边，美军还给乔举行了葬礼，将那具被认为是乔的无名尸体和乔的狗牌一起安葬，墓碑上还刻了乔的名字。后来乔从德国林堡的战俘营给马斯基根的老家寄了明信片，家里人才知道他还活着。但是美国军方并不知道。经过几天的审讯，美国大使馆终于确定了乔的身份。

在莫斯科度过了一段快乐的时光后，乔和其他被苏联红军解救的美军战俘一起前往了乌克兰的敖德萨。在这里他们乘船横渡黑海，到达伊斯坦布尔，然后乘船前往埃及的塞得港。停留几天，或许是命运使然，乔居然又搭乘上了1943年带他去英国的那艘英国豪华客轮"撒玛利亚"号，前往意大利的那不勒斯。在那不勒斯的医院里，乔接受手术，取出了身上的弹片。1945年4月1日，乔离开意大利，3周后回到了美国密歇根州马斯基根的家中。此时的乔泪流满面。两年的战斗，种种不可思议的经历，约瑟夫·拜尔勒终于活着回到了家。

在乔回家的这段时间里，美军、英军、法军和加拿大军队从西面，苏联红军从东面，攻入了纳粹德国的心脏。1945年4月25日，美军和苏军在易北河上会师。5天后，希特勒在柏林帝国总理府的暗堡中自杀。5月8日，纳粹德国无条件投降。然而，当初接收乔加入苏联红军的那名女坦克指挥员，年轻美丽的亚历山德拉·萨穆森科，于1945年3月3日在德国祖尔热菲尔茨村（现已属于波兰）不幸牺牲，年仅23岁。

1945年11月28日，乔因在战争中受伤而光荣退役。战后，乔在美国不伦瑞克的一家制造公司工作，成了一名运输主管。乔婚后育有二子一女，其中长子乔·拜尔勒二世（Joe Beyrle II）追随父亲的脚步，成为美军第101师的一名伞兵；次子约翰·拜尔勒（John Beyrle）更是一定程度上继承了父亲的命运成了一名外交官，半个多世纪后在美国奥巴马政府时期出任了美国驻俄罗斯大使。

约瑟夫·贝尔勒是已知第二次世界大战时期同时参加美军和苏联红军对德作战的唯一一人。1994年6月6日，诺曼底登陆50周年纪念日，乔参加了美国白宫为他举行的特别仪式，由时任美国总统比尔·克林顿和俄罗斯总统鲍里斯·叶利钦共同为他颁发勋章，以表彰他在战争中的事迹。晚年，乔应美国军方和美国退伍军人事务部之邀，参加了不少活动。有传记作家为他的传奇故事先后撰写过两部著作。2004年12月12日，乔重回乔治亚州托科阿，1942年他就是在这里接受了伞兵训练。又是命运使然，就在这次访问中，乔因心脏衰竭于睡梦中去世，享年81岁。2005

年4月，乔被光荣安葬在美国阿灵顿国家公墓第一区。同年，法国圣科姆迪蒙教堂的墙上揭幕了一块牌匾，上书：1944年6月6日，拜尔勒在此地降落。2014年7月5日，一块永久纪念牌在该地点落成。2010—2012年，专门介绍约瑟夫·拜尔勒生活和战时经历的展览在美国、俄罗斯各大城市的博物馆进行了巡回展。这名经历传奇的士兵，作为第二次世界大战的见证，永远在历史中闪烁着光芒。

不朽的荣耀：卫国战争中鲜为人知的"苏联英雄"称号获得者

第五章

"苏联英雄"是苏维埃社会主义共和国联盟的至高荣誉,用于表彰献身祖国的英雄壮举。伟大的卫国战争中,获得"苏联英雄"称号者达 11635 人。其中有运筹帷幄的将帅,有纵横长空的王牌飞行员,有在关键时刻展现出惊人勇气的普通下级军官和士兵,也有战斗在敌后的游击队员和地下工作者。许多"苏联英雄"光荣称号获得者的事迹,人们早已耳熟能详;却也有许多英雄的事迹渐渐被世人遗忘。"你的名字不为人知,你的功绩永垂不朽",英雄们的名字与事迹应该永远为人们所知,世代永垂不朽。本章要讲述的,正是一些鲜为人知的英雄故事。

一、当代的伊凡·苏萨宁

马特维·库兹米奇·库兹明,1858 年生于俄罗斯普斯科夫州维利科卢克斯基的库拉基诺村,种了一辈子地。这老头性情顽固,晚年依然坚持当自耕农,拒绝农业集体化改造,死活不肯加入集体农庄。他跟孙子住在一起,侍弄果园,打猎钓鱼,当地人给他起了个绰号叫"独狼"。

随着纳粹的入侵,库兹明老人的家园也沦陷了。1942 年 2 月,一个营的德军进驻库拉基诺村,征用了他家的房子。敌人这支部队奉命渗透维利奇拉基的苏联红军防线,从背后偷袭防线上重要的马尔基诺高地。2 月 13 日,德军营长叫来 83 岁高龄的库兹明老人,吩咐他为德军带路。德国军官表示,不会亏待库兹明,当场给了他钱、面粉、煤油外加一支猎枪。库兹明听德国人交代完要自己当向导的路线,登时明白了其中的危险。他假意应允下来,回头赶紧吩咐孙子瓦西里去 6 千米外的佩尔希诺村报信,让苏联红军赶紧做好战斗准备,在马尔基诺村附近打敌人的埋伏。

▲ 马特维·库兹米奇·库兹明。

入夜，库兹明老人领着德军走过迷宫般绕来绕去的小路，黎明时分带敌人来到了马尔基诺村外。苏联红军加里宁方面军第 31 军校学员步兵旅第 2 营和马尔基诺村民兵早已等候多时，立刻给敌人以痛击。一个营的德军暴露在重机枪火力之下，被击毙 50 多人，还有 20 多人被俘。一片混乱之中，德国军官意识到这一切都是因为被带路的老头骗了。他调转枪口，朝库兹明连开两枪。库兹明老人倒下了。两天后苏联红军以军队礼节将他安葬。后来，他又被重新安葬在维利奇拉基的军人公墓里。

《真理报》著名战地记者鲍里斯·波列沃伊的报道让库兹明老人的英勇事迹在苏联家喻户晓。波列沃伊写下过著名报告文学《真正的人》，让空战中失去双脚却凭借顽强意志靠假肢重新飞上蓝天的"无脚飞将军"阿列克谢·梅列西耶夫家喻户晓，打动了一代又一代读者。当时波列沃伊正在当地采访，他亲自去祭扫了库兹明的墓地。1948 年，波列沃伊写下了一篇儿童文学《马特维·库兹明生命的最后一天》，

▲ *伊凡·苏萨宁。*

这篇作品至今仍收录于俄罗斯小学三年级的阅读课本中。库兹明老人勇于自我牺牲的壮举，常被比作17世纪借带路之机将波兰侵略者引进风雪深山、挽救了莫斯科和沙皇的民族英雄伊凡·苏萨宁。库兹明老人被追授"苏联英雄"光荣称号，他是历史上最年长的"苏联英雄"称号获得者。苏联各地都有用他的名字命名的街道，也有以他命名的拖网渔船。1943年，莫斯科地铁伊兹麦罗夫斯基公园站（2005年改名为"游击队员站"）中竖立起了马特维·库兹明的雕像。他的雕像与卓娅的雕像并排站在一起，象征着苏联人民不屈的反抗精神。

伟大的卫国战争中，十几岁的男孩子表现丝毫不逊于白发苍苍的长者。比如列昂尼德·亚历山德罗维奇·戈利科夫，他是诺夫哥罗德州少先队长期号召学习的英雄。戈利科夫出生于诺夫哥罗德州卢基诺村的农民家庭，念完小学五年级便辍学，去斯塔拉雅罗萨的一家胶合板厂做工。1942年3月，15岁的戈利科夫参加了列宁格勒第4游击队旅第67游击分队。他给游击队当侦察员，很快学会了爆破技术。他一个人先后炸掉14座桥梁和9辆德军运输卡车。他还是个神枪手，在多次战斗中屡屡击毙德国兵。

1943年1月24日，戈利科夫的游击队埋伏在普斯科夫州奥斯特拉亚卢卡村附近的公路两侧，等待敌人经过。左等右等敌人都没来，上级认为是情报有误，下令游击队撤退。戈利科夫却没有接到撤退的命令，在路边潜伏了整整一夜。第二天一早，他突然发现一辆德军汽车沿着公路开过来。年轻的游击队员二话不说冲上去，端起冲锋枪一阵扫射，击毙了开车的德军。车上的德国军官跳出来想跑，也被戈利科夫一梭子打死。戈利科夫缴获了德国军官的公文包和手枪，赶回去跟游击队会合。战友们仔细检查公文包，发现小戈利科夫逮到一条大鱼：他击毙的居然是个德国将军，公文包里的文件更是极其重要的情报。

不久，戈利科夫在另一场战斗中牺牲。他的遗体被埋葬在奥斯特拉亚卢卡村。诺夫哥罗德和莫斯科都竖立起他的纪念碑，战后诺夫哥罗德的一条街道也以他的名字命名。1944年4月12日，列昂尼德·戈利科夫被追授"苏联英雄"光荣称号。

马拉·卡泽伊，1928年10月生于白俄罗斯明斯克地区的斯坦科沃村，战争爆发时刚要升入五年级。1942年11月，卡泽伊加入白俄罗斯游击队的"十月革命25周年"支队，担任侦察员。1944年5月11日，卡泽伊在克罗梅斯科耶村执行侦察任务时队伍被敌人发现。经过激战，游击队员们寡不敌众，全部牺牲。15岁的卡泽伊打光了子弹，扔出了一颗手榴弹，将第二颗手榴弹留给了自己。由于从事侦察工作，卡泽伊这样的事迹往往难以被记入档案。1965年5月8日，卫国战争胜利二十周年之际，马拉·卡泽伊被追授"苏联英雄"光荣称号。明斯克至今立有卡泽伊的纪念雕像，该雕像由白俄罗斯的少先队员捐资建造。

14岁的瓦伦丁·亚历山德罗维奇·科季克是卫国战争中最年轻的"苏联英雄"称号获得者。科季克1930年2月11日出生在乌克兰西部赫梅利尼茨基州赫梅利沃夫卡的一个农民家庭，父亲是木匠，母亲在集体农庄做工。卫国战争爆发，德军入侵乌克兰，11岁的小科季克担心自己无法再将心爱的宠物小松鼠养下去，遂决定将松鼠放归森林。到森林里放松鼠时，小科季克却发现了4个全副武装的人，身上穿的军服从前没见过，说的话也听不懂。他悄悄溜回去，领来一队红军战士。经过一番激战，3名德国兵被击毙，剩下1人被俘。经过此事，这个小学五年级的男孩开始投身于保卫祖国的斗争。

科季克家有个房客，伊万·穆扎廖夫，第一次世界大战时当过德国人的俘虏。小科季克一直怀疑这人是德国人的奸细。其实呢，穆扎廖夫跟当地的林场场长一起，组织起了敌后游击队。穆扎廖夫注意到，科季克才11岁，满腔热血，性格冲动。这个男孩当时还不知道斗争策略为何物，时不时自己给自己招来危险。他捡苏联红军飞机投下的传单，悄悄将传单贴到公共场所去，而且在人前毫不掩饰自己对敌人的切齿痛恨。这天，穆扎廖夫偶遇小科季克，发现这孩子靴筒里藏着一摞传单。他问小科季克发没发过传单，"发过！这有什么关系？"科季克毫不畏惧地答道。直到这时，穆扎廖夫才向小科季克透露了自己的真实身份，以及自己从事的地下工作。从这时起，科季克的人生翻开了新的一页。他把当地儿童组织起来，收集战场上遗落的武器弹药，暗中清点从当地经过的敌人坦克、车辆和部队数量。

科季克的地下工作干得很出色，不久便动了跟敌人真刀真枪干一场的心思。他跟两个朋友提议，给敌人打一场埋伏。科季克了解到，谢佩托夫卡的占领军宪兵队长、德军中尉弗里茨·凯尼格要前往附近的城镇，拷问审讯被俘的游击队员。3个胆大包天的男孩就这样付诸行动了：他们藏在路边的森林里，待德国人的车队经过，突然跳出来，将手榴弹扔向疾驰的军车，然后撒腿逃进森林。凯尼格乘坐的打头那辆车失去了控制，跟在后面的一辆重型卡车顿时撞上了前车的尾部。凯尼格中尉是死是伤不得而知，德国兵纷纷跳下卡车，端起冲锋枪朝森林胡乱扫射。3名少年毫发无伤，成功逃之夭夭。事后德军疯狂报复，逮捕和处决了许多无辜百姓。

1943年8月起，科季克成了谢佩托夫卡游击队的侦察员。10月，他发现了当地德军司令部专用的地下电话线路，成功将其炸掉。10月29日，在森林里放警戒哨时，科季克用手枪击毙了一名德国军官，给游击队的同志们发出警报，让大伙躲过了敌人的围剿。1944年2月11日，苏联红军解放了谢佩托夫卡。科季克十几年来一直生活和战斗在这里，这里也是《钢铁是怎样炼成的》主人公保尔·柯察金的家乡，乌克兰西部重要铁路枢纽。为配合红军反攻，17日拂晓时分游击队向德军重要据点伊贾斯拉夫村发动奇袭。拿下村里军火库之后，穆扎廖夫命令科季克和其他人一定要守住。激烈的战斗中，科季克始终坚守阵地，直至中弹倒下。他被埋葬在生前上过的学校花园里。

1958年6月27日，瓦伦丁·科季克被追授"苏联英雄"光荣称号。14岁的科季克是历史上最年轻的"苏联英雄"称号获得者，也是苏联少先队长期号召学习的榜样。

费奥多尔·阿列克谢耶维奇·马雷舍夫，卫国战争中白俄罗斯最出名的游击队员之一。他1914年4月生于白俄罗斯戈梅尔州扎波尔耶村的农民家庭。从明斯克工学院毕业后，这个机械工程师致力于研制节省人工的工程机械。卫国战争期间，他成功运用自己的专业知识，毅然投身到敌后破坏活动中。

战争爆发时，马雷舍夫在维捷布斯克附近一家煤炭企业当工程师。他车间里的工人，连同工厂的厂长，相继接到征兵令上了前线。只有马雷舍夫没有接到征兵令。他主动要求参军，却被告之："等待祖国的召唤吧，会有需要你的时候。"1941年7月4日，德军占领维捷布斯克，马雷舍夫参加了游击队。他被分配到了敌后破坏小组。当时德军的推进速度太快，必须用火车将燃料、粮食和军火源源不断地运往前线，保持推进的速度。相反的方向，则需要用火车将掠来的战利品和伤兵从前线运下来。还有特别列车，将沦陷区的人民运往集中营。布列斯特-戈梅尔的铁路线遂成为德军中央集团军群的交通大动脉。德军想尽办法要维持铁路线的畅通，马雷舍夫的游击队则无时无刻不在破坏铁路。

1942年8月19日，马雷舍夫炸掉了敌人的第一辆军列。德军马上沿铁路线部署了大量军队和白俄罗斯伪警察，还强迫沿线农民巡线护路，试图遏制游击队的破坏活动。马雷舍夫眼睁睁看着好几列火车过去却无法下手，心里着急。突然，他认出护路队里有跟自己一个村子出来的同乡。马雷舍夫向上级保证，自己绝不会被出卖。于是，他将一颗威力强大的地雷藏在衬衫底下，混进巡线的当地村民里。一个德军哨兵注意到马雷舍夫，慢慢朝他走过来。两个村民上去挡住德军哨兵的视线，马雷舍夫趁机将地雷安放在铁轨下面。一趟德国军列驶来，马雷舍夫等人纷纷跑下路基，四散而逃。轰然一声巨响，德国军列顿时倾覆。

根据游击队第125旅的档案记载："今天一列有60节车厢的敌人军列被炸毁。该地区所有铁路交通完全瘫痪达两天两夜。纳粹对军列倾覆的地点实施戒严，用了36个小时清运尸体和车厢残骸，清理铁轨。敌人因这次军列遇袭而组织了专门的反游击部队。"到1942年11月，马雷舍夫共炸毁16辆军列，出色的战绩让他顺理成章地被任命为敌后破坏小组负责人。德国人急于保持铁路线的畅通，不分昼夜围剿游击队，袭击德国军列的难度不断增大。马雷舍夫和战友们顶住压力，到1943年4月炸毁了敌人第18辆军列。

马雷舍夫时时刻刻都在承受着巨大的压力。尽管有坚强的意志，但长期的饥饿、暴露的风险以及不断逃避敌人的追捕，这一切都摧残着马雷舍夫的健康。1943年秋天，他从游击队的敌后秘密机场乘轻型联络飞机前往莫斯科治疗。战前马雷舍夫身体健壮，如今他体重不足40千克。经过两个月的治疗，马雷舍夫恢复了健康。他要求重返敌后，但上级不批准。戈梅尔州解放后，为恢复当地经济，苏维埃当局任命马雷舍夫为当地煤炭企业负责人。

1944年4月15日，费奥多尔·马雷舍夫被授予"苏联英雄"光荣称号。他和战友们在敌人戒备森严之下共炸毁19辆军列，给白俄罗斯战线上的德军造成难以估量的损失。

▲ 描绘梅德韦杰夫的苏联邮票。

战争结束后，马雷舍夫长期在白俄罗斯苏维埃社会主义共和国科学院煤炭工业研究所担任领导职务。

类似这样的敌后英豪，卫国战争中还有很多。比如迪米特里·尼古拉耶维奇·梅德韦杰夫，他是德军始终抓不到的一条"大鱼"。梅德韦杰夫1898年出生于布良斯克州，1920年加入布尔什维克党，一直从事情报工作。1936—1938年他曾驻外两年，一般认为是参加了西班牙内战。然而大清洗爆发，梅德韦杰夫被召回国内接受审讯。他侥幸没在大清洗中被处决，但1939年还是因政治问题和严重的背伤而被迫退休。

卫国战争爆发后，梅德韦杰夫被召回一线。他组织起18支敌后侦察和破坏分队，并以自己名字"迪米特里"的昵称"米蒂亚"来命名这个游击队组织。1941年9月15日，"米蒂亚"游击队首次出击，成功伏击了一支德军车队，击毙车队中的一名德国将军。德军展开报复，处决了数百名当地平民。殊不知，这样正好帮了梅德韦杰夫的忙，两周之内"米蒂亚"游击队的规模扩大了三倍。在他的努力下，布良斯克、奥廖尔、莫吉廖夫等州相继组建了游击队，德军的运输线不断遭到袭扰，用于指示轰炸目标的情报源源不断提供给苏联红军。

梅德韦杰夫还不满足于这些工作，他又受命领导敌后更大规模的游击队组织"胜利者"。1942年6月，梅德韦杰夫跳伞空降到敌后，结果背伤复发。忍着伤痛，他指挥"胜利者"游击队在罗夫诺周边开展活动。梅德韦杰夫安插进罗夫诺城里德国占领军乃至驻当地德军情报机关的眼线达100多人，他每天向莫斯科发送三四次情报。他先后指挥游击队向罗夫诺的德军发动了120多次袭击，给德军造成重大损失。1944年11月5日，迪米特里·梅德韦杰夫被授予"苏联英雄"光荣称号。

战争结束后，迪米特里的精力转向社会工作和写作。1954年12月14日，迪米特里逝世，安葬于莫斯科。时至今日，在莫斯科和布良斯克都有他的纪念碑。

二、雅库特的猎人

伟大的卫国战争中，荣获"苏联英雄"称号者共11635名。从民族成分上看，以俄罗斯人最多，共8182名；其次是乌克兰人，共2072名。苏联境内各民族基本都有荣获"苏联英雄"者，较少的如鞑靼人有 161 名，犹太人 108 名。甚至连远东的雅库特人、布里亚特人都有自己的"苏联英雄"。

遥远的苏联远东地区，常年冰雪覆盖。那里的居民生来就要与严酷的自然环境搏斗，人人都有一手打猎的好枪法。有这样一个雅库特猎人，名叫费奥多尔·奥赫洛普科夫，1908 年出生于雅库特社会主义苏维埃共和国。他和弟弟瓦西里离开家乡的集体农庄，要走将近一个星期才能到最近的火车站。1941 年 9 月，兄弟两人应征入伍，被分配到第 234 步兵团服役。刚刚坐军列抵达莫斯科，他们马上被派往前线。

▲ 费奥多尔·奥赫洛普科夫。

两人在前线经历了多场残酷的战斗，费奥多尔的弟弟倒在了德军狙击手的枪口下，死在了哥哥怀中。费奥多尔发誓要为弟弟报仇，也拿起了狙击步枪。战前他就是一名富有经验的猎手，根本不需要训练。到 1943 年 3 月 14 日，他的狙杀纪录已经达到 147 人。

奥赫洛普科夫中士经常奉命执行定点清除德军狙击手的任务。这是生死一线的危险游戏，需要耐心、机警、快速的反应和钢铁般的意志。在游戏中落败，奖品只能是一枚子弹和当场死亡。这位雅库特狙击手每次都是赢家。1943 年 10 月的最后一周，他干掉 27 个德国人。1944 年 1 月 13 日，他的狙杀纪录达到 309 人。死在他枪下的德军数量还在不断攀升，苏联红军的报纸用醒目篇幅对他的显赫功绩进行了报道。不同于其他狙击手习惯打身体躯干和胸部，雅库特狙击手专门打头。问他为什么，他说，从前在老家打猎习惯了，人脑袋大小跟松鼠差不多。

由于极富猎人的敏锐直觉，奥赫洛普科夫还受命指导年轻的狙击手。他一次行动一般带一个新狙击手，言传身教这门技术的技巧。他常常告诫新狙击手：要形成一套自己的技巧，不要刻意模仿他人，一定要掌握伪装的技术，在摸清地形和做好撤退预案之前千万不要贸然进入不熟悉的区域活动等等。

1944 年 6 月 23 日，奥赫洛普科夫中士参加了解放维捷布斯克的战斗。战斗中他胸部中弹，又从鬼门关走了一遭。这是他第十二次负伤，这次负伤让他的狙击手生涯画上了句号。他长期在医院中接受治疗，于战争结束后退役。

按照官方档案中确认的战果，费奥多尔·奥赫洛普科夫中士在卫国战争中的狙杀纪录为429人。其实他用机枪也是高手，上级形容这个雅库特人用机枪成片扫倒德国人就跟农民用镰刀割草一样。一直有人认为，奥赫洛普科夫的杀敌纪录能达到上千人。

作为红军中的顶尖狙击手，苏维埃的最高荣誉却三番五次地与他失之交臂。终于，1965年5月6日，奥赫洛普科夫被授予"苏联英雄"光荣称号。他于1968年5月28日去世。

瓦西里·哈里纳耶维奇·哈塔耶夫是布里亚特人的骄傲。哈塔耶夫1924年8月出生于东西伯利亚伊尔库茨克州的一个小村庄，少年时代一边帮父母干农活一边上学。毕业之后，他在一家运输公司当记账员。卫国战争爆发，哈塔耶夫主动参军。1942年8月，他以炮兵的身份奔赴前线，参加了库尔斯克战役。

1943年7月10日，他在前线负伤。给父母的家书中，他写道："在伟大的库尔斯克战役中，我擦破一点儿皮。很快我就能恢复如初，重返前线。不用多长时间，我们就可以把法西斯侵略者从我们的土地上赶出去。"伤愈归队之后，他相继又参加了解放乌克兰和波兰的战斗。

哈塔耶夫随部队打到了柏林郊区。他是一个76毫米反坦克炮组的指挥员，他的炮组里有布里亚特人、俄罗斯人、乌兹别克人和白俄罗斯人。炮组在柏林郊外初次上阵，从一处开阔阵地上击毁了两列德国蒸汽机车，消灭了藏在里面的6名德军狙击手。

1945年4月26日，哈塔耶夫炮组摧毁了11处隐藏在住宅和公寓楼里的德军火力点。在逐屋的巷战中，为避免误伤自己人，哈塔耶夫炮组不能再打炮了。哈塔耶夫索性抄起冲锋枪，高喊："前进！一切为了祖国！"率战友们冲向了敌人。哈塔耶夫一个人击毙了9名肩扛"铁拳"反坦克火箭筒的德国兵，为红军坦克和步兵的前进开辟了道路。打到这一步，还远远不算完。

苏联红军要穿过柏林市区一处主要广场，却被敌人猛烈的火力挡住了去路。哈塔耶夫奉命去敲掉敌人的火力点。第一发炮弹打掉一辆德国坦克，却暴露了炮组的位置。德军用手榴弹回击，炮组成员除哈塔耶夫外全部牺牲。哈塔耶夫上士头部负伤，他坚持一个人操作反坦克炮，又打掉一辆德国坦克。第三辆德国坦克绕过街角，打算从背后攻击哈塔耶夫的反坦克炮位。一些红军步兵跑来帮忙，将反坦克炮调转方向。反坦克炮与坦克正面对决，哈塔耶夫抢先开炮，击毁了第三辆德国坦克。

战斗一刻不停，两辆德军装甲车冲向哈塔耶夫的炮位，一门德国防空炮也发疯似地向他射击。哈塔耶夫独自装填开炮，步兵们帮忙搬运传递炮弹。他准头极佳，接连击毁了敌人的装甲车和防空炮，掩护红军坦克占领了广场。

5月1日，哈塔耶夫的反坦克炮冲在步兵前面，歼灭了一支德军纵队，击毁了队伍里的4辆装甲人员输送车、9辆搭载"铁拳"的汽车以及7辆摩托车。柏林战役期间，哈塔耶夫共消灭了超过三个连的德军，单独俘获49名德军，其中还有一个人民冲锋队的地区总队长。第3近卫坦克军军长雷巴尔科中将亲自推荐年轻的布里亚特人上士立功受奖。1945年5月27日，瓦西里·哈塔耶夫被授予"苏联英雄"光荣称号，成为卫国战争中5名荣获金星勋章的布里亚特籍红军战士之一。

战争结束后，哈塔耶夫成了一家国营农场的场长，后任苏联科学院乌兰乌德分院总工程师。他于1991年去世。

米哈伊尔·加霍基泽，格鲁吉亚人，塞瓦斯托波尔保卫战中苏联红军第386步兵团下士。1942年6月11日，他率4名战士去增援一个即将被德军打垮的排，接应这个排撤退。他击毙一名德军，倒转德军的MG42轻机枪，冲蜂拥而来的德军士兵猛烈射击。众所周知，MG42机枪每分钟射速可达1500发子弹，承担了德军步兵班70%的火力。加霍基泽用这挺MG42机枪射杀了40多名德军，阻止了德军的进攻，成功将这个排带了回来。1942年6月20日，加霍基泽被授予"苏联英雄"光荣称号。他活到了战争结束，战后一直生活在格鲁吉亚首都第比利斯，1972年12月31日去世。

卫生员安纳托利·亚历山大洛维奇·科科林，1921年生于诺夫哥罗德地区的波洛维奇村，1940年从医科学校毕业，参军从事医务工作。卫国战争爆发后，科科林被分派到苏联红军北方面军内务人民委员会部队第21摩托化步兵师第14步兵团担任卫生员。1941年8月8日，科科林在激战中奋不顾身抢救了6名伤员。他将伤员一一拖到安全的地方，止血急救，让战友们将伤员后送。这时德军突然发动反击，科科林中弹负伤。他靠在树上，眼睁睁看着德军士兵朝自己走近。科科林从身上拿出手榴弹，藏在医护包后面。几个德军士兵围过来查看科科林的死活，科科林突然拉响手榴弹，跟几名德军同归于尽。1941年8月26日，科科林被追授"苏联英雄"光荣称号。他是卫国战争中首批被授予"苏联英雄"称号者之一。

三、决斗的传奇

第二次世界大战中大部分"苏联英雄"称号获得者，都是在苏德战场上立功。在对日作战中立功荣获"苏联英雄"者甚少，因而也更加珍贵。水兵尼古莱·戈卢布科夫是阿穆尔河分舰队一艘轻型舰艇上的防空炮手，对空射击组组长，他参加了解放中国东北黑龙江省佳木斯市抚远县的战斗。当时戈卢布科夫和战友们奉命登岸，却被几个土木结构的日军机枪碉堡挡住了去路。面对横飞的枪弹，戈卢布科夫站起身来，高喊："为了祖国！为了斯大林！"奋不顾身冲了上去。他成功将手榴弹扔进了一处机枪碉堡的射击孔，然而机枪子弹同时也洞穿了他的身体。机枪碉堡被炸掉了，戈卢布科夫用自己的生命给海军步兵打开了前进的道路。1945年8月14日，戈卢布科夫被追授"苏联英雄"光荣称号，以表彰他勇于自我牺牲的精神。

至于维克托·尼古拉耶维奇·列昂诺夫，更是苏联红海军的榜样人物。他勇猛好斗，打完德国人又打日本人，晚年还写下多本有关苏联红海军历史的回忆著作。列昂诺夫1916年出生于莫斯科州泽拉斯克，1937年参加红海军。卫国战争爆发后，列昂诺夫中尉作为红旗北方舰队司令部第181特别侦察分队的指挥员，与战友们一起初次参加了战斗。他率部对德军目标发动奇袭，摧毁了德军的弹药补给点和通讯中心，将部分德军牵制在芬兰和俄罗斯北方沿海。1941年7月28日，他率特战分队奇袭了皮克舒耶夫角的德军据点，一个连的德军赶来增援，结果被列昂诺夫的特战分队伏击，抛尸40多

▲ *维克托·尼古拉耶维奇·列昂诺夫。*

具后仓皇而逃。

1941年11月，列昂诺夫率特战分队摧毁了季托夫卡的德军交通枢纽，炸掉25辆卡车、2座储油罐和1座仓库，顺带击毙德军100多人。特战分队毫发无损，全身而退。1942年3月7日，列昂诺夫中尉率特战分队再度出击，摧毁西德维纳海湾的德军据点，击毙德军70多人。到4月，又是一系列特战行动接踵而至。列昂诺夫率特战分队乘鱼雷快艇率先登陆，掩护第12海军步兵旅的敌后登陆行动，其间击毙德军60多人。整整一个月，列昂诺夫的特战分队摧毁德军的防空据点，绘制海岸线地图，抓"舌头"拷问情报，战果辉煌。

列昂诺夫中尉特种作战生涯中最光辉的一次任务，是奉命拔除克列托维角的4门德军155毫米重炮。这4门重炮封锁住了整个海湾。列昂诺夫率特战分队在敌后登陆，强行军绕到目标背后。他们要先拿下设在目标附近的一个德军88毫米高射炮阵地。1944年10月12日晚，列昂诺夫率特战分队成功突袭那处88毫米高射炮阵地，俘获20多名德军。附近的德军赶来增援，特战分队径直将88毫米炮调转方向，打得德国人屁滚尿流。

列昂诺夫的特战分队守了几个小时，坚持到另一支侦察分队到来。两支分队联手攻击预定目标，德军炮台指挥官被迫投降，60多名德军士兵被俘。经过这次行动，苏联红军得以突破敌人的海防成功登陆，拿下芬兰沿海的里伊纳哈马尔港。1944年11月5日，列昂诺夫被授予"苏联英雄"光荣称号。

欧洲战事结束后，列昂诺夫少校又奉命前往远东同日军作战。在库列布亚金上校的指挥下，他率140名特战队员乘飞机在朝鲜元山港的日军机场降落。降落之后才发现，他们落在3500多名日军的重重包围之中。身处最不利的局势之下，库列布亚金上校凛然无惧，要求与现场负责的日军大佐当面谈判，命令其放下武器投降。日军大佐还想虚张声势，提出要扣下10名苏联红军当人质。列昂诺夫打断了两人的谈话，斩钉截铁道："我们在西边打过仗，清楚眼下的局势，我们绝不会允许自己当人质！要是我们强行突围，你们全都会像老鼠一样被打死！"日军大佐颓然退下，命令放下武器投降。

1945年9月14日，列昂诺夫第二次荣获"苏联英雄"。接下来，他又参加了占领朝鲜清津等地、解除日军武装的行动。列昂诺夫的指挥能力卓越，至日本投降为止，他直接指挥的特战队员中仅有9人牺牲，其中7人牺牲于克列托维角的战斗。

1956年，列昂诺夫转入预备役，后以海军上校军衔退役。多年来，他致力于苏联红海军历史的撰写工作。作为英雄榜样，他深受年青一代的景仰。苏联解体后，他却渐渐被人遗忘了。2003年10月7日，列昂诺夫于莫斯科逝世。

这样的传奇人物，在"苏联英雄"获得者中还有许多。比如格奥尔基尼基托维奇古布金，此人因1944年冬天跟德国军官一场美国好莱坞西部片式的决斗而闻名于前线。古布金1919年4月出生于远东阿穆尔州一个仅有7户人家的小村庄，卫国战争爆发前是个教师。战争爆发后，他主动参军，被部队送到哈巴罗夫斯克上军校。1942年7月，他以第297步兵团中尉的身份赴前线参战。

一年之后，古布金中尉凭借在库尔斯克战役中的英勇表现脱颖而出。当时他是连长，在前方负责炮兵阵地。古布金冒着敌人密集的火力，在几处阵地间往来穿梭，指挥几门反坦克炮拼命阻止敌人坦克前进。敌人步兵上来了，他毅然投身肉搏战。眼看一辆德军坦克要从自己的阵地上碾过去了，古布金决心不惜牺牲自己也要炸掉它。他掏出身上最后一颗反坦克手雷，朝着坦克匍匐前进，手里拉开了保险。古布金紧紧贴地趴下，德国坦克从他头上开了过去。他站起身来，稳稳地将手雷扔到了坦克上。德国坦克轰然爆炸，古布金的连得救了。古布金立功受奖，被晋升为上尉军衔。

1944年8月17日，古布金上尉指挥的营成为苏联红军中第一支突破苏德边境、攻入德国本土的部队。由于这一殊荣，他立功受奖获得勋章，甚至接到了美国总统罗斯福写来的贺信。

1944年冬天，战线暂时平静下来。此时前线却出了一桩奇闻：一个德国军官向古布金上尉下战书，约他在两军战线中间的无人地带一对一决斗。两边经过一系列的通讯联络，居然真把事情定了。原来，德军对古布金上尉闻名已久，知道他是第一个率部踏上德国本土的苏联军官。约他决斗的德国军官来自空军，从前是个空战王牌，如今却只能像步兵一样战斗。这个德国军官深感耻辱，遂决心来一场贵族般的决斗提振一下士气。

于是，场面就像好莱坞的西部片一样：双方战线的众目睽睽之下，两个人面对面缓缓走向对方。走到手枪射程之内了，两人停下脚步，互相凝视。古布金率先拔枪，德国军官比他慢了一步。苏联军官打空了手里"托卡列夫"手枪的弹夹，德国军官中弹倒下。双方战线顿时开始交火，苏联红军战士们冲出去将这个受伤的德国空军军官拖了回来。他得到治疗活了下来，经过审讯也吐出不少有用的情报。

古布金上尉继续率自己的部队向德国腹地挺进，一路打到了柯尼斯堡。1945年2月，他在战斗中受重伤，伤愈后没有再重返前线。因祸得福，古布金上尉跟医院里照顾自己的护士结了婚。1945年3月24日，格奥尔基·古布金上尉被授予"苏联英雄"光荣称号。他继续在部队中服役，于1962年退役。

许多荣获"苏联英雄"称号者，并非是在战斗中表现出无畏的勇气，而是在自己的职责范围内无私奉献，鼓舞了其他人。维克多·迪米特里耶维奇·库斯科夫正是这样的英雄。库斯科夫1924年11月出生于加里宁州的农民家庭，七年制中学毕业后进入当地的集体农庄当会计。1942年7月，他参加红海军，在北方舰队受训。受训结束后，他被分配到第1海军近卫营一艘鱼雷艇上担任轮机兵。整场卫国战争期间，库斯科夫一直随艇在波罗的海前线服役。他所在的鱼雷艇共参加了42次战斗，击沉德军船只3艘。

一次战斗中，德军炮弹击穿了这艘鱼雷艇的轮机舱，打坏了油管。库斯科夫开始也很害怕，但他马上战胜了恐惧，毅然用双手堵住了油管上漏油的弹洞。滚烫的热油灼伤了他的双手，但库斯科夫死活不放手，直到鱼雷艇脱离德军的炮火。

后来又有一次，1944年7月1日，库斯科夫的鱼雷艇再度被德军炮弹打成重伤。他坚守在轮机舱里，全力灭火堵漏。鱼雷艇开始下沉，库斯科夫和战友帮助重伤员穿上救生衣，送重伤员下水。他双臂紧紧托着身负重伤的艇长，在海上漂了两个多小时，等到了救援。

由于恪尽职守的奉献精神，维克多·库斯科夫于1944年7月22日被授予"苏联英雄"光荣称号。战后，库斯科夫进入海军政治学院学习，1955年正式退役。库斯科夫于1983年9月25日逝世。

我是女人,也是女兵:卫国战争中获得"苏联英雄"称号的女性

第六章

惨烈的苏联卫国战争中,共有约 80 万苏联女性走上战场,经历了战火的考验。92 名红军女兵被授予"苏联英雄"光荣称号,其中 50 人为牺牲后追授。如女狙击手帕夫利琴科、女游击队员卓娅等人的故事人所共知,相比之下其他女英雄的事迹流传却不甚广泛。她们的名字应该为世人所共知,如同她们的事迹一般不朽。曾获诺贝尔文学奖的白俄罗斯女作家斯维拉娜·阿列克谢耶维奇以其代表作《我是女兵,也是女人》强调战争中"女人"的本来面目,本章则要讲述"女兵"的故事。

一、游击队员与敌后工作者

苏联卫国战争中最著名的女游击队员当属卓娅·科斯莫杰扬斯卡娅,年仅 18 岁就牺牲在德国侵略者的绞刑架下。她的故事感动了亿万人,她也是卫国战争中首名获得"苏联英雄"称号的女性(1942 年 2 月 16 日追授)。而像卓娅这样的女游击队员在战争中还有很多,她们的故事不应被世人忘记。

维拉·扎哈萝芙娜·霍鲁扎娅是参加过国内战争的老兵,也是首位获得"苏联英雄"称号的女布尔什维克党员。她出生在白俄罗斯苏维埃社会主义共和国波布拉斯克市,革命前是教师,1921 年入党,从事组织工作。她很有写作的天赋,在一家共青团报纸当编辑,同时担任白俄罗斯西部共青团中央委员会书记。霍鲁扎娅后来受党组织委派前往波兰秘密开展工作,发展地下党组织。1925 年 9 月 15 日,她遭波兰当局逮捕,坐牢七年,1932 年因波兰与苏联交换政治犯才得以释放。1935 年,霍鲁扎娅调往哈萨克斯坦,从事政工教育和社会工作。尽管忠诚于党和人民的事业,大清洗时期她也受到迫害,于 1937 年被捕,入狱两年。

卫国战争爆发,霍鲁扎娅立即投身敌后工作。1941 年 7 月 4 日,她的丈夫在前线牺牲,当时她已经身怀六甲。生完孩子,她重返岗位,奉命到白俄罗斯东北部的维捷布斯克收集敌人情报。她摸清了当地德军补给站、军火库和指挥部的位置,还有德军机场上飞机的具体部署。这让苏联红军能够对这些目标实施精确轰炸。霍鲁扎娅还组织起交通线,帮那些被强掳到德国做劳工的同胞逃跑。经她一手努力组建的维捷布斯克市地下情报网和联络点发挥了巨大作用。

1942 年 11 月 13 日,霍鲁扎娅跟其他一些从事地下工作的同志一起被捕,遭

▲ 苏联发行的霍鲁扎娅纪念邮票。

敌人严刑拷打。1942年12月4日，她被德军秘密处决。就义之后，她被白俄罗斯共产党追授红旗勋章。战友们认为，仅红旗勋章尚不足以表彰她从事地下工作的丰功伟绩。1960年5月17日，维拉·霍鲁扎娅被追授"苏联英雄"光荣称号。1964年，苏联特意发行了霍鲁扎娅的纪念邮票。

叶连娜·费多萝芙娜·科雷索娃是卓越的敌后特种作战专家，曾给德军造成巨大的伤亡和损失，以至于德军一度怀疑她率领的敌后破坏小组有600多人。她出生在莫斯科北边雅罗斯拉夫尔地区科雷索沃村的农民家庭，两岁丧父，由住在莫斯科的叔叔抚养成人。卫国战争爆发时，科雷索娃是莫斯科一所文法学校的老师。起初她主动要求参军遭拒，于是志愿报名参加修筑莫斯科外围防御工事。她一口气干到1941年10月，被部队选中参加特战分队。敌人已经兵临莫斯科城下，科雷索娃只接受了三天的袭击破坏训练，就直接被派去执行任务。

科雷索娃的第一次出击险些以悲剧收场。她所在的这一队共有四男三女，由男

▲ 1981年印有科雷索娃图案的苏联信封。

同志负责发号施令,但男同志的表现简直是队伍里的累赘。既然男同志们靠不住,科雷索娃就接过了指挥权,果断命令小队暂时后撤。女队员们在交通要道上埋设地雷,搜集敌人兵力和调动的情报。科雷索娃和一位女战友化装成当地农妇,在过桥时却被德军扣留。因为她们穿的是苏联军靴,跟身上的农民衣服不配。两人被押往附近的德军指挥部审问,半路上趁德国兵不备逃走,带着有价值的情报返回了部队。

后来,科雷索娃率领一个完全由女战士组成的破坏小组潜入白俄罗斯明斯克州的鲍里索夫和克鲁普斯克地区展开袭扰,牵制德军。她们炸毁了一座桥梁,破坏了大量铁轨,倾覆了11趟德国军列,还炸掉了许多德军车辆、补给点以及建筑物。破坏小组成员有时还假扮成出来找乐子的当地姑娘,引诱落单的德国军官和士兵,引到没人的地方便痛下杀手。科雷索娃还教会当地老百姓使用炸药。德军宣称有数以百计的破坏分子在从事游击战,实际上科雷索娃手下只有那几个女兵。

1942年9月11日,叶连娜·科雷索娃在战斗中牺牲。当时她正向克鲁普斯克地区维德里斯塔村一处德军机枪掩体冲锋，不幸倒在枪口下。她的遗愿是：与破坏小组此前牺牲的四名战友埋葬在一起。战争结束后，五名女兵一起被重新安葬在克鲁普基市，以全套军队礼节下葬。1944年11月21日，她被追授"苏联英雄"光荣称号。

兹娜伊达·玛尔蒂诺夫娜·波尔塔诺娃是卫国战争中最年轻的"苏联英雄"称号女性获得者。她出生在列宁格勒一个工人家庭，七年制中学毕业的暑假她跟姐姐一起去住在白俄罗斯东北部维捷布斯克州的叔叔家做客，正赶上德军入侵。她回不了家，无可奈何只能在沦陷区生活下去。

敌人的残暴令这名15岁的女共青团员满腔愤怒。她目睹德国兵闯进祖母家，牵走祖母辛苦喂养的奶牛。祖母上前阻止，惨遭德国兵殴打。1942年，这位少女加入了当地名为"青年复仇者"的地下抵抗组织。她收集情报，藏起苏联红军撤退时遗留的武器，散发传单，还随时汇报德军的动向。老游击队员们教会她使用炸药和武器，她也随同参加了对发电厂和水泵站的破坏行动。

1943年，波尔塔诺娃去了奥波尔，混进德国驻军的食堂厨房当学徒。奥波尔是维捷布斯克州的重要城市，德军驻有重兵。8月的一天，大批德军士兵突发食物中毒，有一些因症状严重而不治身亡。毒正是波尔塔诺娃下的，德国人马上怀疑到她头上。她大呼冤枉，当众吃了一份留下的饭菜存样。毒性不会立即发作，这才算是打消了德国人的怀疑。摆脱了德国人，波尔塔诺娃前往祖母家避风头，结果半路上毒性剧烈发作。为了解毒，她吞下大量鸡蛋清。波尔塔诺娃吐得昏天黑地，最后总算无大碍。但她身体虚弱，没能回去上班，德军和当地伪警察遂开始搜捕她。

她不能再回奥波尔了，她又跟另一支游击队取得了联系。然而，作为上了黑名单的逃犯，她很快被当地伪警察认出，遭逮捕后被移交给德军。她清楚自己接下来会面临怎样的命运，为今之计只有不惜一切代价逃出去。当时一名德国军官刚将她带进审讯室，她趁其不备猛地抓起放在审讯室桌子上的手枪，击毙了这名军官。另一名军官和一名卫兵听到枪声赶来，结果双双毙命于波尔塔诺娃枪下。波尔塔诺娃冲出审讯室，逃进了森林。

可惜，德军在河边抓到了她，将她押回附近的格尔亚尼村以酷刑折磨，活活弄瞎了她的双眼。然后，德国人将她扔进卡车，拉到森林中，枪杀了她。1958年7月1日，兹娜伊达·波尔塔诺娃与当地游击队领导人一起被追授"苏联英雄"光荣称号。白俄罗斯明斯克市立有她的纪念碑，后来许多少先队组织都以她的名字命名。

玛利亚·莫尔尼卡蒂是唯一一位获得"苏联英雄"称号的立陶宛女性。她出生在立陶宛东部的扎拉塞，由于家境赤贫，小小年纪就给地主放羊，上学很晚。后来，她白天在糖果厂做工，晚上去夜校学习。作为一名坚定的共青团员，莫尔尼卡蒂支持1940年苏联兼并立陶宛。卫国战争爆发时，她被疏散到西伯利亚的秋明，在一家兵工厂工作。红军选中了她，让她接受游击战训练，1943年将莫尔尼卡蒂派回家乡。她担任扎拉塞地区地下抵抗组织的团委书记，负责分发传单和招募游击队员。地下工作蓬勃开展，搞得敌人焦头烂额：军列出轨倾覆，电话线被剪断，占领军屡遭袭击。德国人想方设法要抓到莫尔尼卡蒂，莫尔尼卡蒂却每次都比德国人快半拍。她因此成了当地的传奇人物。

1943年7月7日，莫尔尼卡蒂率5名游击队员在铁轨上安装炸弹准备倾覆敌人的军列，然后到附近一片白桦林间隐蔽。没想到，当地一个农民出卖了他们，将他们的行踪报告给伪警察。很快，德军赶来包围了那片白桦林。经过激战，5名游击队员牺牲，莫尔尼卡蒂伤重被俘。

7月13日，莫尔尼卡蒂被押到当地的墓地，敌人要绞死她。德国人对她施以酷刑，要撬开她的嘴，未能如愿。被推上绞刑架时，莫尔尼卡蒂转身扑向背后的德国军官，进行最后的反抗。那个德国军官亲手枪杀了她。1944年3月22日，玛利亚·莫尔尼卡蒂被追授"苏联英雄"光荣称号。当地许多学校、街道和少先队组织都以她的名字命名，人们为她的事迹写下大量的歌曲和诗篇。

叶连娜·格里高耶夫娜·马扎妮柯，因参与行刺纳粹德国驻白俄罗斯专员、党卫军高级头目威廉·库贝而名扬天下。她是农家女，四岁丧父，家境赤贫，只上过六年小学，14岁就去明斯克谋生。她在一家疗养院当清洁工和服务员，1938年跟一位来此地疗养的男士结了婚。

德军占领明斯克后，马扎妮柯受雇在德国军官食堂的厨房里打下手。1942年秋天，当地游击队决定暗杀威廉·库贝，这个希特勒的忠实走狗，血债累累的刽子手。经过复杂艰苦的工作和巧妙的伪装，马扎妮柯以女佣的身份混进了库贝的官邸。此前已经有过多次欲取库贝性命而不成的尝试，马扎妮柯的角色是充当内应，确保游击队能利用最佳时机完成暗杀任务。上级命令她，将定时炸弹放到库贝的卧室里去。

1943年9月22日，马扎妮柯领到那枚一包香烟大小的磁性高爆炸弹。她把炸弹藏到装满浆果的篮子里带进库贝官邸，径直走入卫生间。"我当时抖得像片树叶，"

她后来回忆道,"我穿着件前开襟的衣服,于是我把炸弹藏到内衣的胸罩底下。值班军官就在狭窄的走廊过道上,像卫兵一样。我走过去跟他说:'我打赌您今天还没喝上咖啡吧,亲爱的军官先生。您下楼去吧,厨房里会有人给您倒一杯的。'"马扎妮柯事先跟厨师打过招呼,说卫兵是自己的男朋友。

卫兵离开了岗位,马扎妮柯得以进入库贝的卧室。卧室里有两张床,马扎妮柯判断库贝的床是靠近房门那张。"我蹲到床边,将炸弹塞进床垫和弹簧之间。"她说道。然后她坐到床上压了压,确保万无一失。炸弹定时在午夜之后爆炸,马扎妮柯继续去干家务活儿。入夜,马扎妮柯、马扎妮柯的姐姐以及另一位行动组成员一起乘卡车撤出城。炸弹准时爆炸,威廉·库贝当场被炸死。睡另一张床的是他妻子,也被炸伤。作为报复,德军残忍处决了1000多名明斯克市民。

马扎妮柯和另外两位谋划执行此次暗杀任务的同志撤回了莫斯科。1943年10月29日,他们分别被授予"苏联英雄"光荣称号。最高苏维埃主席团主席加里宁亲自给他们颁发了勋章。她从此再没有回到地下工作的岗位上。战争结束后,1948年马扎妮柯从党校毕业,1952年至1960年一直担任白俄罗斯苏维埃社会主义共和国科学院图书馆副馆长。

"如果我尚有力量,我还会为我的祖国这样做!"她曾如此说过,"没有任何东西可以阻止我。库贝多次举行宴会我都在场,宴会都是给那些屠杀纵火、无恶不作的希特勒匪帮头子们庆功。他们在一起聚饮时,库贝说过这样的话:'我不得不承认,汉斯干得非常漂亮……一个人都没逃出来,他把所有人都烧死在村子里了。不过,弗兰茨这回干得不那么漂亮,因为还有一小撮漏网之鱼。'所以,请告诉我,您对像这样的人能有何观感?您只会想杀死他们,像杀死疯狗一样杀死他们。这是我们唯一的祖国,我们就生长在这片土地上。"

二、传奇的卫生员

卫国战争中,苏联红军里40%的卫生员都是女性。她们救死扶伤,与男战友们一起经历最残酷的战场考验,常常在一线像男战士一样殊死战斗。她们不啻为战斗的天使,她们的故事不应被世人忘记。

玛利亚·谢尔盖耶夫娜·波洛维琴科出生在乌克兰基辅郊外米舍洛夫基村（俄语意为"捕鼠夹"）的农民家庭，昵称"小玛莎"。她早年父母双亡，由叔叔抚养长大，在学校里读完了八年级。卫国战争爆发时，她在一家护士学校上学。德军占领基辅时，玛利亚和叔叔想方设法逃出了城。逃亡路上，她注意收集有价值的情报。脱险之后，她把这些情报都交给了亚历山大·罗季姆采夫上校指挥的近卫第5空降旅。有了这些情报，苏联红军得以发起反击，拔掉了德军的部分炮兵阵地。由于立有这一功，加之上过护士学校，她马上被部队留下，成了一名战士。

1941年8月13日，波洛维琴科在基辅南部的惨烈战斗中脱颖而出。当时她的营长西姆金大尉身负重伤，波洛维琴科给营长包扎止血救了营长的命，还将营长拖下战场免于被俘。三名德国兵冲过来想抓活的，"小玛莎"从战场上捡起一支手枪，击毙了其中两人，保护西姆金大尉脱离险境。接下来的战斗中，战士波洛维琴科活捉了一名德国高级军官。这个傲慢的德国人不敢相信自己居然当了一个16岁小姑娘的俘虏，对此深以为耻。一个十几岁的小丫头竟然如此勇敢机智，旅长罗季姆采夫上校大感惊奇，下令参谋时刻关注波洛维琴科的表现。

战线推移到卡扎特科耶附近，波洛维琴科在战斗中被俘。她机灵地逃了出来，还带回有关敌人动向的珍贵情报。看完她的情报，旅部火速转移到安全地带，避免了被敌人包围。1941年9月5日，"小玛莎"又上了前线报纸的头条。德军合围基辅，罗季姆采夫上校奉命将部队转移到谢伊姆河南岸的科诺托普。不巧，部队转移得"正是时候"：刚刚赶到指定地点，突然发现德军正以步兵急行军通过一座未被完全破坏的铁路桥，向自己扑来。波洛维琴科意识到一旦让敌人得逞会有何等灾难性的后果，她赶紧拉上一名战友，两人拖着一挺马克沁机关枪找了一处有利地形布置好阵地。战友操作机枪，玛利亚当观测手和弹药手。两人兜头给德军浇下一顿铺天盖地的弹雨，机枪打得又狠又准，成功阻滞了敌人的前进，给部队展开防御赢得了时间。事后，罗季姆采夫上校亲自跑去向小姑娘表示祝贺与感谢。

9月17日，波洛维琴科在一次侦察任务中单枪匹马俘虏了10个德国兵。她的大名出现在前线后方各种报纸最显眼的地方，不过荣誉并没有落到她头上。残酷的战斗还在继续，"小玛莎"随部队四处转战。她又参加了斯大林格勒战役，她的未婚夫正是在斯大林格勒的巷战中倒在了德军狙击手的枪下。紧接着是库尔斯克战役，这是波洛维琴科军旅生涯的最后一战。

▲ *印有苏联英雄玛利亚·波洛维琴科的信封。*

1943年7月14日，上士波洛维琴科在战斗中牺牲。当时德军坦克集群扑面而来，她将一名负伤的红军中尉拖到附近一处弹坑中躲避。面对一辆朝弹坑冲来的德国坦克，"小玛莎"毅然用反坦克手雷只身去与这钢铁的庞然大物决斗。她将反坦克手雷扔到坦克上，然后用自己的身体保护伤员。伤员得救了，波洛维琴科却被反坦克手雷爆炸的破片击中，不幸牺牲。得知她的死讯，已是少将的罗季姆采夫悲痛不已。他说，自己失去了手下最优秀的战士。波洛维琴科被安葬在附近的米哈伊洛夫斯科耶村。

1965年5月6日，玛利亚·波洛维琴科被追授"苏联英雄"光荣称号。一年之后，先后两次荣获"苏联英雄"称号的亚历山大·罗季姆采夫中将撰写出版了波洛维琴科的传记《捕鼠夹的小玛莎》，以此作为对她的纪念。后来外联述拍摄了一部根据这本传记改编的电影。

季娜伊达·图斯诺罗波娃 - 马尔琴科是一位曾鼓舞了全体苏联人民的女英雄，波罗的海沿岸第 1 方面军的战士正是为她解放了波洛茨克，坦克、飞机和火炮上都漆有她的名字，后方工厂的工人们也因受她的事迹影响而一度提高了产量。

她出生在白俄罗斯维捷布斯克地区波洛茨克的一个农民家庭，七年制中学毕业。卫国战争爆发时，她在西伯利亚一家煤炭企业当化验员。她要参军上前线，但被部队拒绝，因为她没有接受过相关专业技能的训练。于是，她接受了三个月的医护训练，1942 年 4 月被分配到第 849 步兵团，赴沃罗涅日前线参战。临出发前，她跟战士约瑟夫·马尔琴科结了婚。7 月，这位战地卫生员初次上阵，在战场上抢救和转移出 40 名伤兵，被授予红星勋章。几经战场考验，她抢救和转移出的伤员多达 128 人，这让她又荣获红旗勋章。

▲ 玛利亚·扎哈罗芙娜·谢切巴琴科。

1943 年 2 月 2 日，惨烈的库尔斯克战役中，战场上为了营救自己的连长，战士图斯诺罗波娃-马尔琴科身负重伤。连长牺牲了，图斯诺罗波娃双腿中弹，只能在雪地上爬行。德国兵从她身边走过，她装死。一个德国兵用步枪枪托狠狠砸她的脸，以确保这是具尸体。她的脸几乎被砸碎，但她凭惊人的毅力保持不动，骗过了敌人。两天之后，友邻部队的侦察兵发现了她，赶紧将她送进野战医院。简直是奇迹，图斯诺罗波娃竟然克服低温和失血活了下来。

但由于冻伤坏疽，图斯诺罗波娃的右臂、右腿和左手都被截肢，连左脚也被截掉三分之一。巨大的打击令她无法承受，她几乎放弃生活的希望。然而，她读到了《钢铁是怎样炼成的》，保尔·柯察金的奋斗故事彻底改变了她的人生。

经过 15 个月的住院治疗，接下来是漫长的理疗恢复。她安装了假肢，又逐渐学会了走路和写字。图斯诺罗波娃没有自怨自艾，而是相信她可以像奥斯特洛夫斯基一样用发生在自己身上的事情激励和鼓舞其他人。她给波罗的海沿岸第 1 方面军的战士们写信，请求他们解放自己的家乡波洛茨克。果然，战士们兑现了自己的承诺，"为图斯诺罗波娃-马尔琴科报仇"成了前线流行的战斗口号。整麻袋的书信雪片般从前线部队寄来，战士们纷纷写信感谢她的鼓舞，安慰她的心灵。图斯诺罗波娃的信不断在报纸上公开发表，战士们也经常能从广播中听到她的声音。

战争结束后，她回到了家乡，与丈夫重聚。她育有一儿一女，一直在波洛茨克市委工作，从事社会福利事业。1957年12月6日，季娜伊达·图斯诺罗波娃-马尔琴科被授予"苏联英雄"光荣称号。她还被国际红十字会授予了弗洛伦斯·南丁格尔奖章。她于1980年5月20日逝世。

卫国战争中，共有15名女性野战医护人员获得"苏联英雄"光荣称号，其中仅有7人活到战争结束，能够每年佩戴金星勋章出现在胜利节庆祝活动中。玛利亚扎哈罗芙娜·谢切巴琴科正是这7名经历了一切生死考验的幸运儿中的一员。她出生在乌克兰哈尔科夫州叶若莫夫村的一个农民家庭，家境赤贫，不到十岁就父母双亡。哥哥将她抚养长大，勉强让她念完了七年制中学。

卫国战争爆发前，玛利亚在集体农庄里给记工员当助手。德国人打来了，她在沦陷区继续干同样的活。1943年3月，苏联红军打回来了，敌人仓皇撤退，玛利亚随即应征入伍，接受了野战医护人员的训练。不久，她在格列标恩卡迎来了自己的第一次战斗。

1943年9月24日晚，谢切巴琴科随13名步兵战友组成先遣小分队，准备强渡基辅城外的第聂伯河。外人看来，这支小分队简直是去自杀。在夜幕的掩护下，先遣队分乘两艘小渔船，悄无声息地缓缓驶向对岸。

谢切巴琴科的渔船搁浅在沙洲上，船上的人只能跳入冰冷刺骨的结冰河水中，游向对岸。黎明时分，另一艘渔船又运来17人增援。德军一次次发动进攻，要将苏联红军的先遣队赶下河。先遣队手里只有轻武器，但他们如钉子一般牢牢钉在阵地上。由于天亮后河面都在德军炮火的控制之下，他们近24小时得不到支援。谢切巴琴科全力给伤员护理包扎，将伤员一一拖到安全隐蔽处。然后，她拿起波波沙冲锋枪，在一线跟步兵们一起战斗。

第二天先遣支队才开始得到增援。从谢切巴琴科渡过第聂伯河登陆到10月4日，这个勇敢的女卫生员共救下了112名伤员。她冒着炮火忘我战斗的身影更是鼓舞了所有人。1943年10月23日，先遣支队的全体13名战士与卫生员玛利亚·谢切巴琴科被授予"苏联英雄"光荣称号。战争结束后，她考上了法学院，成为法律工作者，退休后在基辅安度晚年。

三、无畏的勇士

塞瓦斯托波尔保卫战期间，苏联红军共涌现出三名女英雄，分别是狙击手柳德米拉·帕夫丽琴科，机枪手尼娜·奥尼洛娃，以及卫生员玛利亚·卡尔波芙娜·拜达。拜达1922年出生在克里米亚半岛克拉斯诺彼列科普斯克地区的诺夫伊斯瓦谢村，早年父母双亡，由祖父祖母带大。她的童年生活极其困苦，放学之后要去集体农庄劳作。后来祖父去世，祖母患病，她只得辍学，去集体农庄全职劳动。拜达在集体农庄托儿所里看孩子，后来到当地医院做护士助手。

德军的入侵让她直接卷入了战争——她家的房子在德国飞机投掷的炸弹之下化为灰烬。德军快速推进，成千上万的难民涌向塞瓦斯托波尔和辛菲罗波尔。拜达帮忙将医院的病人和伤员护送到安全地带，然后加入了当地的民兵。当地民兵很快被收编成苏联红军第514步兵团，拜达成为了野战医护人员，随部队一起保卫塞瓦斯托波尔。

不久，"玛露霞"·拜达的名字在艰苦的战斗中传遍了整个前线。她主动接受危险的任务，自愿加入侦察分队。第一次出去侦察，她便活捉回来一个受伤的德军飞行员。第二次出任务，侦察分队奉命去炸毁一处设在山洞中的德军机枪掩体。侦察兵们干净利落地完成了目标，拜达发现有名幸存的德国军官想逃跑，利索地上去将其生擒。

1942年6月6日，上士拜达的一番英雄壮举让她从前的一切战绩都黯然失色：她悄悄摸进一处德军阵地，突然端起自己的波波沙冲锋枪连连扫射，又抡起枪托跟敌人肉搏，砸倒好几个敌人。结果，她一举击毙德军15人，顺带着解救了被敌人俘虏的上级指挥员和8名战友，缴获回去一挺德军机枪以及其他武器。拜达的名声直达顶端，随即被授予"苏联英雄"光荣称号。

拜达继续战斗，由于腿部负伤被迫入院治疗。6月20日，她在病床上被授予了金星勋章和列宁勋章。红军报纸赞颂她是"玛莎·塞瓦斯托波尔斯卡娅"，"无畏的玛露霞"。

7月4日，历经艰苦的保卫战，塞瓦斯托波尔要塞最终陷落。拜达没能随部队突围，落到了德国人手中。她先后被辗转关押在两座战俘营，其中在乌克兰里夫内战俘营时她试图逃跑。拜达被抓了回来，送进了位于奥地利萨尔茨堡的死亡集中营。

她又加入了集中营里的抵抗组织，却不幸被奸细出卖，受尽酷刑折磨。所幸1945年5月8日美军解放了集中营，女英雄活了下来。

战后玛利亚·拜达回到了塞瓦斯托波尔。该市授予她荣誉市民称号，并将该市第36中学用她的名字命名。她每年都会参加于城外马拉霍夫丘墓地举行的塞瓦斯托波尔保卫者悼念仪式。2002年9月，拜达与世长辞，永远同她牺牲的战友们为伴。

很多参战的红军老兵曾抱怨：苏联的授奖体系缺乏公正，如果叶卡捷琳娜·米哈伊洛娃-德米娜是个男人，毫无疑问战争结束时她早就获得"苏联英雄"称号了。她出生于列宁格勒，在孤儿院长大。那天米哈伊洛娃是去外地看望自己的弟弟，谁知她乘坐的火车在斯摩棱斯克遭到敌机轰炸，她侥幸逃生。这一天她终生铭记：1941年6月22日，卫国战争爆发的日子。

这个16岁的小姑娘主动要求参军，却被征兵干部拒绝。她又主动报名去部队医院帮忙。她没能在医院帮忙多久，医院便遭到敌机轰炸，病人都被疏散，米哈伊洛娃留在了后方。她继续要求参军，由于部队急需战地医护人员，她终于被批准入伍。

德军不断向莫斯科推进，米哈伊洛娃亲身经历了一次次残酷的战斗。在格札特斯克附近的战斗中，她腿部受重伤，被疏散到乌拉尔。伤愈之后，她转入海军继续服役，在一艘医疗船上从事护理工作。医疗船远离前线，没有战斗，米哈伊洛娃遂主动要求调往战斗一线的亚速海分舰队。申请被拒绝，她竟然不依不饶直接申诉到莫斯科的最高统帅部。1943年2月，她的申请终获批准。

一开始，海军步兵们都很轻视米哈伊洛娃。然而，她一次次跟随海军步兵们冲锋在第一线，彻底改变了男战友们的态度。她能像男同志那样熟练地玩枪，能去敌占区侦察，还能救护伤员。随部队转战南北，她先后三次负伤。

1944年8月，米哈伊洛夫娜参加了解放别尔哥罗德-德涅斯特罗夫斯基的战斗。她跟第一批突击分队一起行动，趁夜乘橡皮艇沿着德涅斯特河口的河滩悄悄登陆。她随第一批突击队员爬上岸边的峭壁，又放下绳索帮战友们爬上米。都爬上去之后，突击分队立即发起进攻，肃清了岸边峭壁上的敌人。那天她一共救了17名伤员，将他们一一拖到安全地带。另外她还单枪匹马拿下一处碉堡，活捉了14个德国兵。

1944年12月，苏联红军推进到南斯拉夫克罗地亚的武科瓦尔。米哈伊洛娃又志愿参加突击分队，进攻坐落在伊洛克的一座古代堡垒。她跟50名海军步兵一起在目标附近的一座小岛登陆。大部队进攻时，他们要从侧翼方向发起攻击。岛上发了洪水，战斗打响后突击分队的战士们只能爬到树上向堡垒开火。激烈的交火中，米哈伊洛娃的手被子弹击穿。有战友中弹跌入冰冷的水中，米哈伊洛娃不顾自己的安危跳下水救人。她用皮带和步枪背带把伤员固定在树上，给他们包扎止血。就这样，她救了7个战友的命。

就在突击分队要全军覆没时，苏联红军和南斯拉夫游击队共同拿下了这个堡垒。米哈伊洛娃所在的突击分队只有13个人活下来，个个身上带伤。同样负了伤的米哈伊洛娃被送去住院治疗，还没好利索就溜回了部队。

战争结束后，叶卡捷琳娜·米哈伊洛娃继续从医，结了婚，热心于老战士协会的工作。她还在苏联红十字和红新月协会工作。国际红十字协会为表彰她在战时的杰出表现，授予她南丁格尔奖章。1990年5月5日，时任苏联总统戈尔巴乔夫颁发命令，授予叶卡捷琳娜·米哈伊洛娃-德米娜"苏联英雄"光荣称号。她是苏联解体前最后一批获得"苏联英雄"称号者之一。

曼殊克·马梅托娃，这位勇敢的机枪手是卫国战争中首位获得"苏联英雄"光荣称号的亚洲女性。她出生在哈萨克斯坦乌拉尔地区草原上的一个小村庄里，父亲是鞋匠。5岁的时候，父母将她过继给了膝下没有子女的叔叔婶婶。养父一直影响着马梅托娃，长大要当医生。所以，卫国战争爆发时，马梅托娃在哈萨克苏维埃社会主义共

▲ 哈萨克斯坦邮票纪念二战胜利70周年，其中包括曼舒克·马梅托娃（左下）。

118

和国首都阿拉木图读医学院，同时在当地党政部门里工作。1942年8月，马梅托娃应征入伍，最初是做文书工作。不久，她调往第3突击集团军第21近卫步兵师，接受机枪手训练。跟部队里其他机枪手相比，这个年轻的哈萨克姑娘有着极高的天分和上佳的能力。营长对她赞誉有加，晋升她为上士，任命她指挥一个机枪组。初次上阵，马梅托娃便展现出过硬的军事素质。她把敌人放近，然后割麦子一样将敌人统统扫倒。马梅托娃的名字开始频频见诸前线的报纸，她出色的作战能力和过人的勇气逐渐在红军中人尽皆知。

1943年10月15日，白俄罗斯边境附近的涅维尔，身为预备党员的马梅托娃迎来了自己一生最壮丽的时刻。苏军将德军逐出涅维尔，敌人随即发起一系列反扑，两军围绕一处具有战略意义的高地展开激烈交锋。马梅托娃正坚守在这处高地上。激烈的战斗中，她的机枪组成员全部牺牲，只剩她一人还在坚持。德军的迫击炮弹不断落在阵地上，一枚炮弹将她震倒，她的头部严重负伤。马梅托娃挣扎着站起来，拖着自己的机枪转移到另一处阵地。

德军不断发起冲锋，试图用轻武器和手榴弹打掉这处要命的机枪掩体，却只是一次次付出惨重的代价，根本无法奏效。马梅托娃不停开火，打到最后几乎是近距离平着扫射。尽管如此，她仍是无法阻止一波接一波涌上来的德军步兵。苏军最终赢得了这场战斗的胜利，战友们击退了德军，在阵地上发现了马梅托娃的遗体。

1944年3月1日，上士曼殊克·马梅托娃被追授"苏联英雄"光荣称号。她被安葬在涅维尔，当地为她竖立起纪念碑。许多诗篇、小说和歌曲都以赞颂她为题材，1969年苏联还拍摄了电影《马梅托娃之歌》。时至今日，在她的家乡哈萨克斯坦，一年一度的胜利节庆祝活动中，人们依然会提起马梅托娃的名字。

尼娜·安德烈耶夫娜·奥尼洛娃是卫国战争中另一位著名的女机枪手。她出生在乌克兰敖德萨附近新尼古拉耶夫卡的一座小村庄里，11岁就成了孤儿。奥尼洛娃在孤儿院里长大，上完了七年制中学，然后进了一家纺织厂当女工，业余时间到夜校学习。

原本生活平淡如水，但在看过电影《夏伯阳》后，奥尼洛娃的人生目标完全改变了。她迷上了影片中的女机枪手"安卡"，遂立志成为下一个安卡。她在厂里的民兵俱乐部中接受了使用机枪的训练，很快就得心应手。1941年底，奥尼洛娃参加红军，成为第54步兵营的一名野战救护人员。敖德萨战役中，她证明了自己机枪用得多好。当时奥尼洛娃正在照料伤员，旁边的一挺机枪哑火了，阵地顿时暴露于危险之中。她毫不犹豫地跑过去，排除了机枪的故障，亲手扫倒了冲上来的一片敌人。附近的红军战士个个看得目瞪口呆，战士奥尼洛娃随即走了"官运"：被当场任命为那处阵地里机枪组的机枪手，而这个机枪组的战绩马上变得难以置信。

9 月，在敖德萨附近的战斗中，这位年轻的女机枪手被德军的迫击炮弹炸成重伤，入院治疗近两个月。医生诊断她残废了，奥尼洛娃却决心一定要重返战场，坚决跟医生对着干。医生拗不过她，只得签署了出院证明，允许她回部队。

1941 年 11 月 21 日，在麦肯兹村附近的战斗中，奥尼洛娃与一辆德国坦克正面交锋。她爬出战壕，匍匐前进 20 米，掷出两瓶"莫洛托夫鸡尾酒"，德国坦克随即爆燃。时任独立滨海集团军司令员伊万·叶菲莫维奇·彼得罗夫少将亲自授予她红旗勋章，晋升她为上士。尽管成了名人，奥尼洛娃一如既往地保持着腼腆和谦逊。

1942 年 2 月 28 日，麦肯兹村外围一场夜间出击，奥尼洛娃上士摧毁了敌人两处机枪掩体，又坚持殿后掩护战友们撤退。她的胸部被德军迫击炮弹的弹片击中，负致命伤。这位年轻的女机枪手尽职尽责地起到自己身为模范的表率作用，最终于 1942 年 3 月 8 日与世长辞。她的故事流传甚广，她的牺牲激励了苏联红军中许多女性卫生员主动要求接受机枪手训练。如此，奥尼洛娃成了新的榜样，许多苏联女孩追随着她的足迹继续前进。战后，乌克兰苏维埃社会主义共和国用她的名字给船只、街道和服装厂命名，列宁格勒亚历山大 - 涅夫斯基大街上也有她的雕像。1965 年 5 月 14 日，上士尼娜·奥尼洛娃被追授"苏联英雄"光荣称号。她至今安眠于塞瓦斯托波尔郊外的公墓。

尼娜·季莫菲耶夫娜·戈尼利茨卡娅，出生于乌克兰东部的顿涅茨克地区，煤矿工人的女儿。因家境贫穷，16 岁就下井挖煤维持生计。卫国战争爆发，她主动要求参军，却被部队拒绝。她决心要证明自己能成为一名合格的红军战士。激烈的战斗在她的家乡柯亚吉涅夫卡村附近打响，苏军败退而德军进占村子。一名掉队的苏军侦察兵躲进村里，戈尼利茨卡娅将其藏起来，假称是自己的丈夫。骗过敌人之后，她又给这名侦察兵带路，把他送回了部队。由于熟悉当地的地形环境，戈尼利茨卡娅被批准加入第 338 步兵师特种侦察连。

收集情报的常用方法是"抓舌头"，捕俘拷问。1941 年 11 月，师部命令侦察连抓"舌头"回来审讯。11 月 5 日夜，战士戈尼利茨卡娅率一个侦察小组潜入敌占区。侦察兵们悄悄摸到敌人驻扎的一处房子外，丢进去两颗手榴弹，炸死德军十余人。他们缴获了德军的重要文件和武器，还抓回一个活口。11月底，戈尼利茨卡娅率侦察小组趁夜潜回自己家的村子，干净利落地又解决掉十几个德国兵。

柯亚吉涅夫卡村由于临近煤炭工业城市克拉斯尼罗，成了双方争夺的一处战略要点。苏军计划派侦察兵突袭设在该村的德军指挥部。突袭得手后，第383步兵师会立即向克拉斯尼罗发动进攻。1941年12月9日深夜，战士戈尼利茨卡娅与15名侦察兵战友一起，悄无声息地向目标进发。10日凌晨1点40分，他们隐蔽在一栋房子里时，被德国军犬发现，随即爆发战斗。此战只有一名苏军侦察兵幸存，后来回忆了战斗的经过。戈尼利茨卡娅战斗到最后一刻，直至中弹倒下。她挣扎着还想活下去，德国兵却残忍地给这年轻的姑娘补了一顿刺刀，然后将她的遗体扔进火堆里焚烧。

1943年3月31日，战士尼娜·戈尼利茨卡娅被追授"苏联英雄"光荣称号。她至今被安葬在瓦赫鲁舍沃村附近的公墓中。

燃烧的火焰：
苏联卫国战争中的敌后游击战

第七章

一、老游击队员科夫帕克

众所周知，伟大的苏联卫国战争时期，白俄罗斯、乌克兰等地规模浩大的敌后游击战影响深远。纳粹德国入侵苏联仅一周，沦陷区便自发出现了游击队组织。其中的代表人物当属西多尔·阿尔捷米耶维奇·科夫帕克，时年55岁，他率领游击队在乌克兰首都基辅东北的乡村地区活动。科夫帕克是参加过第一次世界大战和苏俄内战的老兵，荣获过勋章，曾在夏伯阳麾下战斗。德军入侵后，乌克兰全面动员，这个时任普季夫利市执行委员会主席的老兵马上投身敌后游击战。一开始科夫帕克的游击队只有50多人，主要是当地的党政工作人员。这支队伍以普季夫利当地的森林及附近的沼泽荒野为根据地，一直坚持到9月10日德军占领普提弗尔。艰苦的战斗中，一队从基辅包围圈突围出来的苏联红军空降兵加入了科夫帕克的队伍。紧接着，数以百计身陷敌后的红军战士，或三五成群或孤身一人，在当地百姓的带路和指引下纷纷赶来参加游击队。

10月初，科夫帕克的队伍与罗德涅夫的游击队合并。罗德涅夫从前在苏联红军里当过政委，所以队伍合并后他继续当科夫帕克的政委。不同的游击队，军容风纪方面也不尽相同。两支队伍会师时，罗德涅夫手下的游击员全模仿自己的领导人，留着脏兮兮的胡子。科夫帕克的人形容罗德涅夫的胡子"一团漆黑，留得又大又浓密，一直精心梳理"。罗德涅夫的人也同样花力气打理这些脸上的毛，经常要打蜡，甚至剃个造型。罗德涅夫穿衣服考究："白上衣白领子，跟平常一样干净得一尘不染。"他手下的游击队员也尽量身穿统一式样的制服，让自己看起来像"真正的士兵"。罗德涅夫的人则说，科夫帕克手下"57个人，拿着49支不同款式的步枪，6支卡宾枪和一挺机枪。"这挺带护盾和双轮的马克沁1910型机关枪还是第一次世界大战时期留下的旧货。但游击队靠着收集苏联红军撤退时遗留下的武器，

▲ 西多尔·科夫帕克。

靠着从敌人手里缴获，还是一步一步壮大了起来。

到 1941 年底，科夫帕克的队伍已经发展到 400—500 人。而且科夫帕克的队伍还从敌人那边接收投诚的逃兵。1942 年夏天，8 个匈牙利军队里的罗马尼亚人逃到游击队这边，从此像"好朋友和勇敢的士兵一样战斗"。1942 年还有几个法国志愿军团的人也逃到了科夫帕克的游击队这边。斯大林格勒战役之后，不少斯洛伐克和匈牙利仆从军士兵更是跑来投奔游击队。

后来的研究显示，1941—1942 年冬天这段时光最为艰苦，苏联敌后游击队 80% 的伤亡和瓦解都发生在这段时间。科夫帕克的队伍是个罕见的例外。在那个冬天，局面最恶劣的时刻，科夫帕克的游击队居然还组织庆祝了 1942 年 2 月 23 日的红军节。各支游击队的代表齐聚一处偏僻的村庄，举行了一个小小的阅兵式。阅兵式有发言有检阅，居然还凑了 4 台手风琴和 1 台小提琴，搞了一场文艺表演。最激动人心的时刻，却是全场静默：大家聚在收音机旁，听到了莫斯科的声音。那是斯大林发表的鼓舞士气的演讲。他宣布："男女游击队员们万岁！"斯大林还宣布，红军经过浴血奋战顶住了德国人的进攻，莫斯科安然无恙，游击队员们如释重负。

到 1942 年，苏联红军打回来的希望不再遥不可及，沦陷区的环境则越发严酷。游击队与莫斯科建立直接的无线电通信显得尤为重要。1942 年 4 月，3 名报务员携带通信器材空降到敌后，加入科夫帕克的游击队。1942 年 5 月底，游击运动中央司令部在莫斯科成立，统一指挥敌后各地的游击队武装。敌后游击队不断获得来自大后方的空运补给。空运一般使用里-2 飞机（Li-2），即依据美国道格拉斯公司转让许可证生产的苏联版 DC-3 飞机。这种活塞式运输机皮实耐用，一次能搭载 24 人或 14 副担架。契卡的独立特别旅也经常派出人员搭乘这种飞机深入敌后执行任务。游击队与后方的短途空中联络则一般使用乌-2（U-2）和波-2（Po-2）轻型双翼飞机。

游击队笨重的马克沁机关枪逐渐被后方空运来的德普 1920 型轻机枪、德什卡 1938 型轻机枪以及从德军手里缴获的 MG1934、MG1942 机枪所取代。步枪型号也渐渐统一为最常见的莫辛纳甘 1895 型。对于游击队来说，最重要的是无线电收音机，要能听到莫斯科的声音。1941 年底，德军在占领区大肆散布谣言，说莫斯科已经沦陷，苏联红军已经撤过了乌拉尔山。当地一名学校教师冒险在家里藏了一部收音机，悄悄将其送给了科夫帕克，这令游击队员们欣喜若狂。后来游击队伏击德军运输队，又缴获了一台发电机，收音机不愁电用了。从此，这支游击队可以根据莫斯科播发的消息来制作传单。手写的传单散发到附近的村子里，鼓舞人心的消息开始在整个地区流传。其他游击队也有类似的做法。到 1942 年，几支游击队通过空运和缴获，已经有了简易的印刷设备。结果纸张和油墨也上了游击队向莫斯科提出的"供货清单"。这些传单对于提振沦陷区人民的士气和信心，重燃沦陷区人民的希望，起到的作用不可估量。

游击队打仗向来花招百出，让德军防不胜防。比如 1942 年冬，科夫帕克的游击队接连炸毁几座桥梁，炸药用光了。还剩最后一座桥，游击队员们想出一个点子：往桥上挂了几个大南瓜，就挂在德国人的眼皮子底下。亲历者回忆，德军工兵马上发现了这几个南瓜，"用了两个多星期的时间，绞尽了脑汁想搞明白南瓜里究竟藏着什么机关。最后南瓜都烂掉了，德国人才发现原来里面什么也没有。而在这段时间，这座桥完全中断了通行，游击队的目的达到了"。

1942 年，韦尔希科拉作为情报军官从莫斯科被派往敌后科夫帕克的游击队。起初游击队只拿韦尔希科拉当后方派来的战地摄影师看待，不让他参加战斗。韦尔希科拉很不服气，于是跟一个连参加了一次伏击和炸桥的行动。多年后韦尔希科拉记忆犹新，当时桥上装了炸弹，游击队埋伏在道路一侧："伙计们因持续不断的强行军而疲惫不堪，沉沉睡去。我也打了个盹儿。"突然，韦尔希科拉被响声惊醒，他"扒开面前的灌木丛，看到两辆大卡车和一辆搭载乘客的小汽车……正朝这座桥驶来"。韦尔希科拉赶紧叫醒其他人，就在这时，那辆小汽车轧上了地雷。轰然一声爆炸，车队停了下来。与此同时，游击队员们猛烈开火。那些德军慌忙从车上跳下来找掩护。韦尔希科拉一马当先，冲过开阔地，向道路跑去。几名游击队员紧跟在他身后。韦尔希科拉和战友们不顾德军机枪火力，一路冲到卡车旁。随着硝烟散去，韦尔希科拉看到，"在一条浅浅的沟里，有些绿色的东西在匍匐爬行。是德国人！更确切地说，是德国人的屁股！小伙子们赶紧揍他们！我们立即开了枪"。

▲ 为一名哥萨克游击队员授予"游击队员"奖章。

德国人没有反击。"我突发

奇想，掏出照相机，对准一个想要逃命的纳粹。突然，一股大力从背后推了我一把，将我推倒在地。战斗结束后我才发现，当时正要拍照，藏在卡车底下的一个家伙打了我一枪。"战友们救了韦尔希科拉一命，"我们从那天起就成了朋友，这建立在相互敬重和感激的基础之上。"

作为敌后游击战的楷模，科夫帕克奉命从敌后乘飞机前往莫斯科，当面向斯大林汇报工作，并接受嘉奖。结果科夫帕克向斯大林提出了长长一串自己需要的武器装备清单："我们最需要的是步枪、机关枪和反坦克炮。"据科夫帕克手下的游击队员回忆，所有人"都知道他对'战争之神'（指火炮）有瘾"。科夫帕克还要靴子，虽然游击队在敌后有自己的裁缝作坊，但缺皮革原料。科夫帕克重返敌后不久，他要的物资就源源不断送到了，还有许多药品、军服和宣传材料。

随着游击队不断发展壮大，纪律性也得到加强。原先由于卫生条件恶劣和饮食粗劣，游击队员间斑疹伤寒和坏血症流行。多支游击队严格规定：只要条件允许，游击队员必须在战斗间隙定期洗澡，控制严格的食物配给。如此则渐渐解决了斑疹伤寒和坏血症的问题。随着条件的好转，游击队更派出卫生员到控制区内给群众巡诊，同时向群众宣传来自莫斯科的消息，并收集情报和食物。

游击队在敌后的人员活动和物资运输，多靠俄国民间传统的轻便马车"潘杰"（Panje）。秋季的泥泞和冬天的冰雪常常令德军的车队动弹不得，游击队的"潘杰"则鲜少受影响。"潘杰"可以从这座村庄借，从下个村子还。从大后方来到敌后的游击队员鲍里斯·乔尔内回忆，自己的"胜利者"游击队不亏待群众，借还"潘杰"都用德国马克付账，惹得群众发问："你们为什么给我们德国人的钱？"游击队回答："你们用就是。"反正这些钱是从敌人手里缴获的，有些还是莫斯科自己印制的。"潘杰"是真正意义上的"全地形车"，做工简单结实，一次能拉8个人。游击队鲜少有汽车，正是马车支撑游击队渡过了敌后的艰难岁月。

二、梅德韦杰夫与"胜利者"

"胜利者"游击队是苏联敌后游击战又一个杰出的代表，其创立者迪米特里·尼古拉耶维奇·梅德韦杰夫是苏联在敌后战线上的传奇人物，有关情况在其他章节也有提及。梅德韦杰夫 1898 年出生于布良斯克州，1920 年加入布尔什维克党，一直从事情报工作。1936—1938 年他曾驻外两年，一般认为是参加了西班牙内战。然而大清洗爆发，梅德韦杰夫被召回国内接受审讯。他侥幸没在大清洗中被处决，但 1939 年还是因政治问题和严重的背伤而被迫退休。卫国战争爆发后，梅德韦杰夫被召回一线。他先后组织起 18 支敌后侦察和破坏分队，均以自己名字"迪米特里"的昵称"米蒂亚"命名。梅德韦杰夫不满足，他又受命领导了敌后更大规模的游击队组织"胜利者"。1942 年 6 月，梅德韦杰夫跳伞空降到敌后，结果背伤复发。忍着伤痛，他指挥"胜利者"游击队在敌后成功开展了活动。

至于游击队员鲍里斯·乔尔内，原本是一名电影放映员，在莫斯科的契卡中央俱乐部工作。卫国战争爆发当天，乔尔内主动要求参军。征兵工作人员告诉乔尔内，考虑到他工作的专业性，命令他暂缓服役。然而又有人告诉他，他可以到契卡的独立特别任务旅服役。1941 年的炎炎夏日，乔尔内在莫斯科附近接受了严格的敌后特种作战训练。9 月份之前步枪都不够用，许多训练只能徒手进行。有一回搜集情报训练，乔尔内被派到附近一个村子实地侦察，要求是搞清当地居民里处于服役年龄的男性有多少人。乔尔内化装成个女人，想从当地人嘴里套话："镇上有没有当官的？"当地群众的回答是一顿拳脚，乔尔内费尽了功夫才证明自己不是德国间谍。敌后特种作战训练结束后，乔尔内决定参加梅德韦杰夫领导的敌后游击队。面试时梅德韦杰夫问乔尔内："你都会干什么？"乔尔内回答："我会打枪，会跳伞。"这些本事还不够，但碰巧梅德韦杰夫的政委是乔尔内的朋友，便把乔尔内留在身边当了警卫员。乔尔内后来感慨："想找个为俄罗斯母亲献身的机会可真难。"

医学院学生阿尔伯特·特萨尔斯基也志愿参加了梅德韦杰夫的游击队。当时他奉命去共青团中央参加面试审查，到了才知道跟自己一样从各大院校前来的青年学生有数百人。多年后特萨尔斯基还记得，自己坐在接待室里旁听了一场又一场面试谈话，印象最深的一组居然是讨论比较俄国诗人勃洛克与英国诗人吉卜林的诗歌艺术。这一组面试的两名学生后来得到重用。特萨尔斯基接受的是敌后作战所需的医护训练，内容包括野战外科手术、草药使用以及部分心理学知识——重点在于如何克服战场压力以及身处敌后的恐惧感。他们要随时准备"三到五分钟内收摊转移"，用最少的医疗器材和药品消耗去救治尽可能多的伤员，还要学会自制医疗器材和药品。这些训练非常有用，多年后特萨尔斯基回忆，自己曾在敌后给一个出现坏疽的游击队伤员做过紧急外科手术。当时由于紧急转移,所有医疗器械和药品都丢在了沼泽里,特萨尔斯基只能狠下心就地取材:"取来一把双手大锯,消了毒,锯下了他的伤腿。麻药用的就是伏特加。"

特萨尔斯基同样接受了严格的敌后特种作战训练:"我们整天穿行在森林里,学习使用指南针,练习进行伏击。"有经验的军官在训练中教学员们"埋设(反步兵)地雷、在铁路下面安装爆炸物以及伪装。晚上就在公路和莫斯科的铁路旁上实地教学课。还有很大精力投入滑雪和跳伞训练当中。"在敌后要学会掩饰口音,特萨尔斯基和战友们不论到何处去,都会很轻易地被人认出是"莫斯科人",就因为口音太明显。随着战线向莫斯科推移,不但白天有训练,晚上还有紧急出动。有一天晚上,特萨尔斯基和受训的战友突然被叫醒,配发了真枪实弹,去附近的森林里搜捕敌人的伞兵。"我们行动起来尽可能不发出动静,可惜没能做到。脚踩在树枝上,难免有嘎吱嘎吱的声音。这座森林我们平时在里面进行作战训练,来来回回早就熟悉了。可到了夜里,森林却好像变得陌生又充满敌意。我们什么也看不见,只能听到身边人的呼吸,沉重如哮喘一般。"一夜过去,"事后证明这只是对我们训练水平的一次考验。这样的警报几乎夜夜响起,士兵们必须学会应对"。

特萨尔斯基等人当时尚没能得到深入敌后参战的机会。在莫斯科保卫战形势最危急的时刻,特萨尔斯基和独立特别任务旅的战友们也被派到了前线。说是前线,其实离莫斯科已经近在咫尺。特萨尔斯基回忆,许多男男女女就在自家门前的路上挖战壕。他们说:"战争直直冲着我家房子来了。"特萨尔斯基和他的排守卫着莫斯科城西南、莫扎伊斯克附近莫斯科河畔的阵地。就是从这块阵地上,他们开火打掉了一处德军的机枪掩体。当时那挺德军机枪正朝着从冰面上渡河的难民肆意扫射。第一次看到这样的行径,特萨尔斯基和战友们满腔怒火,脑中只有复仇的念头。战争对于他们不再是理论和演习。1941年12月5日接到反攻命令时,特萨尔斯基和战友们兴高采烈:"我不是个邪恶成性的人,但我看到死去的德国人,有一个头上还套着副胸罩,我只感到心满意足。"局面好转之后,特萨尔斯基终于被派去敌后,归梅德韦杰夫指挥。

当时契卡的独立特别任务旅多达400人主动报名,要求赴敌后作战,但梅德韦杰夫这边只要80人。幸运入选者,就成了"胜利者"游击队的核心骨干。他们分批分组被空运到敌后。先头小组在布良斯克附近的游击队秘密机场一落地,马上遭叛徒出卖，全部落入德军手中，尽数就义。1942年6月10日，特萨尔斯基随第二组飞临敌后。这一组共15人，他们用无线电向莫斯科报告了自己成功潜入敌后的消息。几天之后，鲍里斯·乔尔内随第三组赶到。与游击队会合没几天，他们就开始与德军爆发战斗。

在敌后参加的第一场战斗，特萨尔斯基多年后记忆犹新。那是1942年6月底，"胜利者"游击队冒雨艰难涉过沼泽，来到罗夫诺地区，在密林里建立起根据地。游击队从这里组织破坏铁路线，袭击德军目标，暗杀罗夫诺城里的德国军政官员。此时游击队得到情报，一支由10辆卡车组成的乌克兰伪警察征粮队，在方圆几千米的村庄间为德军搜集补给。一年以来，这支伪警察征粮队的活动路线和时间从没变过。司机都是从苏联红军中叛变过去的，有20名左右乌克兰伪警察押车，一名德国军官和一名翻译带队。偶尔德军还会派一辆缴获的苏军装甲车护送征粮队。

"胜利者"决定动用3个战斗小组，共50名游击队员，打一场埋伏。伏击地点选在一处浅河滩，卡车沿着泥土路开过这里必须减速。游击队将两挺德普轻机枪部署在河边，专打头尾两辆卡车。指挥阵地设在距离道路50米远的视野开阔处，泥土里一侧部署着一个6人的伏击小队，带着反坦克手榴弹和"莫洛托夫鸡尾酒"，准备打装甲车。如果装甲车不来，这个小组就攻击车队。其他人都沿道路两侧埋伏在两挺机枪之间。大家等指挥阵地打出的信号弹，一齐开火。

游击队员们按照分工，各自埋伏下来。特萨尔斯基回忆："我和战友们轮流打盹儿。我们静悄悄一声不出，像石头一样。我们不紧张，只有满心的期待。"关于伏击战的过程，他回忆道："我们只等了90分钟，但感觉似乎更长一些。法西斯分子来了，一切发生得很快。我没有看到信号弹，找准目标就开了火。我的目标是第三辆卡车的司机，他当场就被打死了。响声排山倒海，刚才还只有一排发动机的空转声。现在是各种武器爆出齐鸣。我换了一个新弹夹，我的战友则咒骂起来。他的波波沙冲锋枪卡壳了，这种事从前闻所未闻。我们听到高喊'乌拉'，这是战友们冲上去了。敌人没有装甲车。我们的人停止射击。我们这些埋伏在道路两侧的人也冲了上去。我用的是一支锯短了的刺刀。伪警察负隅顽抗，但大部分在第一轮齐射时就被击毙了。到此为止，一切就结束了。没有发现德国人，也没有缴获到文件。我们将战利品武器收集起来，仔细检查了每一具尸体。两名战友负伤，伤势都很轻，不过我们还是进行了野战包扎，避免感染。"

"胜利者"游击队跟其他队伍略有区别，比如乔尔内曾被派给科夫帕克当向导，他一直认为两支队伍间颇有反差。一个科夫帕克手下的游击队员则如此形容"胜利者"游击队员的做派："你们不像游击队的作战排，倒像是学校里的贵族小姐。"这是说"胜利者"游击队的衣服相对考究，头发相对干净，脸上也刮得利索些。其实游击队在敌后有什么穿什么，常常直接将敌人的衣服扒下来穿在自己身上。乔尔内回忆，自己就曾穿着缴获的伪警察制服在乌克兰西部的村庄中活动。有时游击队干脆穿着缴获的德军制服，大白天进行转移。曾有德军飞机从游击队头上飞过去却没有开火："兴许是把我们当成自己人了。小心起见，我们在自己的一辆马车上竖起了一面大大的纳粹万字旗。我们的人里很多都穿着德国军服。"后来这支队伍还穿着德国军服，悄悄接近德军目标，一举发动突袭而收奇效。

据乔尔内回忆，"胜利者"游击队根本没有平静的日子，"日常的生活就是战斗"。而战斗的间隙，也多有颇令人感慨的回忆。特萨尔斯基印象深刻，自己在特别任务旅有个战友，从前在大学里的专业是文学和哲学。这家伙奉命去监视德军的兵力调动，在敌后一条公路旁潜伏了两天。两天之中，他不但详细记录下了德军的兵力调动情况，竟然还在记录的草稿间写下了一篇莎士比亚戏剧人物尤里克的研究传记。这名战友牺牲后，他的这篇手稿得以公开发表。特萨尔斯基还曾在敌后跟战友们合排过一台游击队版的《哈姆雷特》，演员手里都用今天的真家伙代替中世纪的武器，围着篝火堆将同志们逗得哈哈大笑。其他走出大学校门参加游击队的战士们，根据各自的专业方向，也经常在营地里举办辩论会和演讲会。特萨尔斯基为人圆融大度，总是抓住这些机会向别人学习，多听少说，避免给人当裁判。

"胜利者"游击队跟其他游击队组织一样，队伍里既有男性又有女性。从1942年到1944年，特萨尔斯基见证了队伍里8场婚礼。男女游击队员两情相悦要结婚，首先须经首长梅德韦杰夫批准，结婚要符合苏联婚姻法的规定，由首长和政委证婚，举行结婚仪式。两对新人集体成婚，游击队全体人员都来参加婚礼，一起烤馅饼吃。两名新娘都是无线电操作员，可惜其中一对夫妇后来离婚了。乔尔内还记得自己送给一对夫妇一只篮子当新婚礼物，说："爱情归爱情，女人总要生孩子。"他还跟梅德韦杰夫一起发过愁，游击队里要是真有孩子降生该如何是好。

游击队要应付的麻烦事还有很多。比如不少从纳粹魔掌下逃生的犹太人来投奔游击队。众所周知，乌克兰和白俄罗斯等地反犹情绪盛行，所以许多游击队组织都不接纳犹太人。结果出现了比埃尔斯基兄弟领导的犹太人游击队。"胜利者"游击队曾接受过一部分犹太难民,向他们提供了食物和庇护。乔尔内本人就是犹太人,他却跟梅德韦杰夫商量道:"我们养活不起他们所有人。我所能做的,就是把空降兵的罩衫给他们,再给他们一两支步枪,送他们去白俄罗斯,那边的局面相对平静一点。"这些犹太人最后散了伙,有些人又回到了从前的藏身地,部分年轻的犹太人不肯走,留下与游击队并肩战斗。

三、保卫"游击队共和国"

长期的敌后战斗生活之中,著名的"游击队共和国"逐渐形成了。在德军和伪警察、伪安全部队所不能至的密林里,原有的苏维埃国家架构又建立了起来,连文化教育机构都不缺。随着游击运动中央司令部在莫斯科成立,敌后游击队更进一步趋于正规化。游击队领导人都被授予了苏联红军的正式军衔,有相应的职务和指挥权。游击队员也都有了红军战士的身份,必须服从命令听指挥。除了战斗,游击队员们早早掌握了野外生活所需的一切:挖洞藏身,生火照明做饭,补衣服修鞋,挽马套车,编雪橇织雪鞋,挤牛奶打井样样都要干,更在密林里建立起为数不少的营地。这些密林里的营地建设完备,营地外布设雷场,并设有明暗哨和巡逻队。营地里坑道掩体、各种作坊甚至医院学校一应俱全。游击队还在平地修建了秘密野战机场,从后方接收人员和装备。乔尔内、特萨尔斯基这些来到敌后参战的契卡人员,会将游击队存在的问题写成报告,定期通过无线电拍发给莫斯科,寻求解决办法。

比如有的报告指出,部分游击队的战斗力不强,领导人的指挥能力较弱,纪律性较差,赏罚不严明,以及缺乏武器等。按照莫斯科的指示,乔尔内、特萨尔斯基这些来到敌后参战的契卡人员要帮助游击队加强训练,提高游击队干部的指挥能力,严明队伍的纪律,组织战地法庭。装备方面的问题则更为具体,比如有报告指出,游击队的无线电装备尺寸太大,太过笨重,有时一名游击队员甚至要扛40—50千克,这让游击队的机动性大打折扣。而且莫辛纳甘步枪在游击战中显得笨重。有的游击队缺少靴子,初冬时节便出现了许多冻伤。有的报告更指出,莫斯科应关心游击队员的心理和精神健康状况。这些游击队员已经在敌后战斗了两三年,承受着巨大的精神压力，亟待纾解。但莫斯科方面实在爱莫能助。

游击队在敌后坚持作战，让德国侵略者不断付出代价。德军士兵形容，与苏联游击队员作战的体验往往是恐怖与疲惫并存。有德军士兵在回忆录中写道：

"我们在低矮的灌木丛中艰难跋涉了大约两周，大部分时间都泡在水里。把靴子脱下来弄干，根本毫无意义。我们跟游击队有零星交手。那时有过这样一段经历，将我笼罩在恐惧之中：俄国人伏击了我们一支侦察小队，一共四个人。有三个是老手，见势不妙拔腿就跑。把一个18岁的小伙子丢在背后，死在了那里。我自己那时才19岁。那些俄国人不止是杀了他，还是虐杀。他的脑袋被劈开，整个脑子晃荡在外面。我们继续在夜里行进，追杀游击队。有一次，我们刚走进一片空地，游击队突然从树林里跳出来，开始朝我们射击。我们当然开火还击。但是我们四个军士长里有一个脖子中弹，当场死亡。"

1942年冬，德军中尉弗里德里希·布舍尔在与苏联游击队的战斗中阵亡。他的战地日记留存至今，更记录了侵略者面对游击队的真实感受：

"森林与沼泽之间，处处飘荡着复仇者的幽灵。他们出其不意地向我们发动攻击，好像从地下冒出来的一样。他们把我们活活撕碎，让我们如鬼魂般消逝在地狱中。这些复仇者处处追杀我们。有他们在，你永远不可能安全。该死！我从没想过这场战争中什么地方会发生这样的事。我无法与森林的威压相抗衡。每当我进入森林，都会焦虑地看一眼西沉的太阳。最好不要想这些。"

德军为了加强对占领区的控制，不断进行"反游击作战"，犯下了难以计数的战争罪行。再如何掩饰，依旧罪行昭著。比如德军中央集团军群作战处处长彼得冯格勒本在战争结束半个多世纪后面对记者的镜头，仍极尽委婉地表示："在我们前线的后方，游击队控制着大片区域。于是我们开展大规模的反游击作战。我们把整师的部队部署到了后方。当然，死亡人数巨大，包括平民。其间发生了很多不光彩的事情，偶有村民留在家中不肯走，以为自己是无辜的，所以自己应该很安全……"

记者现场出示一份当年格勒本以作战处长身份草签的反游击作战报告，上面写到德军士兵杀死了1920名游击队员及游击队的支持者，却只缴获了30支步枪及其他一些武器。德军杀害的人中，九成没有枪支。记者提问："你自己已经说过，发生过'不光彩的事情'。但是对于所发生过的一切，你要如何为自己辩白？"

年迈的格勒本局促不安地回答："游击队从事作战活动，一定有必要的武器。

如果他们什么也没做，我们绝不可能部署哪怕一名德国士兵去打击他们……"

记者穷追不舍："所以你接受这一事实，无辜的平民被……"

格勒本只得承认："好吧，部队愤怒异常，所以我能想象无辜的平民——随便'无辜'是什么意思——遭到射杀。"

如果说格勒本这样的德军参谋军官尚有意识遮遮掩掩，大批德军官兵索性以杀戮为荣，完全不想掩饰这段罪行。他们津津乐道，最后无非以"服从命令"推卸责任。同样战争结束半个多世纪后，垂垂老矣的德军第10装甲师士兵沃尔夫冈·霍尔面对记者的镜头一派坦然：

"我们看到空壕沟跟四散的子弹壳，就知道游击队在这里打过我们的埋伏。所以我下令倒汽油，点燃稻草，通通烧掉。我们把房子烧了，丝毫不放在心上，烧俄国人的房子，搞破坏什么的，他们实际上比较低贱，我们觉得他们没有我们文明。我不怎么感到后悔，俄国人的房子有什么价值？反正它们很原始，这样的房子没什么价值。他们会活下去的，这是我的感觉。这跟德国、法国和英国的房子不能比，完全比不上。我们还把牛牵走……"

记者问："你们连猪也偷了，不是吗？"

霍尔答："对。"

记者问："你把他们的食物抢走，他们吃什么？"

霍尔居然笑着回答："他们有蔬菜。"

记者追问："但你们冲妇女儿童下手，不会觉得可耻吗？"

霍尔答："当然会。我们没杀他们，我们让他们活命。我们最多能做的就是这样了。"

记者说："很多人会因此丧命，天气太冷了。"

霍尔继续笑着回答："我知道，这有可能。但我们知道，俄国人很会御寒。砍树盖房子对它们来说很容易，就像我们一样。"

记者问："有人说，你放火烧村子是战争罪行。你有什么话说？"

霍尔平静回答："这可能是战争罪行，不过我只是服从命令。"

德军炮兵阿尔伯特·施耐德则在漫长的余生中不时受到良心的谴责："所有的房屋都被烧毁。你能看见厚重的烟云和火光点燃了夜空。从前俄国人是伺候我们的劣等人，当我们不需要他们的时候，就把他们弃如敝屣。士兵们从左右两边向房子里

▲ 一群德国人在审讯抓获的游击队员。

开枪,直至整栋房子燃起熊熊大火。这是我亲眼所见的。对我个人而言,这是罪恶的。当时我没有认真想过。但是回顾起来,我觉得这简直是丑闻,是丑恶至极的罪行。"

还有相当一大批人,如德国武装党卫军第4"警察"装甲掷弹兵师老兵卡尔-海因茨本克,面对记者的镜头乐于强调苏联游击队"残忍"在先,自己只是以残忍对残忍。

记者问:"你认为指挥官的命令合理吗?"

本克答:"合理。在这种情况下,我认为合理而正确。"

记者问:"你难道没有问过自己,那些平民到底与这件事有没有关系?"

本克答:"我没有。大家都参与了报复。我跟战友们对着一架雪橇上的难民开枪……当时这架雪橇正在400米外的雪地上穿行。我们看到他们从雪橇上翻了下来。我不知道他们是不是妇女和儿童。他们有二个人。"

其实,正如12岁就在乌克兰敖德萨加入游击队的老兵阿纳托利·兹布罗切克的回忆:"每个人都心知肚明,哪怕只是跟游击队员交谈,也会被处决。包括他们的家人,绝无例外。除了接受死亡,别无他法。每个人都深谙此道,没有人期望有什么怜悯,即使是孩子、女人和老人。"乌克兰平民亚历山大·米哈伊洛夫斯基更有最真实的经历:

"7月2日清晨,德国人把我们拖下床。我跟我又聋又哑的弟弟,我们被带到路上。他们把我们绑成一排,一个村民接着一个村民,叫我们直直往前走。我们走在德国兵的前面,他们在我们后面10米远跟着。这表示,如果游击队员在路上埋了地雷,炸不死德国兵,炸死的是我们。我能作何感想?我觉得我们是自己走向死亡,不是踩上地雷被炸死,就是侥幸没踩上地雷,被德国人开枪打死。感觉横竖都是死。我很幸运,我们没踩上地雷,没被炸死。我们能怎么想?他们让我们生不如死,生不如死……"

一如白俄罗斯游击队员涅霍季亚耶夫的回忆:"每天晚饭前,我们都要沿着灌木丛巡逻,注意那些窝棚和窑洞里是否有犹太人躲在那里。这里的儿童、老人和他们的许多亲人都被希特勒的刽子手杀害了,剩下的也都好像活骷髅一样,破布条几

▲ 活跃在乌克兰的伪安全部队伪装的"假游击队"。

乎不能遮住自己的身体。他们看到我们都非常高兴，从某块草皮下拿出他们仅有的一块面包给我们。看到这一切让人非常心痛……我们将东西给他们，但他们不想要。我脱下衬衫给一位老人，他说什么也不要，却说'我们还行，让我们一起去打法西斯分子，夺回属于我们的那些东西吧'，我的泪忍不住流了下来。"

信念支撑着苏联游击队员们走过艰难困苦、阴郁黑暗的岁月。1943年11月初，"胜利者"游击队正在庆祝一年一度的11月7日十月革命节。梅德韦杰夫突然得到情报：敌人正在附近集结，准备发动围剿。当时营地里正在举行文艺晚会，一个查理·卓别林的模仿秀节目刚表演完，梅德韦杰夫走上台来向大家宣布："我们先打败敌人，然后回来继续过节！"这番表态给游击队员们吃了定心丸。梅德韦杰夫将手下的750名游击队员分成4个连：第2连侧翼迂回直捣敌人的后方，营地侧面由第4连守卫，正北面敌人主攻方向归第1连防守，第3连保护营地南面。

上午10点，秋雾刚刚散去，战斗就打响了。乌克兰伪安全部队士兵一边穿过低矮的灌木丛前进，一边胡乱开火，企图引游击队还击。第1连用机枪猛烈射击，德军士兵随即参战增援，战斗转向营地侧面。此时，德军的75毫米短管野战炮和81毫米迫击炮不断开火，威胁尤为巨大。硝烟在树木间盘旋，弹片与尖锐锋利的松树、桦树残枝碎木混在一起，四处横飞。一名战斗的幸存者回忆："伤员的惨叫声与迫击炮弹的爆炸声相混杂，在我们的阵地上不断爆开。"只要德军稍稍一转移目标，或者暂时停火发动试探性进攻，马上就会遭到游击队的猛烈还击。营地里的人冒着德军炮火，坚持匍匐着将弹药和水送上一线，将伤亡者抬下去。

打到下午，战斗进入白热化，双方爆发肉搏战。硝烟之中，游击队员与德军士兵厮打搏斗，机枪和工事都派不上用场。"有时，你只有在敌人快扑到你身上时，或者借助视线中一闪而过的枪口喷焰，才能辨别敌人。"天色渐渐暗下去，梅德韦杰夫命令轻伤员全部重回一线。特萨尔斯基回忆："我和所有的卫生员都负伤了。"傍晚18点，梅德韦杰夫下令套好马车，带上伤员，准备趁夜突围。第2连毫无动静，迂回进攻敌人后方的任务好像已经失败。"我很清楚，要是守不到天黑，我们就没法逃出德国人的魔掌了。"后来梅德韦杰夫在回忆录中写道。"此时，我听到了响亮的俄语口号：'乌拉！'第2连投入进攻！"

第2连用了10个小时的时间从德军侧翼迂回，绕到敌人背后。指挥员将第2连兵分两路，一路捣毁德军炮兵阵地，一路捣毁指挥所。游击队员们迅速拿下了炮兵阵地,调转迫击炮口向敌人轰击。迫击炮弹砸到敌人头上,形势瞬间逆转。伪安全部队立即土崩瓦解,四散奔逃找掩护。梅德韦杰夫趁机率游击队突围出来,小部分且战且走将追兵引开,主力重新集结后撤到下一处冬营。

梅德韦杰夫感慨:"离开这样一个好地方,被迫挨冻淋雨,真是遗憾,但是别无选择。"而游击队达到了最根本的目的——活下来,坚持下去继续战斗。这次胜利极大鼓舞了游击队的士气,又一次证明德军绝非不可战胜。当天,"胜利者"游击队接收到莫斯科的新闻广播,又听到一个振奋人心的消息——基辅解放。胜利的消息顿时传遍了当地,游击队员们欢呼雀跃。

1944年2月,梅德韦杰夫因负伤被送回莫斯科医治。1944年11月5日,迪米特里·梅德韦杰夫被授予"苏联英雄"光荣称号。卫国战争结束后,梅德韦杰夫的精力转向社会工作和写作。1954年12月14日,梅德韦杰夫逝世,安葬于莫斯科。时至今日,在莫斯科和布良斯克都有他的纪念碑。

至于科夫帕克,后来名声犹在梅德韦杰夫之上。1943年夏,科夫帕克率3000名游击队员横穿西乌克兰,挺进喀尔巴阡山。老战友韦尔希科拉也奉命从莫斯科重返敌后,与科夫帕克并肩战斗,向外界报道游击队的壮举。科夫帕克的游击队动用了300多辆"潘杰"马车,这意味着要500—600匹马,连内战时期名声大噪的"搭枪卡"此时也重新披挂上阵。

游击队挺进至喀尔巴阡山脚下的杰利亚京,一度遭受重挫。他们在通过当地一座重要桥梁时遭到德军阻击,数百辆轻便马车一时挤在桥上动弹不得。与此同时,游击队的前哨发现,道路中央停着一排废弃的德军卡车。一名游击队员上去查看,不知怎地突然引爆了一辆卡车上的汽油桶。埋伏在附近的德军马上开火。太阳升起来了,游击队暴露在硝烟和炮火之中。科夫帕克命令游击队主力撤到路边的麦子地里去,但是来不及了,德军飞机从低空飞来,肆意投弹扫射。游击队员们跑到森林里找掩护,道路附近铺满了牺牲的人马尸体和被烧毁的马车残骸。无奈之下,几支损失惨重的部队只好先合编为一支。科夫帕克的游击队此番失去了所有火炮,队伍携带的大量档案文件都被烧毁,通讯设备也都丢了。杰利亚京之战说明,游击队尚不适合大规模作战。科夫帕克也受了重伤,于当年秋天搭乘飞机回莫斯科医治。韦尔希科拉奉命指挥游击队剩余的全部兵力。这次游击队攻势虽最终受挫,但实现了将游击战的战火烧到沦陷区西边欧洲部分这一战略目标。科夫帕克的队伍后来被命名为"科夫帕克乌克兰游击第1师"。科夫帕克先后于1942年、1944年两度荣获"苏联英雄"。卫国战争结束后,科夫帕克长期担任乌克兰苏维埃社会主义共和国最高苏维埃主席团副主席,成为乌克兰著名国务和社会活动家,直至1967年去世。

战争让苏联伤痕累累,仅梅德韦杰夫、科夫帕克等人坚持敌后游击战的乌克兰,就有700多座城镇,2.8万个村庄,1.6万座工厂被摧毁。从东部的卢甘斯克到西部的喀尔巴阡山,处处都有苏联红军战士和游击队员的坟茔。后来解放乌克兰的战役中,苏联红军损失了近350万人。俄罗斯历史学家伊利亚·莫斯尚斯基评价:"这350万人都葬身在乌克兰的黑土之下,在乌克兰的土地上有着无数普通士兵的坟墓。我们必须牢记,这是我们的记忆。记忆就是全部,历史就是真理。忘记历史就没有未来。"苏联卫国战争中敌后游击战的不朽功勋,英雄们的名字与事迹,值得后人永远铭记。

血与火：第二次世界大战中的南斯拉夫游击队

第八章

第二次世界大战时期的南斯拉夫游击战争，曾是整整一代中国人的情结所系。《瓦尔特保卫萨拉热窝》《桥》《黎明前到达》《苏捷斯卡战役》《南方铁路之战》等电影伴随着一代中国人成长，《啊，朋友再见》的歌声至今时时可闻。众所周知，铁托和南斯拉夫共产党领导下的南斯拉夫人民解放军游击队始终是驻巴尔干半岛德军的眼中钉，在战争中牵制了大量德军兵力。这场游击战争的艰苦卓绝与血腥惨烈，一直令世人侧目。在那样的环境之下，南斯拉夫游击队员们如何生活，如何战斗，始终引起外界的好奇。

▲ 游击队员斯捷潘·菲利波维奇在被德国人绞刑前，大喊："消灭法西斯，自由属于人民。"

二战爆发前，南斯拉夫王国人口超过 1600 万，国土面积相当于两个奥地利，民族关系极度复杂。1941 年 4 月 6 日纳粹德国和意大利入侵南斯拉夫，4 月 17 日南斯拉夫王国军队投降。6 月，南斯拉夫共产党中央委员会成了南斯拉夫人民解放军游击队司令部，派出许多党代表和党小组，赴南斯拉夫全国各地组织暴动。7 月，南共领导的反法西斯起义爆发，给了德意占领军猝然一击。占领军稳住阵脚，随即全力镇压暴动。暴动队伍遭重创，化整为零撤进山里开展游击战。由此，游击战很快在全南各地开展起来。1941 年底，南斯拉夫人民解放军有游击战士 8 万人，第二年规模就扩大到 15 万人。1945 年 1 月，南斯拉夫游击队达到 80 万人规模，编为 52 个师、222 个旅以及大量独立支队。第二次世界大战期间，南斯拉夫共有 30 万游击战士为国捐躯，42.5 万人英勇负伤。

一、武器与日常

起义之初，南斯拉夫游击队只能用前南斯拉夫王国军队的武器来战斗。在前南

▲ 两张照片里的游击队员使用的武器五花八门，有一战时期奥匈帝国的老枪，美国的柯尔特机枪，也有战后设计生产的 VZ24、98k 等步枪，ZB-30 机枪，还有当时苏德两国装备的 DP-28 和 MG-42 机枪。

军队土崩瓦解的地区，武器相对容易收集。比如 1941 年 5 月，波黑北部多博伊的南共党组织就搜罗到前南军队遗弃的 2 挺重机枪和 300 支步枪。一个当地农民向党组织报告称，几周前曾在乡间小路和田野里见到大量武器弹药，但他只拿走了几把刺刀，只有这玩意儿回家能用上。而德军占领多博伊等地后，缴获了约 150 车皮武器弹药。德军将一部分运往了东线战场，余下的后来被南斯拉夫游击队尽数破坏。所以，1941—1942 年游击战士手里最常见的是南斯拉夫产毛瑟 M24 步枪，以及其短款 M24 CK 卡宾枪。还有比利时产的毛瑟 M24 步枪、波兰产的毛瑟 M24 步枪和捷克产的 V.24 卡宾枪，战前南斯拉夫进口的这些步枪数以十万计。第一次世界大战末期遗留的大批奥匈帝国曼利彻 M95 步枪和法国 M1907/15F 步枪也普遍使用。尽管如此，武器仍大量短缺，用猎枪和运动步枪也要上阵。1941 年 7 月，黑山的游击队甚至使用巴尔干战争和第一次世界大战之间的武器去袭击意大利军队。

占领南斯拉夫之后，德军认为无甚威胁，遂将俘虏的前南军队官兵分批释放遣返。前南军队的塞尔维亚族军官一般加入切特尼克（即南斯拉夫祖国军），克罗地亚族军官一般加入斯洛文尼亚民团（Domobran，又译斯洛文尼亚国民警卫队，与南斯拉夫游击队为敌的亲德军事组织）之类武装。所以一开始南斯拉夫游击队军事干部很少。起义开始时，绝大部分游击队员没有受过任何训练。比如1941年7月奥兹伦山区暴动，参加的2000人里只有一名前南军队退役士官有作战经验。南斯拉夫游击队第1马耶维卡旅成立时，960名游击队员里约600人年龄在17—19岁之间，还有73名妇女。根本无暇训练，新兵老兵混编在一起，战斗前学会开枪便直接投入实战。但游击队善于总结经验，第2克拉伊纳旅的游击队员德拉戈斯拉夫穆塔波维奇后来回忆："惯例是任何行动结束后都进行分析，看看能从中学到什么。从正反两面去考虑，这对普通战士和干部都很有用。"1943年2月底德军的第4次围剿结束后，游击队第15科尔敦旅组织全旅干部开总结会，讨论了战斗中暴露的问题以及德军使用的新战术。总结会最后得出结论：游击队缺乏训练和经验，且低估了德军的实力。游击队随即开展为期15天的强化训练，包括枪械射击和连排攻守战术。但绝大部分这样的训练都是在实战中完成的。

令游击战士们庆幸的是，数以百计参加过西班牙内战的老兵加入了南斯拉夫游击队的行列，带来了极为宝贵的经验。1942年6月18日游击队进攻波斯尼亚克鲁帕，一名参战的游击队员后来回忆："一名内战老兵指点我们在哪里架机枪，如何从一处掩体移动到下一处，如何将敌人引到外面，这样我们就能用手榴弹打击他们。"1943年意大利投降，更有一大批意军士兵参加游击队。由于人数众多，意大利人甚至单独编成了游击队第19旅，他们同样带来了宝贵的作战经验。而且从1944年春天起，盟军开始向南斯拉夫游击队提供武器援助。1944年游击队在克罗地亚亚得里亚海上的维斯岛设立基地，一小批英军人员进驻这里，为南斯拉夫游击队提供操作火炮和其他武器的训练。从1944年开始，南斯拉夫游击队直接派人到意大利和北非接受英军的训练。更有一大批游击队干部前往苏联受训，这对于南斯拉夫的未来道路影响深远。

艰苦的环境中，南斯拉夫游击队逐渐实现了正规化。按照编制，南斯拉夫游击队一个支队50—500人不等，多的可达千人，较大的支队下辖数个连。游击队最初的正式编制是旅，一般下辖千人；每个旅2—6个营，几个旅可编为师。1942年12月，南斯拉夫游击队最高司令部成立。1943年上半年，游击队按照师和军团编制进行整编，确定了18级军衔制度。为改善游击队内部的民族关系，最高司令部还有意在民族成分单一的旅中编入其他民族的战士。比如第1无产者旅，主要成员是波斯尼亚人，1942年1月编入了300名克罗地亚游击队员。整场战争中，该旅先后有6000名塞尔维亚人、1455名克罗地亚人和1515名波斯尼亚人并肩作战。有趣的是，战争后期意大利投降后，该旅还编入了120名意大利人。

南斯拉夫共产党将南斯拉夫游击战争称为"南斯拉夫民族解放战争"，把反抗轴心国占领与社会主义革命合二为一，这与其他欧洲国家的游击战有显著不同。南共将这场战争定义为打击"占领军、仆从军及民族败类"的斗争，在解放区系统建立基层政权，实行没收地主土地、资本家工厂和教会财产的政策。一个南斯拉夫游击队员的日常生活，与乌克兰、白俄罗斯敌后的苏联游击队员其实颇为相似。早上在宿营的解放区村子里醒来，先集合点名，学习日常条令和分派本日勤务。本日没有任务的老游击队员可以在营地里维护、保养武器，打理个人卫生。新兵要参加训练，游击队的指挥员、政委和卫生员、炊事员、无线电操作员则天天忙碌。南斯拉夫游击队的政工制度与苏联、中国相似，政委定期主持民主生活会，进行批评与自我批评。游击队员一般分散住在村民家里，平时要帮村民干农活。游击队驻扎的村子里普遍设宣传栏，向游击队员和老百姓宣传世界大事、国内战局以及游击队的英雄事迹。政工干部也经常组织这样的报告会，组织游击队员与当地村民联欢，举办露天舞会等等。所以游击队跟群众关系十分紧密，遇到战事游击队一般全力保护村庄和村民的安全，战事不利则解放区群众往往牵着牲畜举家随游击队转移。南斯拉夫游击队的行军转移速度难免受到影响，但从未丢下过群众和伤员。

二、行军与给养

就南斯拉夫游击战争的基本态势而言，德意占领军龟缩在大型城镇和重要厂矿，火车站、桥梁之类重要目标都有重兵把守，巡逻队定期沿交通线活动。除此之外，广大农村和山区基本就是游击队的活动范围。彼时南斯拉夫境内三分之二的山地都被森林覆盖，游击队活动在山里，敌人不敢轻易进山。山里条件艰苦，一年5个月下雨，稍暖和些的季节仅有3个月。南斯拉夫游击队在山林间风餐露宿，第2卡拉伊纳旅炊事员济夫科·乔基奇曾这样回忆：

"夜里我们必须找水找木头生火，必须悄无声息地吃饭，然后继续行军。我们炊事员一点儿休息的时间都没有。有时我们吃的豆子都下锅了五回：我们刚煮完豆子，就遭到了袭击——来的可能是切特尼克、乌斯塔沙或者德国人——我们赶紧灭火,但要想办法保住豆子。等我们又一次停下来时,再打一锅新的水,把豆子盛进去,继续煮。'灭火—前进!'这样的命令往往要下达好几回。"

冬天最是难熬。第1无产者旅的游击战士佩罗·加夫里克曾描述过这样一幅画面:

"我具体不清楚我们在森林和山里究竟度过了多少个艰苦的日子,多少个不眠的夜晚。我想连着大概有十一二个吧。终于有一天,我们穿过森林草地间一条小路,那里雪足有半米深。我们又开始攀爬山的另一边,一名战士从马上跌下来,掉进了雪中。他被冻僵了。走了100—150米,又一名战士跌下了马。爬到山顶,命令顺着队伍往下传——全力以赴前进。这意味着,我们帮不了其他人。"

游击队常常能一昼夜行军50千米。第13黑塞哥维那旅1945年4月冒雨雪20小时行军63千米,创下了该旅的行军纪录。1944年夏天进军塞尔维亚的战役中,第16伏伊伏丁那师从8月23日到9月3日行军达812千米。这样的高强度行军自然有代价,67名游击战士牺牲在途中。对于衣装简陋的南斯拉夫游击队来说,冬季行军的困难令人难以置信。奥兹伦支队指挥员托多尔·瓦贾西诺维奇一生难忘爬冰卧雪的经历:"支队向着科纽赫山前进,大雪没过我们的腰。每走一两百米,我们就要换一次开路的先头连。"最残酷的行军是1942年1月25日晚,游击队穿越波斯尼亚的伊格曼山区。暴风雪袭来,气温降至零下32摄氏度。730名游击队员18个小时走了10千米,170人严重冻伤,100人轻伤。许多人在没有麻药的情况下做了截肢手术。

减员严重的又一个重要原因,是游击队缺少制服和鞋子,尤其是鞋子。1943年6月底,第1和第2伏伊伏丁那旅向游击队最高司令部求援,希望司令部能提供鞋子,因为两个旅超过60%的战士都打赤脚。南斯拉夫贫瘠的乡间,年轻人和小孩子整个夏天都是赤着脚,没有鞋穿的游击队员也是如此。到了冬天,一切可就糟了。1943年1月,第5科尔敦旅一半战士没有鞋穿,或是草草撕块布包脚。在萨波尔斯科附近与斯洛文尼亚民团作战时,游击队临时找了20辆农民的马车,搭载没有鞋穿的游击战士转移。饶是如此,仍有大批游击队员足部冻伤,被活活冻掉脚趾。该旅已经成立18个月,才在1943年4月攻克奥托查茨后缴获了1000套穿过的制服和几百双鞋子。由于缺鞋穿,每个旅的减员能达10%—20%。

解决鞋子问题,相当一部分靠缴获。1943年6月,游击队第1马耶维卡旅在山区突破德军第118猎兵师的封锁线,抓了少量俘虏。游击队员斯拉夫科·米卡诺维

▲ 一队斯洛文尼亚游击队员在行军（1943年夏）。

奇后来在回忆录中写道："约60名德军被击毙在战场上，受伤、失踪和掉进山涧的人数不明。翻找战利品处处可见。一些游击队员马上有了新衣服和鞋子。实际上我们旅整个第3营全套（德军）第118师制服打扮。"至于俘房的斯洛文尼亚民团士兵，一般是剥下他们的制服，把他们赶回家去。许多斯洛文尼亚民团士兵都被俘房了好几回，懂"规矩"。当了俘房，不用游击队员命令，自己便乖乖主动脱衣服。

　　解放区的基层政权一直在搜罗制服，从铁路员工到消防队员的制服，都找来给游击队员穿。1943年11月游击队拿下波黑北部的图兹拉，从仓库里缴获了32000套制服和10000双鞋子，这够几个师穿了。1944年盟军飞机开始向南斯拉夫游击队空投被服。到战争结束时，南斯拉夫游击队共接收了180000双从盟军设在意大利的仓库发货的鞋子。在达尔马提亚，几个旅都穿上了卡其色的英军制服。1944年3月，第1达尔马提亚旅接收了第一批英军制服，一名游击战士后来回忆："司务长要我们跟他去仓库搬东西。他一打开门，我们第一眼都不知道该往哪里看了。我们得到了完全崭新的被服：内衣、短袜、鞋子、衬衣、毛衣、夹克和腰带。穿上之后，我们几乎难以置信。"战争的最后一个月，第29黑塞哥维那师的弗拉多·萨格特将军写道:"我们的部队穿得算好,尽管我们全都穿着……混搭拼凑的制服……有德国的、意大利的、斯洛文尼亚民团的、英国的和其他的制服,(还有)平民服装……从我们部队的着装方式上,就能看出部队的渊源和成军的历程。"

另外,南斯拉夫游击队的军帽也值得一提。1942年初,南斯拉夫西部克罗地亚的游击队员最早开始戴"特里格拉夫帽",这种帽子款式是从西班牙内战中传下来的。斯洛文尼亚、达尔马提亚和西波斯尼亚等地的游击队员很快将这种帽子款式学了过去。这年底,波斯尼亚东部和黑山的游击队员又开始戴形似苏联红军的船形帽。这其实是铁托本人的主意,这种船形帽因而得名"铁托帽"。铁托帽逐渐取代特里格拉夫帽,1944年4月游击队最高司令部还专门就此下发了正式通知。但还是有很多游击队员喜欢自己的旧款军帽,一直戴到战争结束。

三、伏击与进攻

就连德军也承认,南斯拉夫游击队具有强烈的进攻精神。这种进攻精神不但用于打击特定目标,同样用于突围。尤其当处于劣势,弹药都将耗尽时,游击队员坚信这是唯一能给敌人造成损失的手段。南斯拉夫游击队的战术是尽可能抵近接敌,用手榴弹和一切火器给敌人造成最大混乱与杀伤。如果敌人撤退,游击队马上收容伤员,从敌人尸体上收集武器弹药,转移准备下一次进攻。

伏击是南斯拉夫游击队最常使用的战术,不分地域、季节、昼夜、兵力规模皆可发动。战争初期较大规模的一次伏击战,发生于1941年7月5日,地点在黑山的采蒂涅附近。意大利军队墨西拿师遭南斯拉夫游击队伏击,双方激战两个多小时,意军一个营被全歼。据游击队总结,伏击战术的运用可分为两种。第一种的目标是阻滞敌军,典型例子是1941年10月,游击队在克鲁舍瓦茨-克拉列沃公路上成功伏击了德军第717步兵师。游击队没有地雷,就把3枚航空炸弹埋在公路右侧的灌木丛里,游击队员隐蔽在公路左侧,远距离引爆。一名参战的游击队员后来回忆:

"队伍打头是一辆坦克,后面跟着大约10辆满载士兵的卡车。我们等着他们过来,直至他们全部进入炸弹的爆炸杀伤范围。随着两声清晰的巨响(第三枚炸弹未能引爆),一辆卡车当即爆炸起火。游击队员们冲了上去,跟德国人爆发肉搏战。

双方互有伤亡。德军在第三枚炸弹未能引爆的地方重新站稳了脚跟，向我们开火。我们被迫撤退。"

第二种目标是打击敌人的补给线，缴获游击队所需的物资。1944年1月，南斯拉夫游击队利卡旅在东加-杜布拉瓦-托恩公路附近就打了这样一场典型的伏击战：

"早上7点半，4辆敌人的卡车出现了。后面大约300米处还跟着两辆。卡车上装着食品、制服和靴子。每辆卡车上都有15—20名斯卢尼的斯洛文尼亚民团士兵押车。头4辆卡车一进伏击圈，我们马上在50米的距离开火射击。只用了几分钟，大部分敌人就或死或伤。我们又对最后两辆卡车开火，车上的斯洛文尼亚民团士兵赶紧逃之夭夭。"

此战斯洛文尼亚民团46人被击毙，9人受伤，4人被俘。游击队仅两人轻伤。其实这种伏击战一般都是全歼敌人。比如1943年12月游击队格拉德尼克旅在斯洛文尼亚的霍特德西卡附近伏击敌人，敌人共15辆马车，50名德军士兵押车。战斗仅持续数分钟，游击队击毙全部德军外加28匹马。打击敌人为的是补充自己，第7巴尼亚旅一名战士曾回忆：

"有一次，我们俘获了德军一支约50匹马的补给队伍。我们缴获了一大批弹药，当时我们自己的都快用光了。除了常规的补给物资，我们还得到了几篮子柠檬。你可以想象，这对于我们战士来说意味着什么。我们当时已经连吃了11天的草、荨麻和不放盐的马肉。"

接连不断的伏击战中，南斯拉夫游击队还渐渐积累出了反坦克的经验。游击队的对手主要是意大利坦克和德军缴获后使用的轻型法国坦克。但游击队缺少反坦克武器，每一辆坦克都是巨大威胁。游击队的基本战术是利用复杂地形埋设地雷，设置障碍物，以及分成数个反坦克小组，手持反坦克手雷和集束手榴弹，同时向一辆坦克发起进攻。一般是一个小组从正面吸引坦克的注意力，一个小组从坦克侧面或背面下手。1942年夏，南斯拉夫游击队首次从德军手中缴获一门37毫米反坦克炮。游击队用两匹马拉炮，三匹马拉炮弹。行军过程困难重重，连马都活活累死了。上级命令将反坦克炮破坏丢弃，游击队员坚决不干。他们克服重重困难，最后将炮拉到了设伏的密林里。林外的公路上出现了德军车队，打头是一辆黑色的小汽车，后面跟着一辆坦克，再后面是一串货运卡车和另外7辆坦克，后面又跟着20辆卡车。游击队员架起反坦克炮，准备战斗。接下来的情况，多年后一名游击队员写进了回忆录里：

"我朝那辆小汽车打出了第一发炮弹，那辆车翻进了沟里。我第二发炮弹打中了那辆坦克，那辆坦克顿时偏转向右，一头栽下了公路。反坦克炮弹击中金属会发出些噪声，击中路面的话，路面和石头会炸成碎片。我打出去第五和第六发炮弹，又干掉两辆坦克。"

1943年春，杜米托尔支队的一个游击小组凭借从山崖往下投掷满满一包爆炸物，成功摧毁了一辆意大利坦克。爆炸的威力极其巨大，炸碎的路面残片竟击穿了坦克的底盘。1943年9月意大利投降后，南斯拉夫游击队缴获了一批反坦克炮，战斗力陡然增强。德军动用坦克只得更加谨慎小心。1944年盟军开始提供武器援助，英军13.97毫米博伊斯反坦克枪极受南斯拉夫游击队欢迎。1944年中期，英军为南斯拉夫游击队一个旅提供了56辆美制M3A3斯图尔特轻型坦克及24辆AEC Mk. II装甲车。不久苏联又给另一个旅提供了65辆T-34/85坦克。至此，游击队的作战跨上了一个全新的高度。

到1943年下半年，南斯拉夫游击队的伏击战已经给占领军造成了重大打击，使之龟缩在城镇和主要交通线周围，偶尔才敢发起规模稍大的地区性攻势。游击队趁势扩大战果，开始集中兵力进攻德军据守的城镇。

这样的进攻必须集中兵力，南斯拉夫游击队一次要动用两三个支队乃至一整个旅。战术一般是奇袭，快打快撤。游击队总结，拿下村庄城镇的关键在于多路同时发动进攻，进攻要趁夜，利用雨雾等复杂天气。进攻开始前游击队员一般不吃饭，这样能提高战斗中腹部受伤活下来的几率。游击队员编为多个突击组和投弹组，每组不超过10人。每个突击组都装备破障和扫雷器材，要携带钳子、斧锯、木板和梯子，用来对付铁丝网。投弹组由最勇敢的游击队员编成，每个投弹手携带5—10颗手榴弹，腰带上挂一部分，口袋和背包里塞一部分。为了能轻松潜行，他们只携带手枪和刺刀，所以每一个投弹组都有火力支援组配合行动。投弹组要翻越工事障碍，接近敌人目标。最棒的游击队员能在黑夜中仅凭敌人机枪射击的喷焰，接近到敌人碉堡10米之内，将手榴弹从机枪射击孔塞进去。另外还要组织预备队，提供后续支援。游击队一般趁夜在距目标数里外编组，各组有自己的指挥员、卫生员和弹药基数。马匹统一留在后面，用来驮运伤员。如此，南斯拉夫游击队就做好了发动进攻的准备。

马耶维卡旅的投弹组指挥员曾写下过1944年12月自己率战士攻打格雷尼亚瓦

斯一处斯洛文尼亚民团碉堡的过程：

"雪很深，那天晚上很冷。我们匍匐着接近了离碉堡50米远的地方，雪在我们脚下咯咯作响。我们怕他们听到我们。我带了10颗手榴弹，我的战士们每人带了6颗。紧张不安的敌人时不时朝天放枪。碉堡就在我们面前，我能听到他们的声音，闻到吸烟的味道。他们还不知道我们来了。一名战士仰面朝天剪断了铁丝网，打开了一处通道，我们跟在他后面爬了过去。突然之间，我们面前的碉堡在爆炸声中摇晃起来。我们迫不及待站起来冲过了最后10米，他们一枪都没能开，我们就把手榴弹塞进了碉堡。"

投弹组炸掉碉堡，火力支援组马上向敌人阵地开火，突击组迅速破障，为后续进攻部队冲向敌人内层防线打开通道。游击队全靠奇袭，所以外层防线容易打开，攻入敌人兵力集结的内层防线则相对不容易。这要靠几个方向同时发动突击，有一个方向拖延就会给敌人喘息之机。几路最后打到城镇中心会师，夺下城里敌人据守的全部建筑，战斗便告胜利。敌人往往撑不住就投降了。这样的进攻其实变数不小，胜败几率参半。第17东波斯尼亚旅的游击队员伊布拉西姆·梅什科维奇曾写下自己参与过的一次进攻失利：

"我们用尽了所有的武器，照准德军碉堡招呼。我的副射手在黑夜中迷了路，我打光了自己这挺机枪的全部弹药。我们连试图趁夜突破德军战壕，但是情况很糟糕，所有想往前冲的人全都中弹倒下。所有想往回拖尸体和伤员的人也都被打死了。"

南斯拉夫游击队一直认为，切特尼克和斯洛文尼亚民团根本不足为虑。德军和乌斯塔沙则最顽固，经常打到最后死不投降。马耶维卡旅一名游击队员写下过自己与切特尼克作战的切身感受："他们（指切特尼克）进攻没头没脑，毫无章法。我们的投弹手爬上我们阵地上方的山坡，用手榴弹几番'款待'这些切特尼克，把他们赶回自己的出发阵地……我们撤退途中，有几个关键时刻。随着夜晚来临，切特尼克的进攻开始减弱，频率下降。他们遭受了惨重的损失。"有时候，游击队员连德军都瞧不上："我们呈纵队悄悄移动。我们来到一处长满树木的山坡，往上爬了30米，突然，德国人用机枪向我们开火了。幸运的是，子弹全打在了我们面前两米处的雪地上。我们的指挥员——他一直走在我们队伍的最前面——跳到一边，当即下令我们发起冲锋。我们瞬间做好了战斗准备，开始进攻，举枪射击。德国人倒被打了个措手不及，赶紧撤退了。"

四、血战与光荣

然而，1943 年 1 月，南斯拉夫游击队首次直面可怕的对手——德军山地部队，武装党卫军第 7 "欧根亲王"师。德军的战术素养高超，擅长山地间迂回包抄、分进合击，且精于夜袭和偷袭，屡屡将南斯拉夫游击队打得措手不及。德军指挥官很快摸到了南斯拉夫游击队的弱点：缺乏弹药，习惯性开火太早，通讯联络手段差，不重视侦察、监视及与敌人保持接触。德军马上利用南斯拉夫游击队这些弱点，对其予以重创。1943 年 1 月德军发动第四次围剿，咬住游击队一个旅不放，包围其中一个营 150 多名游击队员。该营一部经血战突围了出去。一名突围成功的游击队员米克·乌泽拉茨后来写下了自己的真实回忆：

"爆炸声，伤员和垂死者的惨叫声，指挥员们下达命令的吼声，让这里成了一座人间的地狱。离我 10 米远的地方，我看到两个德国兵用刺刀捅死一名卫生员，当时她正在救护一名负伤的战士。我身边的游击队员干掉了两个德国兵中的一个，我用轻机枪打死了另一个。这两个人都倒在死去的卫生员身上。我的副射手从背后

▲"欧根亲王"师反游击游击队行动。

向三个德国兵开枪。他们没法还击，三个人全死了。我们有个伤员，是波兰人，躲到一棵树后面，伏击了一个德国兵，但自己的手榴弹把他们两个人都炸死了。我们的两个机枪手背靠背形成扇面火力，虽然负伤，但最后都活了下来。"

游击队一般不与德军正面相抗，但情势不得已也只能硬碰硬。最著名的便是苏捷斯卡战役。1943年5月德军发动第五次围剿，兵分四路进攻苏捷斯卡河谷。南斯拉夫游击队两个旅没有时间撤退和构筑防御阵地，索性直接向兵力占绝对优势的对手主动进攻，以求突围。1943年6月6日，第2达尔马提亚旅的600名游击队员奉命不惜代价死守古洛尼巴里附近阵地，掩护伤员转移。该旅遭到德军"阿诺克"战斗群3000多人的猛攻。德军该战斗群人员主要来自著名的"勃兰登堡"营和第118猎兵师，有12架斯图卡俯冲轰炸机、大批火炮和迫击炮支援。激战中双方互为攻守，南斯拉夫游击队拼死反击，最终击退了德军的进攻。参加过此战的游击队指挥员布兰科·米林科维奇多年后记忆犹新：

"夜晚降临，（德军）飞机和火炮依然在发射弹药，削弱着那几个跟德国人已经打了两天的营。那几个营则用炮火与反击坚持抵抗。德军相信自己已经粉碎了该旅的抵抗，即将到来的夜晚能帮助其渗透最后的防线，突破至苏捷斯卡河谷。21时，经过一场持续30分钟的炮击，平均每分钟落弹50发，步兵开始冲锋……这是一场恐怖的战斗，枪声和爆炸声在四周到处回响，肉搏战频繁爆发。双方死伤枕藉。"

这一天，该旅牺牲65人，伤者两倍于此。德军的进攻又以同样的强度持续了三天三夜，第15马耶维卡旅200人的增援部队终于赶到了。第2达尔马提亚旅又多守了一天，然后才撤退。激战过后，150多名游击队员幸存。两个旅最终成功突围。游击队总结经验，认为德军战术严谨，从进攻转入防御需要时间；游击队自身则战术之间毫无差别，如何防御就如何进攻。

从1944年起，盟军飞机协助南斯拉夫游击队轰炸巴尔干半岛的德军阵地和目标。但这样的支援往往只能等到战斗的最后一刻才会到来。1944年5月29日，为掩护游击队总参谋部从德尔瓦尔转移，第1无产者旅死守利波瓦茨。游击队员卢卡博左维奇后来回忆了当时游击队遭德国武装党卫军第7师一个营进攻的情景：

"伴随着猛烈的炮火支援，党卫军这个营14时从营级阵地开始发起冲锋。德国兵发起冲锋时大声吼叫，他们很少这样做。我们在多石崎岖的山地间等待着他们。我们没有弹药了。上面承诺拨给我们，但没能从里布尼科送过来。下达的命令是等德国人离近了再开枪。德国兵越逼越近，开始朝我们投掷手榴弹。弹药快打光了，我们战士的开火频率不断变弱。敌人注意到了这一点，加强了攻势。我们的卫生员太少，没法把所有伤员都从阵地上拖下去，只能让后勤人员上来帮忙。当看起来我方好像已经绝无机会继续打下去的时候，我们的战士开始准备发动刺刀冲锋。就在此时，9架盟军飞机从我们的阵地上空掠过，用降落伞投下了弹药和食品补给。空投物资既落到我们的阵地上，也落到了德国人那边。所有后方人员甚至全体能动的伤员都一起参与收集补给物资。随着我们的战士恢复开火频率，战斗的强度再次升高。"

从1944年秋开始，南斯拉夫游击队终于获得了战场的主动权，再次由防御转

▼1945年，南斯拉夫游击队的坦克突破斯雷姆前线（1945年4月12日）。

入进攻，塞尔维亚、马其顿、黑山等地陆续获得解放。1945年3月，南斯拉夫游击队发动全面反攻。5月10—15日，南斯拉夫游击队在克罗地亚和斯洛文尼亚粉碎了敌人的最后抵抗。数以万计企图撤退到奥地利的德军、乌斯塔沙、斯洛文尼亚民团等武装被游击队消灭大部，残部向英军投降。这是第二次世界大战欧洲战场的最后一次大规模战役，南斯拉夫全境解放。南斯拉夫游击队在血与火的战斗中赢得了自己的光荣，虽然游击队员没有阅兵的军礼服可穿，没有勋章和战役纪念章可戴，但他们无比珍视自己的荣耀。第2达尔马提亚旅政委曾在回忆录中写下了自己率部队经过小城达尔马提亚的情景：

"那是战斗结束两天以后，我们筋疲力尽，浑身脏兮兮又饥肠辘辘。我们穿城而过时，人民群众纷纷跑到街上，冲我们挥手欢呼。营长吩咐一名战士，大声领着部队唱歌。部队跟着他唱起歌来，清晰嘹亮。我们高昂起头，疲惫一扫而空，步伐越来越坚定有力。人民群众注视着我们，夸赞不已。他们说：'行进的是人民的军队，是无产阶级。'"

冰与火：苏芬冬季战争实录

第九章

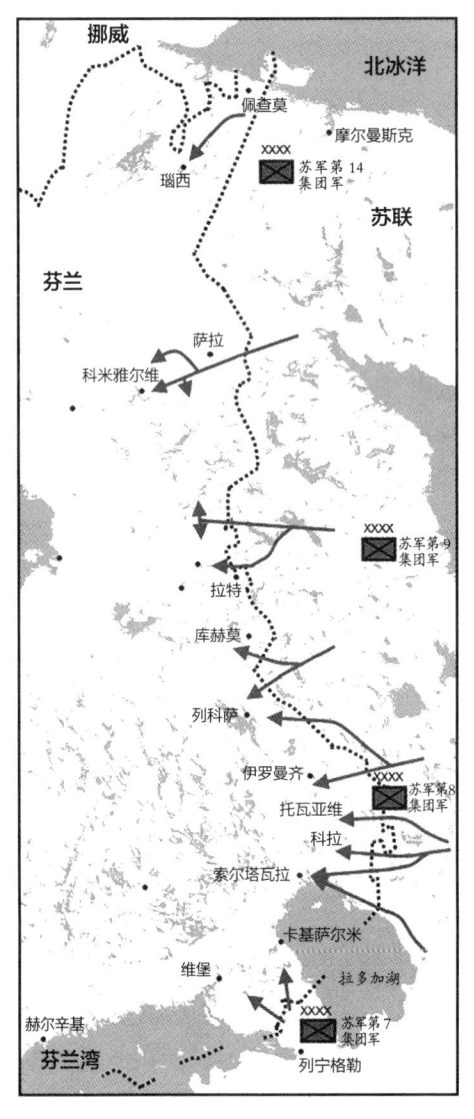

▲ 冬季战争，苏军进攻芬兰的作战示意图。

从1939年11月30日到1940年3月13日，持续105天的苏芬冬季战争一度令世界为之瞩目。苏联投入19个步兵师和5个坦克旅以为能够尽快解决所有战斗。但战争的实际进程却大出苏联所料，迫使苏联红军一次次调兵遣将，直至对芬兰军队形成了3∶1的压倒性兵力优势。凭借绝对的兵力和火力优势，加之承受了巨大的伤亡，苏联终于迫使芬兰停战投降。那时正值严冬，双方每天能够作战的时间不过几小时，战事之惨烈却令人瞠目结舌。在亲历者们看来，这场战争更是伴随他们一生的恐怖回忆。跟随后爆发的苏德战争相比，其惨烈与恐怖亦非微不足道。

一、"饱经浴血"

英国记者约翰·兰登-戴维斯1940年初赴芬兰采访，亲眼见证了苏芬战争的爆发与扩大。他深为芬兰的自然环境和地理条件所震撼："我曾在这个国家长途跋涉，俄国人发现正是这样一个国家在等待着他们：道路之间相隔极远，道路两旁全是森林。林间开垦出作农业用途的平地又少又小。到处不时可见一块块形状不规则的白色小开阔地，细长若手指，森林有如一条绞索绳套将其活活勒死。这其实是一处处小湖泊，这样的湖泊芬兰有60000个。这个国家的地形既不平坦又不多山——乃是一种连绵不绝的高低起伏，令人迷惑。几乎没有哪处地方有足够独特的特征，能跟其他地方区分开来。道路本身就是压实的冰雪……小树连根拔起堆在道路两侧，这往往就是道路的标志。道路从头就是松软到无法通行的废土，只能勉强乘坐雪橇。"战争爆发的12月，芬兰平均日照时间仅5个小时，且须天气晴朗；积雪往往达30厘米以上，平均气温达零下30摄氏度，部分地方可低至零下70摄氏度。

自然环境如天赐般恶劣，芬兰人更对自己国家的地形了如指掌。弱小的芬兰军队几乎是纯步兵编制，全军仅有20辆过时的雷诺FT-17轻型坦克，服役时间超过20年，外加6辆维克斯轻型坦克。而且芬军缺乏火炮，缺少通信设备，连弹药都极度缺乏，战前预计只够消耗一个月。芬兰在30年代初期就开始按地区征召预备役人员补充常备军，从而得以在战时迅速实施动员。尤其在边境地区，芬兰成立了大量独立营及相关部队。芬兰政府规定，年满18岁的男性公民皆应接受军事训练，预备役士兵受训须满350天，士官和军官须满44天。芬兰政府还成立了准军事青年组织"公民卫队"，其在组织芬兰青年参加军事训练方面起了重要作用。尽管动员了预备役人员和准军事青年组织，芬军也只有9个师。曼纳海姆元帅将6个步兵师和1个骑兵旅部署在卡累利阿地峡，2个步兵师放在拉多加湖以北，1个由预备役人员和边境守备队编成的师放在芬兰北部，寄希望于复杂的自然环境和无法通过的地形来防御。

至于苏联红军，由于未能及时向大部分参战部队配发毡靴、棉衣、白色伪装罩衫及连指手套，造成大量冻伤减员。再比如芬军士兵熟练掌握滑雪技术，而苏军于1939年10—11月才大量印发滑雪训练手册，突击训练来不及推广。而且据英国记者兰登-戴维斯观察："俄国人编的滑雪训练手册显然是纯理论性的，里面大量建议对于去瑞士参加冬季运动的游客来说是极好的……俄国人的手册称，滑雪板应配有不同规格的脚跟带。没有哪个芬兰人会在自己的滑雪板上配脚跟带，因为自己的安全和作战效率就取决于能第一时间踢开滑雪板……每个看过这本训练手册的芬兰士兵都曾惊呼，这是个低级错误。"这样的例子相当普遍。

开战不久，苏联红军就领教了芬兰军队的独特战术，真正开始"饱经浴血"。有愤怒的苏联红军指挥员投书《真理报》："他们（指芬兰军队）没法打硬仗……我们的人筋疲力尽想喝水，结果发现所有村庄的水井全被泥土填上了……红军战士刚刚踏上芬兰的土地，爆炸声就撕裂了空气。地雷遍地都是。沿着维伊普里公路推进到贾皮宁村,芬兰人刚刚从那里撤走,我们发现这里被芬兰人付之一炬……在我们眼前,地雷在坦克底下爆炸了。粪堆、草垛和雪堆底下到处都有地雷炸响。"

苏联红军第54山地步兵师迪米特里·克鲁茨基赫中尉的回忆更加直观:"我们不知道芬兰人埋了地雷——我们走着走着就会碰上一个,研究一番,直到有人被活活炸成碎块。有时我们真是刚好幸运。芬兰人用的是英国造反人员地雷,后来他们自己也开始造了。另外,他们能把炮弹正好打到设障区域之中。前沿的铁丝网障碍区域同样布满地雷,芬兰人就把地雷埋在雪里,布成诡雷。布雷的密度非常之高,连村子里农舍的门都布成了诡雷的陷阱。起初我们的侦察兵屡屡被炸成碎块,但是到了(1940年)1月份,我们的打法开始不一样了……我们对这些地雷也有了某种感觉。你盯着雪看,一开始只能看到表面。盯上一会儿,你就能瞧出一点微微的隆起。你用自己的望远镜看,再把望远镜递给侦察兵——实际上,地雷就埋在那里。"

1939年12月苏军进攻卡累利阿地峡受阻,芬军的顽强抵抗使之寸步难行。苏联红军坦克部队一名下级指挥员阿列克谢·谢林回忆道:"我们到达曼纳海姆防线就被迫停下,芬兰人的火力非常猛烈,根本无法继续前进。最糟糕的是,我们看不到火力从什么地方射过来,芬兰人的暗堡都为密林所遮蔽。我们必须做点什么,指挥部指示我们,用所有武器朝森林开火。好吧,自然,我们开火了。林木确实应声被伐倒,然后我们才看到了芬兰人的防御工事——蛋壳形(碉堡),按棋盘格状分布,你能想象吗?有些是强化工事,其他都修了双层……战后我才知道,芬兰人修这些建筑修了27年,横贯卡累利阿地峡。我们甚至无法接近这条防线,坦克会陷进深深的雪里动弹不得。防线上的暗堡前设置了混凝土的反坦克壕,还有满地被先前炮击伐倒的成堆树木。"

卡累利阿一线的苏联红军指挥员常常留下这样的文字记录:"12

▲ 用鹿作为畜力在雪地里运输物资巡逻的芬兰士兵。

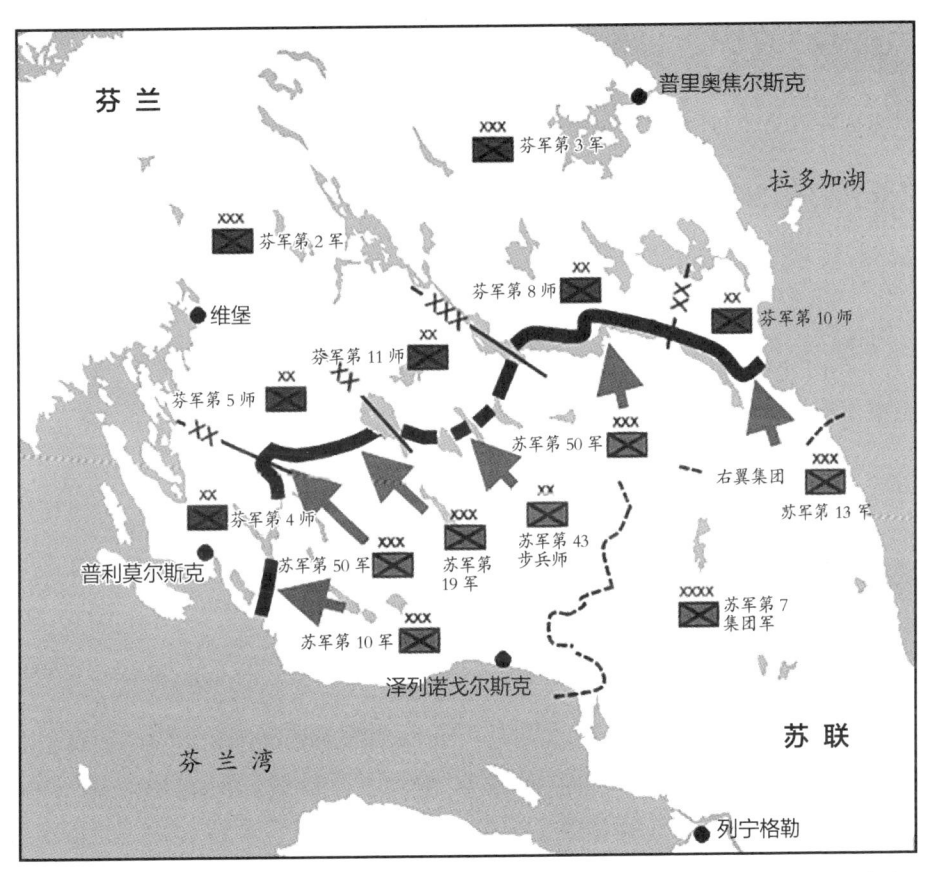

▲ 1939年12月战况。苏军抵达曼纳海姆防线的作战示意图。（黑色线条：曼纳海姆防线；箭头：苏军进攻路线。）

月15日、16日的战斗中，敌人在多处地点压制住了我们的步兵，将步兵与坦克分离开来。坦克孤军深入，没有步兵的支援，冲过反坦克壕，被芬兰人的反坦克炮一一击毁。"芬兰军官则幸灾乐祸地写道："（这是）俄国军队一次典型的进攻，持续刚好不到一个小时，雪地上散布着丢弃的1000多具尸体和27辆燃烧的坦克。"

芬兰人对打坦克自有心得。由于缺乏反坦克炮和弹药，冬季战争期间芬兰军队共使用了7万瓶"莫洛托夫鸡尾酒"，这意味着反坦克小组60%—70%的伤亡率。曾有档案资料记录下了芬兰士兵卡尔洛·伊尔霍的经历：

伊尔霍和同伴加入10个人的反坦克小组。班长奥蒂·赫拉斯命令他们在路旁五个不同地点挖散兵坑，一部分人带着"莫洛托夫鸡尾酒"隐蔽在路的一边，另一部分人带着炸药隐蔽在另一边。第一辆苏联坦克进入了视线，后面还跟了8辆。已经有3辆坦克开过了伊尔霍的位置，还是没有攻击的命令。终于看到信号了，伊尔霍拉出导火索，数了三下，然后把装满炸药的口袋扔向第三辆坦克。几声巨大的爆炸声震撼了地面，然而伊尔霍抬起头来，看到这辆坦克以及其他几辆坦克都慢慢朝刚才来的方向转回去了。他用肩膀推了推伙伴基维维尔塔，告诉他自己已经没什么好扔的了。

"让我们用这最后一瓶来打掉它们，"基维维尔塔说。他镇静地点燃了燃烧瓶，把燃烧瓶扔向最后一辆坦克。燃烧瓶正好落在坦克透气孔后面的地方，坦克立即着火，黄色的火焰反射到周围的地方。很快，整个坦克被包围在大火中，基维维尔塔说："肯定把俄国人烤焦了。"

与此同时，卡尔托中尉把2根3千克重的炸药棒绑在一起，扔进了第2辆坦克的履带里。这辆坦克很快也停了下来。现在，第3辆坦克被班长本人击中着火，其他坦克则逃到芬兰人攻击范围之外。第2辆坦克的乘员试图逃到树林里去，埋伏着

▲ 在曼纳海姆防线的壕沟里作战的芬军。

的芬兰人用机枪很容易地挡住了他们的去路。

二、芬兰刀与"布谷鸟"

如此，一次次徒劳的进攻让苏联红军的士气不断低落，战士们因惨重的伤亡和惨烈的战况开始出现畏战情绪，苏军第142步兵师师长普申尼科夫大校后来写道："我记得自己在基维涅米亲自率领过一次进攻。我们一进入机枪的火网，同志们赶紧卧倒隐蔽。让他们去完成部队指挥员设定的任务目标真是费尽了力气。"至于普通士兵，写给后方的家书中充满了绝望。比如第150步兵师战士塔拉索夫："父亲！我们时刻等待着死亡……我们曾两次身处非常猛烈的炮火之下。我的许多同志非死即伤。这些天伤亡六七百人，卡车昼夜不停后送伤员。到目前为止炮火已经持续了16天，但根本无益于把芬兰人赶出去……许多人战死在这里，还有许多人被友军火力误伤。"

塔拉索夫的战友丘尔金更在家信中痛陈："姐姐！从12月6日开始，我们就试图把敌人赶出去，但是失败了。我身边曾有许多亲密的朋友，现在都不在了。这就是战争。我想你听说过地狱的景象吧？同样的景象就出现在这里。有的人号哭，有的人抱怨，其他人大喊大叫，乞求受伤后给自己个痛快的。恐怕魔鬼自己也无法理解这里所发生的事。"一名来自乌克兰的战士做了最绝望的总结："现在一切都完了……我们死定了，他们会把我们全杀了。报纸上说每个芬兰人能打10个俄国人，他们没说错。他们会把我们像跳蚤一样拍死。"

其实芬兰军队同样是在苦苦支撑。战斗在卡累利阿一线的芬兰士兵韦斯泰里·莱比斯托后来回忆："我们的小队有七八个人。缺乏睡眠和休息的压力巨大，脑子里想的只有出去打仗，然后赶紧回来。弹药一直不够，我们的手榴弹是7个国家造的，真是危险。我们每次用这些手榴弹的时候，自己都是命悬一线。我们极度危险的活儿是冒着零下40摄氏度严寒出去，在敌人战线的正前方布设铁丝网障碍。我们干活儿时不能戴手套，不敢发出丁点儿声音，一切要趁夜里干完……我一直饿肚子。我们不能吃雪，因为雪被手榴弹爆炸给污染了，吃了肠胃会出严重问题。"尽管如此，芬兰军队仍坚守卡累利阿地峡直至1940年2月，苏军除了不断增兵外无计可施。

拉多加湖以北地区，苏联红军同样无法取得进展，徒然付出严重伤亡。冬季战争中芬兰军队最精彩的一幕，无疑是在兵力部署最为薄弱但自然条件最为恶劣、地形最为复杂的芬兰北部上演。1939年12月7日，苏联红军第9集团军第163步兵师进抵芬兰北部那个名叫苏奥穆萨尔米的村庄。由于兵力悬殊，芬军起初无法抵挡。参战的芬兰士兵卡莱维·云图宁后来写道："一开始，我们除了撤退还是撤退。地面没什么雪，俄国步兵的行进速度和我们一样快。他们采取的战术是这样的：步兵从正面对我们发起攻击，同时使用骑兵穿过森林迂回我们的侧翼。为避免被围，我们只能不停地后退。他们的先头部队，山地步兵第81团，不愧是一支训练有素的劲旅。我们总共也就40人左右——什么也做不了。很快，我们就退到苏奥穆萨尔米集结，然后往尼斯卡塞尔凯湖南岸转进。俄国人夺取了苏奥穆萨尔米。"

但芬军马上调集援军，展开反击。此时苏军第44摩托化步兵师也越过国境线，沿拉泰公路向苏奥穆萨尔米推进。芬军的运动战和游击战将在这里得到淋漓尽致的发挥，如同苏联红军第49步兵师一名团长安德烈·费久宁所说："毕竟，我们每一个人，我们这些指挥员，都已经熟稔芬兰白匪军的战术。他们喜欢分散成小群，四处同时发动袭击。"这样的战术，芬兰军队围绕着苏奥穆萨尔米地区和拉泰公路沿线成功实施了好多回。一旦苏军遇袭，动弹不得，芬军马上从侧面包抄苏军阵地，用冷枪狙击和打了就跑的游击战术不断保持对苏军的压力。芬军会不断发动突袭，将苏军战线切成几段，再用持续不断的进攻将被分割包围的苏军耗到筋疲力尽，诱使被围苏军发动绝望的反击，直至最终自投罗网。这正是苏联红军第44、第163师最终的命运。

这两个师被迫沿道路展开成20余千米的纵长队形，彻底被芬兰人分割包围。芬军不时来偷袭，交火一次最多持续二三十分钟。苏联红军依靠火力尤其是大量使用手榴弹尚能勉强抵挡，但后勤跟不上，弹药开始短缺，不断有苏军基层军官下命令上刺刀准备近战。9毫米索米KP/31冲锋枪是芬兰士兵的近战利器，其实配备范围并不广，每个师仅250支，只有班组长方可配发。其他芬兰士兵则用手榴弹、自制炸弹、"莫洛托夫鸡尾酒"和7.62毫米M1891莫辛纳甘步枪去战斗。苏联红军官兵对索米冲锋枪的评价微妙，中尉迪米特里·克鲁茨基赫后来写道："我们攻下吉利基时缴获过一支索米冲锋枪……但我们有严格的命令——不准拿死人的东西，一切必须上缴。不过后来打防御战时，我们用了索米冲锋枪。我自己就用索米冲锋枪开过火。好枪，就是太沉。挂在你的脖子上就像拴了一根木头。无论如何，这种冲锋枪的威力就在于它影响了敌人的士气。"

由于惯用雪橇和滑雪板机动,芬兰士兵在近战中很少使用刺刀。英国记者兰登-戴维斯在采访手记中写道:"对于森林间的战斗,刺刀无论如何都不是合适的武器。正统的步兵操典……坦率指出刺刀冲锋的作用影响很大程度是在心理上。我们的训练手册规定,刺刀冲锋配合着野蛮的吼叫,这是敌人极度不愿看到的情景。在野外的特定环境之下,这样做是理想的。但是在视野极差的地方,悄无声息比最可怕的噪声更具威力,刺刀便成了没用的玩意儿。"

这名英国记者接着写道:"在芬兰人的实战中,刺刀的地位被芬兰刀取代……这种刀具的直刃有七英寸半(19厘米)长,从下往上逐渐收窄,最后一英寸半(3.8厘米)收成刀尖。刀柄长四英寸半(11.4厘米),用打磨过的木头制成。芬兰刀装在精雕细琢的皮鞘里,状若驯鹿角……要去探寻这种武器在实战中使用有多普遍,真是难上加难。我在外国观察员里遇到过一些持怀疑论者,他们干脆否认实战中芬兰刀派上过用场。但是有些芬兰士兵告诉过我,作为一种技术上的爱好,毫无夸张的吹嘘,他们说自己曾杀死过整整一个机枪班,缴获了机枪,什么都没用,只用了自己的芬兰刀。"

白天,被苏联红军称作"布谷鸟"的芬兰士兵身着白色伪装服,乘坐雪橇,悄悄接近目标,躲在树林里近距离朝苏军开火。号称"白色死神"的芬兰传奇狙击手西默·海耶同样是使用索米冲锋枪的高手,经常用冲锋枪快速解决大批挣扎在雪地里的苏军士兵。晚上,苏联红军官兵蜷缩在露天的火堆旁,很多人死于低温严寒,或是给芬兰狙击手当了活靶子。芬兰军队则配备特制的取暖帐篷,每个帐篷里都有烧柴的小炉子。这些帐篷折叠后由形似小船的大型雪橇运输,三名滑雪士兵拖拽雪橇,后面还有一名滑雪士兵负责保持雪橇平衡。这种雪橇又能用来运送迫击炮、重机枪及其他补给,还可以疏散伤员。苏联红军的车辆却在雪地环境中举步维艰,不少车辆无法跟上大部队,这也是两个师行军队列越拖越长直至被分割包围的重要原因。

三、突然降临的和平

12月28日,苏军第163步兵师大部被歼,第44师山穷水尽。该师一名团长日后回忆起那段绝望的日子："我们完全看不到芬兰人在什么地方。信不信由你，我亲眼见到的第一个芬兰士兵，就是我的团全军覆没后俘虏我的那个。我们完全看不到他们在什么地方，但他们到处都是。不管谁离开营地，就死定了。我们沿着营地周围布岗，派出哨兵，派出去时我们就知道这些哨兵活不了几分钟，不是前额多一个弹洞，就是被短刀割断喉咙。看不见的死神潜伏在四面八方，真是彻头彻尾地疯狂，我的人数以百计甚至数以千计遭到屠杀。"

1940年1月5日，芬兰军队向拉泰公路沿线被围的苏联红军第44摩托化步兵师发动总攻。师长阿列克谢·维诺格拉多夫向上级发去了最后的求救电报："本师处

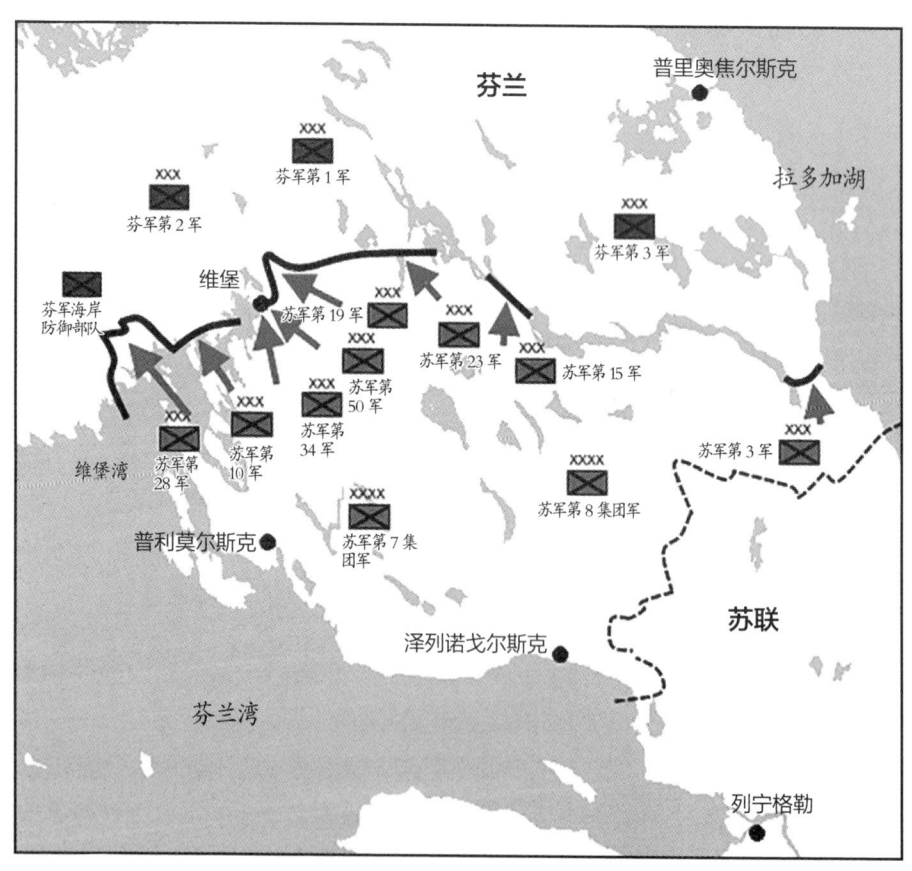

▲ 1940年3月，卡累利阿地峡苏芬两方作战示意图。（箭头：苏军进攻方向；黑线：芬军防线。）

境困难，尤其缺乏食物，人员精疲力竭，深陷于饥饿之中。我们有大约 400 名伤员，大部分马匹已经死亡，没有汽油。我们的弹药差不多耗尽了……敌人从正前方向我们发动进攻……士气低落，部分指挥员临阵脱逃。我要求紧急增援。"但苏联红军第 9 集团军基本无能为力，第 44 师完全崩溃。第二天晚上，该师最后一支成建制的部队突围，穿过森林退往苏联边境。师长维诺格拉多夫、师政委帕尔霍缅科和师参谋长沃尔科夫突围成功，但于 1 月 11 日被军事法庭判处死刑，枪决执行。

几度惨败之后，苏联红军集中绝对优势兵力，于 1940 年 2 月 12 日恢复进攻，经过苦战终于突破了曼纳海姆防线。苏军拿下了重要的筑垒地域，进入 3 月后芬兰被逼到兵源枯竭和弹尽粮绝的境地。万般无奈之下，芬兰接受停战条件，以失去十分之一国土面积的代价与苏联议和。1940 年 3 月 13 日，莫斯科时间正午 12 点，和平突然降临。两国军官走到双方战线中间的无人地带会晤，交换布雷图，讨论部队调防的具体事宜，并合影留念。有些地段，双方官兵还一起喝伏特加，交换背包里的罐头食品。而对这一切最好的注解，或许仍来自那位苏联红军第 54 山地步兵师迪米特里·克鲁茨基赫中尉的回忆：

"当我们离开时，我们被命令炸掉所有的工事，并且填平战壕。芬兰方面则被命令离开公路一百米。我们唱着歌，吹着口琴。他们也演奏着音乐。我看到他们向我们招手，我们也向他们致敬。……我能对芬兰战争说什么？政治上，它是个失败，用武力制造的灾难。芬兰战争深深地冲击着我们。我们看到了很多悲惨的事情，我们遭受了巨大的损失。但是与他们的损失相比，我们的损失远远不及。我们牺牲的同志被永远留在了芬兰这片外国的土地上。"

轰炸美利坚：太平洋战争中日本潜艇对美国本土的破袭

第十章

▲ 在珍珠港被日军飞机空袭击中的亚利桑那号战舰（BB-39）正在倾覆和燃烧。

  1941 年 12 月 7 日夏威夷时间 7 点 48 分，日本海军联合舰队偷袭珍珠港，太平洋战争就此爆发。12 月 14 日，日本海军第六舰队司令长官清水光美下令：伊 9、伊 10（这两艘为巡潜甲型，也称为伊九型潜水舰）、伊 15、伊 17、伊 19、伊 21、伊 23、伊 25 和伊 26 号（这 7 艘均为巡潜乙型，也称为伊十五型潜水舰）9 艘潜艇前往美国西海岸，12 月 20 日开始对盟国特别是美国进行"通商破坏"作战。作战目标是削弱美洲大陆到西太平洋之间的物资、兵员和装备运输。

一、炮轰加州

1941 年 12 月 18 日晚，伊 17 号潜艇在西野耕三少佐的指挥下，从加利福尼亚州门多萨角 12 号海岸附近浮出水面，发现了美国木材运输船"萨摩亚"号（Samoa，1997 吨）。"萨摩亚"号毫无反抗能力，伊 17 索性打开探照灯，直接用甲板炮攻击。炮击没有命中，只有一枚炮弹在甲板上空爆炸，弹片在甲板上散落一地。"萨摩亚"号拼命逃跑，随后被一枚鱼雷击中。然而，鱼雷定深出现问题，从船底滑过 100 多米后才爆炸。看着逃远的"萨摩亚"号，艇长西野耕三气急败坏，却又无可奈何。此次未能得手的袭击，打响了太平洋战争中日本攻击美国本土的第一枪。

20 日中午 13 点 45 分，伊 17 在门多萨角海岸以西 8 海里附近的地方发现了从华盛顿州西雅图开往加利福尼亚州圣佩德罗的埃克森美孚石油公司"埃米迪奥"号油轮（Emidio，6912 吨）。"埃米迪奥"号也同时发现了伊 17，一面试图逃跑，一面发出求救信号。伊 17 迅速跟上去，用甲板炮连续发射 6 枚炮弹，5 枚命中。"埃米迪奥"号 3 名船员被炸伤，船长在慌乱中下令弃船。30 分钟后，绝大部分船员都上了救生艇。突然，天上出现一架美国巡逻机盘旋，伊 17 迅速下潜。美国巡逻机投下了深水炸弹，却未能对伊 17 造成损害。14 点 35 分，伊 17 见美国巡逻机离去，随即又在水下发射两枚鱼雷。其中一枚击中"埃米迪奥"号船尾右侧。西野耕三在潜望镜中看到"埃米迪奥"号船尾下沉，认为该船已被击沉，于是撤出了战斗位置。顽强的"埃米迪奥"号却并没有沉下去，而是随着洋流漂到了科雷森特城灯塔附近海边搁浅。"埃米迪奥"号油轮成了太平洋战争中日本海军在美国西海岸附近开展破交战的第一个牺牲品。

　　1941 年 12 月 23 日凌晨 3 时 10 分，伊 17 在洪堡县尤里卡城西南 80 海里的位置附近浮出水面。西野耕三惊讶地发现，里奇菲尔德石油公司"拉里·多亨尼"号油轮（Larry Doheny，7038 吨）竟然就在 2800 米外。西野命令用甲板炮攻击油轮。四枚炮弹命中，"拉里·多亨尼"号舰桥冒出了浓烟。此时美国巡逻机飞来，15 分钟后伊 17 下潜到了潜望镜深度。3 点 29 分，伊 17 向油轮发射一枚鱼雷，引信设定 90 秒后爆炸。可是鱼雷提前爆炸，只炸掉了"拉里·多亨尼"号船舱里没装好的一扇门。

　　因油料不足，伊 17 撤出巡逻区域，开始返程。1942 年 1 月 2 日，从夏威夷东部返回的路上，伊 17 发现了一支由 5 艘船组成的美国运输船队，但没有发动攻击。1 月 11 日，伊 17 抵达了日军占领的夸贾林环礁。2 月 1 日，夸贾林环礁遭美军空袭，伊 17 未受损。这天早晨 6 点 25 分，伊 17 离开了锚位，编入日本海军第二潜艇舰队，再次前往加利福尼亚州的圣地亚哥附近海域。

　　2 月 19 日，伊 17 回到了美国西海岸。次日，伊 17 在潜望镜深度充电时被一艘美国巡逻艇发现。伊 17 浮出水面逃跑，美国巡逻艇一路紧追。伊 17 再次潜入水中，甩掉了美国巡逻艇。23 日傍晚 19 点 10 分，伊 17 在加利福尼亚州圣巴巴拉以西 10 英里距埃尔伍德油田几百码的地方浮出水面。西野耕三命令炮手：用 14 厘米甲板炮，向海滩上储存航空汽油的巨型储油罐和炼油厂射击。20 分钟内，伊 17 一共发射了

▲ 日本海军画家御厨纯一描绘伊17的油画：我方潜艇炮击加州海岸。

17枚炮弹，其中7枚射向油罐，10枚射向炼油厂。19点35分，伊17离开战斗位置。西野在航海日志上工工整整写下了"目标起火"字样。

实际上，伊17发射的17枚炮弹全部打偏，只对一个码头上的油泵和一口油井造成了极其轻微的损失。但是，这次炮击是自1814年美英战争巴尔的摩战役以来，外国首次对美国本土进行的有计划攻击（1918年第一次世界大战期间，德国潜艇U-156在攻击美国拖船"珀斯·安博伊"号时，打偏的炮弹曾落在马萨诸塞州奥尔良的田野里，属偶然事件）。此事给洛杉矶市民造成巨大恐慌，不少人携家带口逃往内陆，担心这是日本入侵美国本土的前奏。有人报警称，亲眼见到半夜有日本特务用手电筒向海里传递信号。10天后美国政府下令拘押全部日裔美国人，这个报警电话成了实施拘押的正当理由。炮击事件的第二天晚上，洛杉矶为应对"将来的入侵"组织实施防空演习，30分钟内向天空发射1440发3英寸高射炮弹和37毫米高射炮弹。结果10吨弹片和未爆弹药落回市内，造成6人伤亡，损失远远超过西野耕三的炮击。此事被媒体讥讽为"洛杉矶战役"。

3月1日18点，旧金山西南海岸，伊17发现了标准石油公司的"威廉·伯格"号油轮（William H. Berg，8298吨），立即向其发射鱼雷。听到爆炸声后，伊

17潜艇浮出水面，开始炮击油轮。"威廉·伯格"号油轮也用火炮还击。少时，伊17见"威廉·伯格"号是块难啃的骨头，唯恐美国驱逐舰赶来，于是下潜撤离。6日，伊17转移到旧金山附近海域巡逻。因剩余油料有限，12日16时30分，伊17离开巡逻区返航。3月30日，伊17抵达日本本土横须贺进行维护。

此后，伊17再也没有来过美国本土。1943年8月19日，伊17在努美阿附近被新西兰扫雷舰"图伊鸟"号〔HMNZS Tui（T234）〕发现。16点30分，伊17被深水炸弹击沉。艇上6人获救，艇长原田毫卫大少佐以下97名艇员战死。

二、纵火俄勒冈

1941年12月17日，伊25号潜艇在艇长田上名次中佐的指挥下来到美国西海岸。18日早8点45分，伊25在距哥伦比亚河口10海里处附近浮出水面，随后发现一

▲ 藤田信雄飞行军曹与零式小型水上侦察机。

艘美国船只，即将攻击时，这艘船却加速溜掉了。20分钟后，伊25从右前方发现了美国联合石油公司的"L.P.圣克莱瑞"号油轮（L.P.St. Clare, 8066吨），立即发射鱼雷。鱼雷没有命中，在油轮附近爆炸。12月22日，伊25前往洛杉矶和旧金山之间的水域巡逻。12月28日，伊25在距离哥伦比亚河口10海里处，将油轮"康涅狄格号"（SS Connecticut, 8648吨）击损搁浅。1942年1月11日11时30分，伊25回到夸贾林环礁。

经过休整，1942年2月5日，伊25离开夸贾林环礁，前往澳大利亚进行侦察。该艇先后侦察了悉尼、墨尔本、霍巴特以及新西兰的惠灵顿、奥克兰，于3月31日返回夸贾林，4月4日抵达日本本土横须贺进行维护。5月11日13时30分，伊25离开横须贺，前往阿留申群岛，任务是监视科迪亚克岛的美军基地，为中途岛战役做先期侦察。

5月27日，伊25奉命对美国阿拉斯加州乌纳拉斯卡的荷兰港进行飞行侦察。正当准备侦察机的时候，在距离该艇不足2000米处突然发现一艘美国巡洋舰。甲板上的日本艇员一阵慌乱，结果设备出现故障，没能让零式小型水上飞机（驾驶员藤田信雄）升空。然而阴错阳差，如此近的距离美国巡洋舰居然未发现日本潜艇，自行调转航向离开了。伊25逃过一劫。

当晚修好设备后，零式小型水上飞机对荷兰港进行了侦察。侦察机报告：发现港内停泊有美国巡洋舰3艘、驱逐舰8艘以及运输船6艘。任务完毕回收侦察机的时候，2艘美国驱逐舰也对日本潜艇展开搜索。可惜未能发现伊25，让伊25溜掉。5月29日，伊25在西雅图西北700海里处发现1艘美国巡洋舰为1艘运输船护航。伊25试图接近，但天气不好，目标从视线中消失。田上命令藤田信雄驾驶舰载零式小型水上飞机去搜索，因云层太厚，还是没有发现美国船只。

6月5日，伊25在西雅图附近发现一艘12000吨的美国运输船，立即发射鱼雷2枚，均未命中。14日，自诩精明的田上在俄勒冈州沿海投下了一堆毛竹做的假潜望镜，或许他认为这样可以迷惑美国人。20日午夜，伊25在弗拉塔里角附近用鱼雷击中了英国货船"福特·卡莫松"号（Fort Camosun, 7126吨）。"福特·卡莫松"号没有立即下沉，伊25竟大胆浮起，炮击"福特·卡莫松"号。顽强的"福特·卡莫松"号一边撤向内尔湾，一边冒着炮弹救火，同时发出求救信号。附近美军一架B17轰炸机起飞搜索日本潜艇，在空中盘旋。加拿大海军"花"级驱潜快艇"丽

▲ 史蒂文斯堡外，三名美军在观察被伊25号炸出的大弹坑。

冠凤梨"号（HMCS Quesnel）也火速赶来，一同展开反潜搜索。这次伊25仍然溜掉了。傍晚，其他船只赶来救下了"福特·卡莫松"号上的31名船员。拖船将"福特·卡莫松"号拖到了普古特湾，该船最终幸免于难。

6月22日，伊25来到俄勒冈州阿斯托利亚市郊区的史蒂文斯堡军事基地沿海。最初田上的目标并非史蒂文斯堡军事基地，而是计划炮击阿斯托利亚市中心，制造恐慌。可是田中把美军海岸炮兵基地当成了潜艇基地，临时改变了炮击目标。伊25用14厘米甲板炮朝史蒂文斯堡军事基地的罗塞尔炮台射了17枚炮弹。突如其来的炮击，让炮台上的美国大兵深受刺激。军士长大喊不要开灯，慌乱中大兵们穿着内裤从兵营冲向了自己的战斗位置。多年后，炮台指挥官杰克·R·伍德上尉回忆：

"当时情况糟糕透了，炮弹在附近爆炸，士兵们吓得瑟瑟发抖。罗尔竟然赤身裸体站在炮位上。我们计划几分钟后还击，可是外面一片漆黑，我们没有目标。""炮手们要求开火，我拒绝了他们。因为我无法确定目标位置，每个火炮观察哨发来的消息都不一样。我不能下令开火,这样会暴露我们自己的位置。""如果火炮开火,潜艇就会把消息传回东京,一支舰队就会在我们的射程之外把我们炸上天,然后驶入哥伦比亚河口。那样的话,他们就可以顺利攻击俄勒冈造船厂了,我不可以冒这个风险。"

就这样,罗塞尔炮台一炮未发,任由日本潜艇炮击。其实这次炮击只炸断了基地与外界联络的电话线,基地设施未受损失。只有一名士兵冒着炮击进入炮台时摔伤了头。一架正在训练的教练机在空中发现了伊25,发出信号。接到报告后,一架美军A-29攻击机飞向伊25所在位置,投下了4枚炸弹,均未命中。这是伊25第二次在美国西海岸执行任务,第三次鬼使神差般逃生。

史蒂文斯堡遭日本潜艇炮击,是自1812年美英战争以来,美国本土军事基地第一次受到外国军队的攻击。这也是第二次世界大战期间,美国本土军事基地唯一一次遭受轴心国攻击。当年伊25炮击留下弹坑处,如今是一座高尔夫球场。这里至今竖立着纪念碑,以纪念这次事件。

6月27日,伊25又回到阿拉斯加附近的荷兰港进行战斗巡逻。30日,伊25离开巡逻区域返航,于7月17日到达横须贺。8月10日,第四潜艇队解散,伊25被编入第二潜艇队。1942年8月15日,伊25又一次离开横须贺,前往美国俄勒冈州沿海。9月9日早上6点,天降大雾。伊25在加利福尼亚州和俄勒冈州州界布兰科角以西25海里处浮出水面,等待天气转好。

这次,伊25要做一件前无古人后无来者的大事——轰炸美国本土,用燃烧弹引起山火,制造混乱,以报复1942年4月美国攻击日本本土的杜立特空袭。伊25更要制造政治影响,鼓舞中途岛战役失败后日本海军低落的士气。

趁着大雾,日本艇员们准备好了零式小型水上侦察机,在飞机上加挂了两枚燃烧弹(每枚76千克)。藤田信雄飞行军曹和侦察员奥田省三军曹坐在飞机里,等待着太阳。少时后太阳驱散了浓雾,白色的小飞机朝俄勒冈州布鲁金斯市艾米丽山飞去。几分钟后,藤田就飞到了艾米丽山。

藤田投下了两枚燃烧弹,其中一枚落在惠勒岭上。罗格河-锡斯基尤国家森林公园的消防员霍华德·加德纳和鲍勃·拉森第一时间发现了这架机翼上绘有日之丸的小飞机。与此同时,长岭观测台和切赫特火灾观测所也向上级部门报告发现了敌人的飞机,观测人员一度用猎枪朝飞机射击。

中午，消防员加德纳打电话通知消防总部，说看见了燃起的烟雾。森林防火管理处派他去冒烟的地方查看，还派消防员凯斯·约翰逊一起前往。两人来到日本飞机投下燃烧弹的地方，发现一棵树被炸断。因为前一天下了大雨，森林特别潮湿，不利于火势蔓延，所以引发的火势不大，两人足以控制。下午，当地政府人员在爆炸点附近收集了25千克炸弹碎片，交给美国军方，证实火灾由日本炸弹引起。

藤田驾机返回伊25，向艇长报告任务圆满完成。艇长兴高采烈地将伊25潜入水中，离开了俄勒冈海岸。美军迅速展开搜索。9月10日，伊25被美国陆军航空兵第390中队的一架哈德逊轰炸机发现。总归潜艇没有飞机快，哈德逊轰炸机投下3枚150千克炸弹，伊25受伤，海水淹没了电讯室，天线接口损坏。随后哈德逊

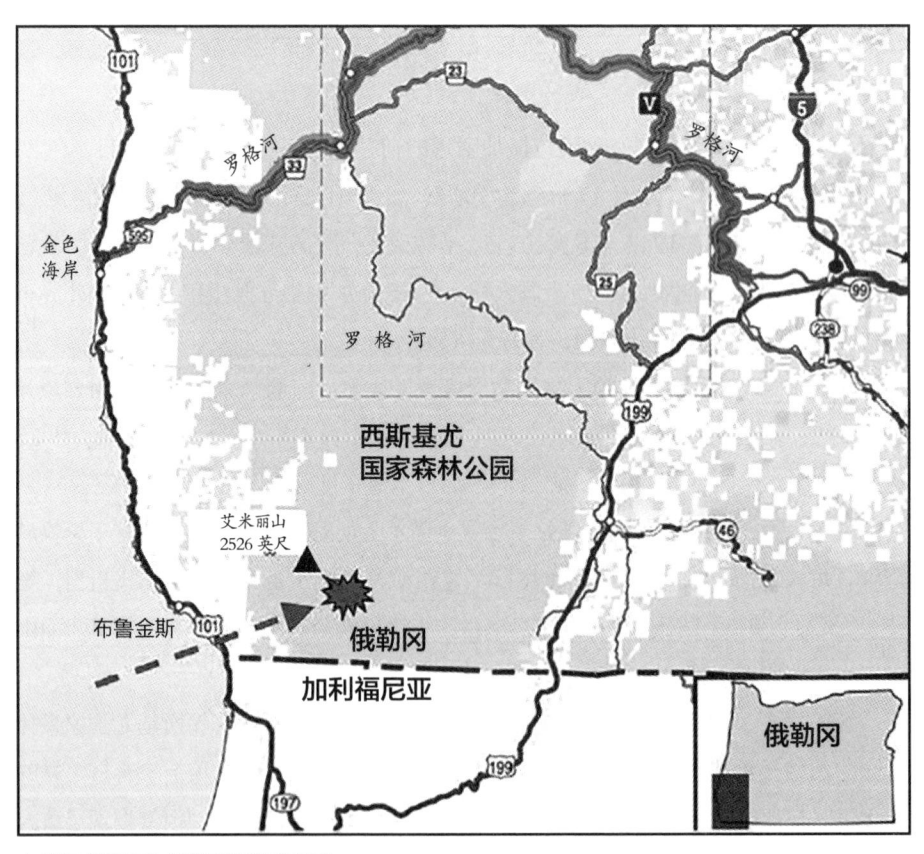

▲ 藤田信雄轰炸俄勒冈路线示意图。

轰炸机又投下7枚炸弹,这次均未命中。哈德逊轰炸机报告了方位,悻悻离开了潜艇上空。伊25大难不死,又溜掉了。

回到深海区域修理好天线,伊25继续等待时机。9月29日夜晚,藤田和奥田第二次出击,向东飞行90分钟后,投下了两枚燃烧弹。藤田向艇上报告:"确认爆炸,看见火光。"返回潜艇后,飞机又装上了2枚燃烧弹(这是伊25最后2枚,出发时就带了6枚)。但因能见度太低,此次轰炸取消。

1942年9月,伊25两度以小型水上飞机空袭俄勒冈州,是历史上唯一一次外国军队对美国本土进行飞机轰炸。1943年9月1日,藤田信雄调往鹿岛海军航空队担任教官,活到了战后。

三、苏联潜艇

1942年10月4日清晨,伊25在俄勒冈州库斯县库斯湾发现了一艘载有76000桶汽油的美国油轮"卡姆登"号(Camden,6706吨),当时这艘船正因故障在海上漂流。伊25下潜,从水下向"卡姆登"号发射了两枚鱼雷,一枚击中右船头。7点05分,"卡姆登"号油轮的船首下沉。很快,伊25的声呐又发现了在北方航行的T2型油轮"维克多·H·凯利"号(Victor H Kelly,8168吨),同时听到了护卫舰螺旋桨的声音。伊25静默在水中,没有攻击。至于受伤的"卡姆登"号油轮,被拖船拖到了哥伦比亚河口,因吃水太深无法拖到波特兰,又被拖往普吉特湾。但10月10日,"卡姆登"号油轮在第二次拖曳过程中突然起火,爆炸沉没,原因不明。

10月6日21点20分,伊25在塞巴斯蒂安角附近海域潜航,居然发现了上一午从伊17手下死里逃生的"拉甲·多亨尼"号油轮。这次"拉里·多亨尼"号不再走运。伊25第一次发射鱼雷没有击中,马上浮出水面跟踪。由于能见度差,伊25丢失了目标。22点06分,田上再度发现"拉里·多亨尼"号,又发射了一枚鱼雷。18秒后,鱼雷击中"拉里·多亨尼"号侧舷,将船体撕开一个直径4米的洞。猛烈的爆炸让伊25在海里都跟着摇了起来,碎片散落到潜艇甲板和指挥塔上。可怜的"拉甲·多亨尼"号与6名船员一起沉没。7日清早,伊25发现武装商船"卡纳卡帕"号在营救落水船员,中午又发现两艘驱逐舰。21点45分,伊25被美国驱逐舰发现,遭深水炸弹攻击,未受损害。10日,伊25离开巡逻区域。

1942年10月11日,伊25在西雅图以西500海里的北纬45度41分、西经138度56分处发现两艘驶向旧金山的船只。一开始田上以为是水面舰艇,但很快他又判断是两艘"美国潜艇"。上午11点,伊25潜航靠近,发射了最后一枚鱼雷。30秒后,目标爆炸。田上在潜望镜里看到对方船尾下沉,船头高高翘起。随后目标发生第二次爆炸,迅速沉没,海面上漂满重油。

然而,这两艘船只并非美国潜艇,竟是苏联潜艇。这两艘苏联红海军潜艇 Л-15、Л-16 属驻勘察加半岛彼得罗巴甫洛夫斯克的太平洋舰队,当时正奉命经巴拿马运河调往北方舰队,保护盟国向苏联运送援助物资的北极航线。Л-15 上的值班军官朱伊科回忆起当时的情景,很是悲痛:

"上午11点,我用双筒望远镜观察前方,突然 Л-16 冒出了一个混合着铁片的巨大黑色水柱。我不明白发生了什么。放下望远镜的那一刻,巨大的震动传到了我这艘艇上,然后就是震耳欲聋的爆炸声。我朝艇内大喊,警报!同时我看到 Л-16 的船头高高抬起,迅速沉没。然后就是第二次爆炸,还有舱壁沉闷的金属扭曲声。它把死了的、活着的人都带到了大海深处。"

Л-16 上的55名苏联红海军官兵以及美方联络员、海军摄影师谢尔盖·米哈伊洛夫全部遇难。据 Л-15 的航海日志记载,该艇当时发现了不明潜艇的潜望镜轨迹,并发射了5发45毫米炮弹,其中一发击中潜望镜。但伊25并没有记录。同月24日,伊25回到日本本土横须贺。1943年7月25日,伊25在瓦努阿图的希乌岛附近被美国驱逐舰"帕特森"号击沉,艇长小比贺胜以下100人全部阵亡。

四、"武运"不佳

伊23号潜艇由柴田源一中佐指挥,于1941年12月19日抵达旧金山以南的蒙特利湾。可是伊23"武运"不佳,没有战果。1942年1月1日,伊23在帕尔米拉环礁附近侦察时遭美军岸炮攻击。1月5日,伊23离开巡逻区返回夸贾林环礁。1942年2月28日,柴田源一和伊23在夏威夷附近失踪,下落不明。

伊9号潜艇由藤井明义中佐指挥,于1941年12月19日到达布兰科角进行战斗巡逻。22日，伊9来到墨西哥的瓜达卢佩岛附近，然后撤回。1942年1月1日，该艇抵达夸贾林。1943年6月15日，伊9在基斯卡岛附近被美国驱逐舰"弗雷泽"号击沉。藤井明彦以下101名艇员全部阵亡。

伊26号潜艇由横田稔中佐指挥，于1941年12月12日到达华盛顿州的胡安德富卡海峡。该艇发现了几艘商船，但由于天气恶劣没有发动攻击。1942年1月11日，伊26撤回夸贾林。2月20日，伊26离开横须贺，前往阿留申群岛与伊25一起进行侦察。任务完成后，伊26前往西雅图。6月7日，伊26在弗莱塔利角击沉了美国货船"海岸贸易商"号（Coast Trader，3286吨）。20日，伊26用14厘米甲板炮轰击了加拿大和美国交界处温哥华岛的无人雷达站，共发射炮弹17枚。由于天气恶劣，能见度太差，炮弹没有命中目标，大部分落在了雷达站附近的埃斯特班灯塔周围。加拿大军队派出5艘船只和若干飞机寻找潜艇，未果。30日，伊26撤离战斗巡逻区域，于7月7日返回横须贺。1944年11月21日，伊26在莱特岛以东失踪，艇长西内正一以下105名艇员下落不明。另外值得一提的是，伊26早先在偷袭珍珠港时击沉了美国货船"辛西娅·奥尔森"号，这号称是日本海军史上第一次用潜艇击沉敌舰。

伊19号潜艇由楢原省吾中佐指挥，于1941年12月20日到达加利福尼亚西海岸。22日，该艇用鱼雷攻击了挪威货船"巴拿马特快"号（Panama Express，4200吨），没有命中。23日，伊19发现了标准石油公司的油轮"斯特雷"号（H M Storey，10763吨），发射鱼雷2枚均未命中。25日晨，伊19发现货船"芭芭拉·奥尔森"号（Barbara Olson，2146吨），发射鱼雷1枚，鱼雷穿过船底30米后爆炸。同日上午10点，伊19在圣佩德罗附近海域发现木材运输船"阿布萨洛卡"号（Absaroka，5698吨），发射2枚鱼雷，其中一枚命中右舷。由于"阿布萨洛卡"号装载的是木材，巨大的浮力让该船没有沉没，但是船体报废。1943年11月25日，伊19在吉尔伯特群岛马金岛西50千米处被美国驱逐舰"拉德福德"号击沉。日本海军第二潜艇队司令岩上英寿大佐、艇长小林茂男少佐以下105名艇员全部战死。

伊21号潜艇由松村宽治中佐指挥，于1941年12月21日到达加利福尼亚州阿圭洛角附近。12月23日凌晨5点30分，该艇发现联合石油公司油轮"蒙特贝洛"号（Montebello，8272吨）。距离2000米，伊21发射的2枚鱼雷命中，其中一枚哑弹未爆。伊21从水中浮起，炮击"蒙特贝洛"号，船上38名船员放下救生艇弃船逃生。伊 21 竟用机枪扫射救生艇。所幸距离远，无人伤亡。1 小时后，油轮沉没。当天下午，伊 21 又炮击了"爱达荷"号油轮（Idaho，6418 吨），没有击中。24 日 8 时，伊 21 遭一架美军卡特琳娜水上飞机攻击，平衡舵损坏，所有照明设备破裂。伊 21 只能结束任务，于 1942 年 1 月 11 日返回夸贾林。1943 年 11 月 29 日，伊 21 在吉尔伯特群岛塔拉瓦附近被美国护航航空母舰"谢南戈"号（CVE-28）的卡特琳娜水上飞机击沉。艇长稻田洋中佐以下 101 名艇员战死。

伊 10 号潜艇由栢原保亲中佐指挥，于 1941 年 12 月 20 日到达美国西海岸，在加利福尼亚州圣地亚哥附近海域巡逻，没有取得任何战果。1944 年 7 月 2 日，该艇在塞班岛被美国驱逐舰"塔罗尔"号击沉，艇长中岛清次中佐以下 103 名艇员全员战死。另外要指出，1942 年日本潜艇伊 8 号访问德国的事件颇为出名，而伊 10 原计划 1943 年 5 月 17 日作为第二艘出访潜艇前往德国，但由于种种原因未能成行。1943 年 9 月 2 日，日本新闻电影社的工作人员登上伊 10，随艇前往印度洋海域，拍下了该艇 60 多天的作战影像，制成纪录片公映，此片在日本国内颇有影响。到战败为止，伊 10 是日本海军中战果最大的潜艇，总共击沉 14 艘船只，击沉总吨位 81553 吨，击伤 2 艘 16198 吨，击沉数目和吨位均为日本海军第一。

伊 15 号潜艇由大山丰次郎中佐指挥，在旧金山附近的法拉隆群岛以北巡逻，没有取得任何战果。1 月 11 日，该艇回到夸贾林。1942 年 11 月 10 日，伊 15 在瓜岛附近被美国快速扫雷舰"索萨德"号击中指挥塔后沉没。艇长石川信雄中佐以下 91 名艇员全部战死。"索萨德"号原为美国海军"克莱姆森"级驱逐舰，1919 年下水，因舰龄太老，于 1940 年 10 月 19 日改装为快速扫雷舰。原本属"废物利用"，没想到却取得了击沉日本潜艇的战果，此事让美国海军一度颇为兴奋。

▲ 1942 年，停泊在槟城军港的伊 10 号潜水艇。

▲ 1940年9月15日拍摄的伊15号潜水艇。

五、毫无意义

1942年10月底，随着日本在太平洋战场上出现颓势，兵员、舰船和物资全面不足。伊25返航之后，利用潜艇对美国西海岸进行破袭宣告结束。日本潜艇在美国西海岸对盟军造成的损失极为轻微，9艘潜艇仅击沉盟国油轮和货船64669吨。以相似的潜艇数量和出击次数而论，击沉吨位远不如同时期德国潜艇在美国东海岸附近和墨西哥湾进行的破交战。日本潜艇对美国本土的炮击和轰炸，只有政治上的象征意义。这使美国政府产生了恐惧心理，也使美国民众的反日情绪达到顶峰。美国西海岸几个州一度经常发出日军登陆和空袭的错误警报。这也促使美国总统罗斯福于1942年2月19日签署第9066号总统令，授权强制隔离日裔美国人。12313名居住美国本土各州及夏威夷地区的日本侨民和日裔美国人被强制安置在12个集中营里。这些被拘禁的日裔美国人长期受到美国民众的歧视。

日本潜艇的袭击，也让美国认识到自己在沿海地区巡逻和防空能力的不足。美国开始大力加强本土防务，在主要港口都铺设了防潜网，敷设了水雷。西海岸建造了大量防空洞，向民众分发了防毒面具，并进行了夜间灯火管制、疏散等训练。如此不但训练了军队，也让平民学到了在战争中生存的经验。随着美军在太平洋战场上节节胜利，美国民众才从日军袭击美国本土的恐惧中慢慢走出。

至于日本方面，一直没有放弃袭击美国本土的计划。比如1943年中岛飞行机三鹰研究所曾计划生产能攻击美国本土的富岳战略轰炸机，该计划后因日本本土成为美国的战略轰炸目标而中止。1944年神奈川县登户研究所研制出气球炸弹，利用对流层上层的喷射气流使之飘到美国落下，造成火灾和人员伤亡。1944年11月到1945年春，日本共释放9300个气球炸弹，其中300多个飘到美国本土，造成了6人伤亡，引发了一些小型森林火灾，还造成了曼哈顿计划中华盛顿州汉福德钚制造工厂电力设施的短暂损坏。美国政府封锁气球炸弹的消息，使日本方面怀疑此举的效果，从而最终中止了这一行动。

总之，太平洋战争期间日本利用潜艇在美国西海岸附近进行的破交战，以及对美国本土进行的攻击，总体是失败的。这些作战行动耗费了日本方面大量稀缺的资源，并未得到任何有价值的结果。对于日本最终战败投降的命运，更是毫无意义可言。

"决战兵器":第二次世界大战中日本气球炸弹对美国本土的袭击

第十一章

1945年5月5日，美国俄勒冈州莱克县，弗里蒙特-维纳马国家森林公园。这是天气晴好的一天，当地牧师艾尔奇·米切尔和怀孕的妻子艾尔西一起，带着自己的五名学生，开心地驾车前往吉尔哈特山野餐。当艾尔奇找地方停车的时候，艾尔西和学生们有了一个令人惊奇的发现：一个硕大的气球，躺在前方的地上。他们忍不住上前查看，随后就是一声巨响。气球竟然爆炸了。惊慌失措的艾尔奇跑过去，发现三名十几岁的儿童当场死亡，血泊中的艾尔西和另一名孩子几分钟后也离开了人世。

为什么会有硕大的气球躺在美国的国家森林公园里？为什么气球会突然爆炸？一切要从头说起。

一、最初构想

1920年，日本著名世界语学家、气象学家大石和三郎在富士山放飞测云气球的时候，偶然发现：对流层顶部存在一条速度极快的气流，从西向东流动。他实验多次，确定了这一不同寻常的高速气流存在，随即用世界语撰写和发表了论文。很可惜，由于他用世界语撰写论文，除日本之外，全世界几乎没有人注意到他的发现。1939年，德国气象学家海因里希塞尔科普夫为这种现象创造了一个术语"Strahlströmong"，即高速气流，也称高空气流、极锋喷流或者喷射气流等（下文统称为"极锋喷流"）。

1932年春，日本在中国东北扶植伪满洲国，日苏关系趋于紧张。1933年，日本陆军军官草场季喜提议，假如未来日苏爆发战争，可以制作一些携带炸弹的大型氢气球，在中国东北的东部放飞，让这些氢气球借助高空的西风带飘到苏联境内，轰炸符拉迪沃斯托克。

同年，日本陆军少佐近藤至诚受到百货店广告气球的启发，提出了"气球炸弹"这一设想（日语称"気球爆弾"。如今多称"风船爆弹"，是因为当年日本出于保密，把气球叫"风船"或"ふ号武器"，遂有这一俗称）。他建议日本军方可以用气球炸弹配合空降作战，被日军斥为天方夜谭。自认为受辱的近藤至诚离开了日军，自己创立了一个"国产科学工业研究所"，专心研究气球炸弹。他发现，用蒟蒻（即俗称的魔芋）制成胶水，粘日本传统的和纸，做成气球罐，充满氢气，就可以满足需求。

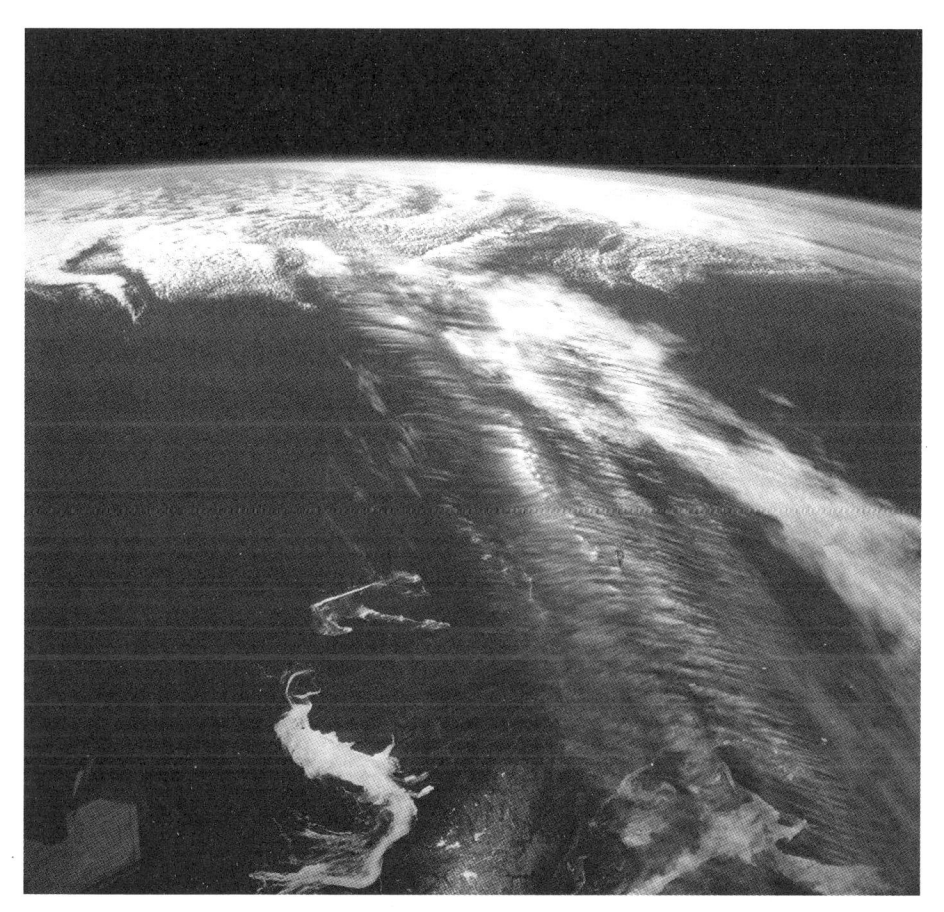

▲ 在太空中拍摄的加拿大上空的喷射流云层。

  1938年张鼓峰事件爆发，1939年又爆发诺门坎事件，日苏关系已处于全面战争的边缘。此时，日本关东军想到了近藤至诚。近藤被邀请到伪满洲国，秘密研究气球炸弹。1940年近藤至诚病逝，研究由日本陆军登户研究所的佐藤贤了继续进行。随着太平洋战争的爆发，研究气球炸弹的目标不再是袭击苏联，而是大洋彼岸的强敌美国。

  1942年8月15日，日本大本营陆军部发布《完成世界战争之决战兵器设计案》。陆军省正式要求，进行"超远距离飞行器"和"增大威力特殊气球"两个项目的研发。

第一个项目的预期成果是超重型远程轰炸机"富岳"，第二个便是本章的"气球炸弹"。同年秋，由日本中央气象台提供气象支持，日本陆海军各自单独研发的气球炸弹项目全面展开。

二、海军方案

1942年，日本海军成功利用潜艇舰载机空袭了美国本土。但这种空袭仅为象征性，国力、资源和武器都不可能支持日本进行持续空袭。于是这年秋天，海军舰政本部、相模海军工厂、海军气象部和海军航空本部协力开发气球炸弹。1944年，气球炸弹原型在神奈川县的湘南海岸试飞完成。之后，气球炸弹在打分海军航空兵基地和青岛海军航空兵基地也进行了实验。日本海军的气球炸弹和陆军的不同，用涂有橡胶的日本传统丝织品"羽二重"制成，是双层压力气球，价格昂贵但质量不错。

与此同时，如何安装和放飞气球的设想也被提了出来。日本海军计划改装四艘潜艇，每艘搭载100万个重量仅5克的小燃烧弹，利用气球载着这些小燃烧弹飞向美国。日本海军军令部命令第一课课长滕森康南中佐与联合舰队合作，6月初开始在吴海军工厂改装最新建造的伊54和伊55号潜艇，用于搭载氢气瓶和气球。

日本海军原预计6月27—28日完成改装。然而6月20日，日本海军第一机动舰队在菲律宾海战中惨败。联合舰队司令长官丰田副武大将和参谋长草鹿龙之介中将要求这两艘潜艇加入马里亚纳群岛作战，支援塞班岛，而不是对美国本土发动攻击。日本首相东条英机和海军大臣嶋田繁太郎经过权衡，还是决定放弃支援塞班岛，留出这两艘潜艇轰炸美国。

6月25日，裕仁天皇列席元帅会议。会上，海军元帅伏见宫博恭亲王向裕仁天皇奏称："目前皇军的装备质量远不如美国，陆海军必须考虑一些特殊武器，用这些武器回击……必须尽快立刻制造出特殊军舰和武器。"东条英机也称："已经设计了气球炸弹，计划从秋季开始使用3万枚攻击美国……还设计了'对战车挺进爆雷'（即用木棍加装破甲弹进行自杀式攻击的反坦克雷）和其他新武器。"嶋田繁太郎同样信誓旦旦："海军也会投入特殊武器。"东条等人向裕仁天皇如此轮番保证，简直寄予了气球炸弹改变战争进程的希望。

▲ 一枚海军研发的橡胶丝绸材质的气球模型与人体模型的比例对照。

可是计划赶不上变化。仅仅一天之后，战局又发生了重大转折。草鹿龙之介参谋长命令伊54和伊55搭载"运炮筒"（一种利用潜艇运送到目的地附近后脱离潜艇，靠压缩空气为动力航行，冲上海滩的小运输船）前往关岛，进行紧急运输。7月5日，塞班岛日本守军被全歼。伊54和伊55改变航线，前往提尼安岛。没等到达目的地，就被美国驱逐舰"威廉·米勒"号（DE-259）和"吉尔默"号（DD-233）发现。伊54侥幸逃跑，伊55被"威廉·米勒"号驱逐舰用大量深水炸弹击沉。没有了搭载气球炸弹的潜艇，计划再实施下去毫无意义。于是，日本海军将有关气球炸弹的所有研究资料和设备物资都转给了陆军。东条英机将"3万枚气球炸弹"的压力全部集中到了日本陆军这边。

三、兵器成型

　　为了不落后于海军，日本陆军早已对气球炸弹的实际应用投入了大量人力物力。直接攻击美国本土不现实，却可以采用气球炸弹这种超远程的打击方法，从而给美国国内民众造成极大恐慌和巨大心理压力。而且制作气球用的是传统日本和纸与蒟蒻，不会削弱生产武器弹药的产能。不久，日本陆军就拿出了理论模型：一个直径10米的气球，总重200千克，可携带一枚15千克的高爆炸弹，2枚5千克的燃烧弹。投放出去后，气球利用高空的极锋喷流飘到美国本土。为避免夜间气温下降而造成气球高度下降，日本陆军发明了一种气压计和压载联动的装置。日本陆军甚至还用普通气球带了2名士兵飞到高空，进行了理论模型的性能观察。另外，日本陆军还一度进行了牛痘病毒搭载和撒播实验。10月25日，陆军参谋长梅津美治郎上奏裕仁天皇，裕仁同意了气球炸弹计划。

　　1943年8月，日本陆军兵器行政本部命令第九陆军技术研究所（登户研究所的官方正式名称）：就利用气球炸弹（"フ号兵器"）攻击美国本土进行研究。11月，第一个样品完成。兵器部咨询了中央气象厅的气象学家荒川俊秀，荒川拿出当年大石和三郎的论文数据说："根据数据，太平洋上空每年11月到第二年3月的极锋喷流最强，速度接近320千米/小时。如果让气球保持在30000—35000英尺（9100—10700米）的高空，气球可以在100小时内到达美洲大陆。"一个当时最权威的气象学家给了兵器行政本部这样的回答，日本陆军方面顿时兴高采烈。在这群军国主义狂人的大脑里，已经出现了千千万万个气球飞向东方的幻觉。

　　1944年2—3月，荒川俊秀的气球研究团队制作了200个实验气球，在千叶县一宫海岸进行了大规模放飞试验。试验令日本陆军高层非常满意。3月底，这群军国主义狂人召开现场审议会议制订了计划：1944年底—1945年春，利用气球炸弹袭击美国本土。

　　1944年7月7日，日本陆海军在船桥市召开"ふ号会议"。9月5日，陆海技术运营委员会成立，整合陆、海和民用技术，其中一项就是"ふ号兵器"（此时气球炸弹的秘密代号已经从"フ号兵器"变成"ふ号兵器"）。同月，经过多次改进的气球炸弹完成了最终的设计。其具体参数如下：

　　气球直径：10米

体积：540立方米

拖载能力：140千克

武器：4枚5千克的铝热剂燃烧弹，由40厘米长、9.5厘米直径的钢管组成。燃烧剂为镁粉、硝酸钾和过氧化钡混合物。1枚15千克的92式高爆杀伤炸弹，装药为4.3千克苦味酸或者TNT炸药；或1枚使用92式炸弹外壳和尾翼的97式铝热剂燃烧弹，内装210克火药和1.5千克铝热剂。

气球材质为和纸，使用强度高、黏性大、气密性好的蒟蒻作为胶水，进行黏合。和纸5层纤维交错排列黏合，保证球体强度。气球晒干后，表面再用氢氧化钠溶液清洗擦拭，去掉多余的蒟蒻胶水。每个气球大约需要600张和纸。

为避免昼夜温差造成气球高度不稳定，日本陆军设计了复杂的自动压载系统。即一个铸铝轮，开若干孔，孔里放有火药，孔口有塞子链接32个小沙袋。火药点火装置和3个气压计相连。高度计校准在25000—27000英尺高度（7600—8200米）。当气温降低，气球飞行高度低于校准高度的时候，点火装置自动点燃火药，释放沙袋，气球上升。氢气性质特殊，会缓慢从物体分子间逃离出去。所以经过计算，可以不考虑白天气温上升造成的气球上升。随着时间推移，里面的氢气会越来越少。每次点燃火药释放一个沙袋，机械装置会在2分钟内转向下一个控制沙袋释放的火药孔装置。一个单独的高度计校准在13000—20000英尺高度（4000—6100米）。假如由于氢气泄漏等特殊原因造成气球下降，这个高度计将控制炸弹，自动将炸弹抛弃，使气球重回25000英尺高度。

气球炸弹还有一个自毁系统。气球飞行80小时之后，无论到达何地，都将把武器释放。武器释放完毕，自毁装置启动，炸毁控制系统，然后点燃附着在气球外面的炸药，炸毁气球，引燃氢气。

后世的日本研究者形容，气球炸弹堪称世界上第一款看似巨大却毫无作用的跨洲际攻击武器。日本国内几乎剥光了所有能见到的构树皮，造出大量和纸；军国主义者更从下层贫苦百姓的口粮中硬生生抠出大量蒟蒻制作胶水，加剧了日本国内的饥荒。在日本宪兵的皮鞭驱赶下，大批女学生在电影院、图书馆、小学校和操场里源源不断制造出大量气球。日本著名作家大佛次郎在1944年10月17日的日记中写道："报纸上说，飞机场把附近的丝瓜和蒟蒻都收走了，说是什么预防间谍。"日本著名作家、编剧和散文家向田邦子女士当年还是个15岁的女学生，多年后她

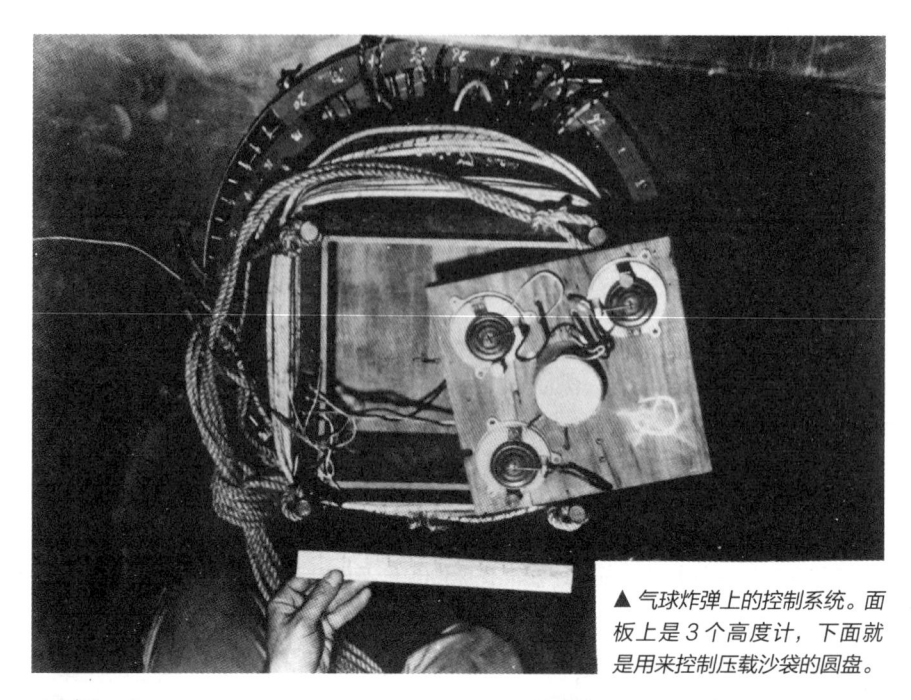

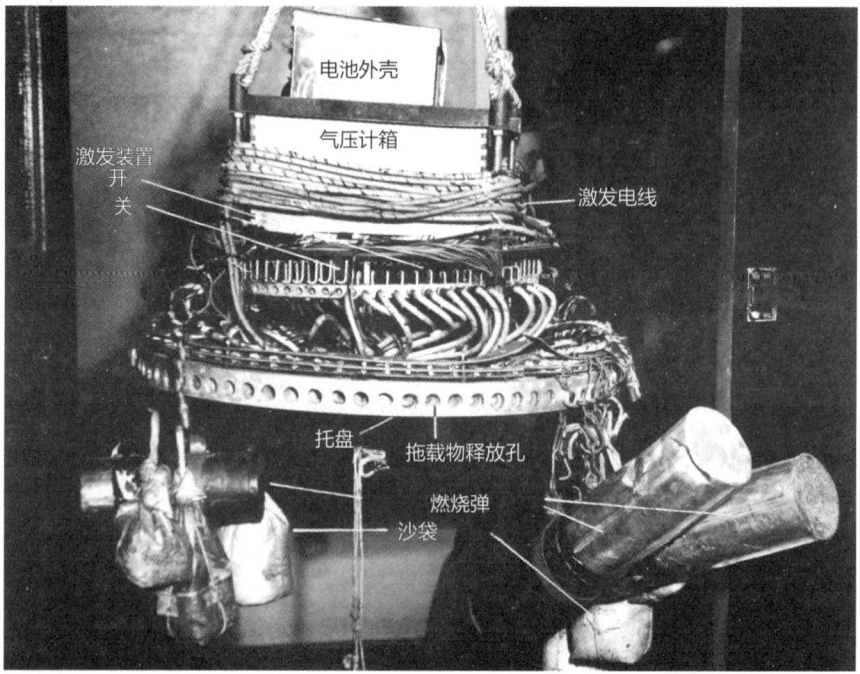

▲ 气球炸弹上的控制系统。面板上是3个高度计，下面就是用来控制压载沙袋的圆盘。

▲ 气球炸弹的战斗部组件。

▲ 地面测试圆盘里火药燃烧释放沙袋实验。

在书中也写道:"我们都被动员到机床厂生产炸弹的零配件,后来才知道这是气球上面用的。"作家吉村召同样回忆:"为了做这气球,把附近的艺伎都召集来了。她们的手总是接触腐蚀性的液体,手指都坏了,再也弹不了三味线了。大家都很累,在宪兵的监督下是干不完的活。为了消除疲劳,宪兵给工人们分发了甲基安非他明。我听说在生产中因为事故前前后后死了 6 个人。"

四、气球升空

1944 年 9 月 8 日,日本陆军大臣杉山元下令建立气球联队和气球炸弹相关补给队。按照命令,气球联队归日本大本营陆军部直属,由陆军总参谋长指挥,进行特种作战。

气球联队下辖三个大队。第一大队包括司令部和三个中队,共计 1500 人,驻地茨城县大津,设有 9 个发射场。第二大队包括三个中队,共计 700 人,驻地千叶县一宫,设有 6 个发射场。第三大队有两个中队,共计 600 人,驻地福岛县磐城,设有 6 个发射场。大津发射场有自己的氢气工厂,第二、第三大队使用东京附近的氢气工厂供应氢气。所有这些发射场每天能释放 200 个气球,计划到 1945 年 3 月释放 15000 个。日本陆军估计,大约有 10% 的气球能穿越太平洋,飞向美洲大陆。

1944 年 9 月 30 日,大陆指 2198 号命令下达。气球联队奉命 10 月底完成气球炸弹袭击美国本土的准备工作。作战代号"寅号试射"。攻击原定于 11 月 1 日开始。陆军部为了向裕仁天皇邀功,又将日期改为 11 月 3 日,因为当天是明治天皇的冥诞"明治节"。

1944 年 11 月 3 日,大雨倾盆。值班官在日志上写的却是"晴れの特異日"(按照日本传统,11 月 3 日称为"晴天的奇异日"。因为传统上东京附近 11 月大多天气不好,只有 3 日会晴天。其实只是概率问题)。凌晨 5 点,千叶县一宫、茨城县大津和福岛县海岸基地同时开始放飞气球。这些气球中,有不少携带无线电探空仪,由宫城县岩沼、青森县三泽市和库页岛的地面测向站跟踪,查看气球的方向与进展。

五、应对举措

1944 年 11 月 4 日,美国海岸警卫队在加利福尼亚州圣佩德罗附近海域发现 1

个漂浮的气球。11月14日，夏威夷附近海域又发现一个气球。12月6日，有人发现怀俄明州瑟莫波利斯附近天空中有爆炸。12月11日，蒙大拿州卡利斯佩尔发现更多气球。月底，阿拉斯加州马歇尔和俄勒冈州艾斯塔卡达发现的气球越来越多。美国政府处于高度紧张状态。民众一时生活在恐慌之中，甚至传言气球里都是病毒和细菌，日本人用瘟疫来消灭美国人了。所有护林员都接到命令，发现任何气球必须上报。

1944年12月18日，日本方面从中国重庆的广播中监听到了气球炸弹飞抵美国本土怀俄明州的消息，很受鼓舞。1945年1月4日，美国政府审查办公室禁止美国全国报纸和电台广播继续宣传气球事件。从此，日本再也没有得到任何有关气球炸弹的消息。

▲ 内华达州发现坠落的气球炸弹。

随后的日子里，从阿拉斯加到加利福尼亚，最东到密歇根州，最南到得克萨斯州和墨西哥境内，往北到加拿大艾伯塔省、不列颠-哥伦比亚省、马尼托巴省、萨斯喀彻温省以及西北部和育空地区，都发现了气球炸弹。随着发现的气球炸弹越来越多，美国政府得出结论：最大的危险是可能引发西北部地区森林火灾。

于是，美国陆军航空兵第 4 航空队、西海岸防卫司令部和第 9 陆军后勤保障部队司令部联合制订了一个"萤火虫计划"。该计划部署了多架 L-5 "哨兵" 联络机和 C-47 "空中卡车" 运输机，调遣了 2500 名士兵和 200 名第 555 伞兵营的空降兵驻扎在关键地点，日夜不停巡逻，执行消防任务。借助"萤火虫计划"，美国林务局通过军方加强了各州之间的通讯，将军事人员、军用设备和军事战术引入林务系统，从而促进了美国林务局的现代化。同时各地负责农业和卫生的官员、兽医以及四健会（即 4-H Club，由美国农业部农业推广合作部门管理的一个非营利性青年组织，创立于 1902 年）奉命调查气球是否带来病菌和造成农作物、牲畜染病的病原体，是否带来化学制剂。调查最终得出报告，气球炸弹没有携带生物和化学武器。

美国陆军航空兵和海军航空兵也奉命升空拦截气球。由于目击报告不准确、雷达信号反射率低、天气恶劣以及气球高度太高等原因，拦截收效甚微，总共只击落不到 20 个气球。1945 年 4 月，美国军方启动"落日计划"。陆航第 4 航空队利用气球发出的无线电信号，检测到 95 个发射源。但是携带无线电发射器的气球太少，还有杂波干扰、检测丢失等原因，这一方法对有效拦截毫无帮助。

起初，美国不相信这些气球来自日本，认为是从美国国内的德国或日本战俘营释放，属于间谍破坏行为。发现未爆炸弹是日本原装货之后，美国军方一度又认为气球是日本潜艇在美国沿海附近释放。经过美国地质调查局和军方地质部门研究，沙袋中的沙子和硅藻类型与日本一宫的一样。空中侦察也发现一宫附近有制氢设备，这才确定气球来自日本本岛。这些制氢设备在 1945 年的战略轰炸中全部被 B29 轰炸机群摧毁。

六、战果寥寥

到 1945 年，日本本土的工业生产和资源已经被战争和美国无休止的战略轰炸耗尽。纸张和氢气都供应不上,制作气球的学生不是死于轰炸,就是被拉去训练准备"本土决战"。由于美国的新闻封锁,日军方面也不知道这些气球到底都飞去了哪里,有没有造成破坏。1945年4月,日本陆军停止了气球炸弹攻击。陆军参谋部

▲ 1945年1月10日,美国人把在加利福尼亚州发现坠落的气球炸弹重新充气,用来测试。

还讨论决定，无意在 1945 年底重启利用气球攻击美国。当然，日本军国主义根本没有坚持到 1945 年底。

气球炸弹攻击持续到 1945 年 4 月初，终于结束。日军总共放飞 9300 个气球，其中大约 300 个飘到了北美。这些飞到美国的气球炸弹，并没有如日军所想的那样，把整个美国西部的森林点燃，让美国处在火海之中。从 1944 年底开始，美国西部的降水量就处于 10 年中的最高水平，有些地区降水量甚至是平均降水量的 2 倍多。森林被冰雪覆盖，或者一直潮湿，起火概率甚低。

从战术角度讲，气球炸弹唯一有价值的一次攻击，发生在 1945 年 3 月 10 日。当时，一枚气球在华盛顿州托佩尼什附近落地，落在了该州为汉福德工厂供电的高压线上，造成了短路。而这座工厂正是为"曼哈顿计划"生产原料钚。结果这次短路造成核反应堆停堆，使原子弹"胖子"的生产被延长了三天。

另一个"战果"就是本章开始的一幕。牧师的妻子艾尔西和一起出游的五名儿童不幸被炸死。拆弹专家和技术人员认为，这个气球多日前就已落在此地。可能是触碰了炸弹，造成了这次悲剧。1945 年 5 月 22 日，美国解除新闻封锁，警告任何人不得靠近和触碰气球，以免造成伤亡。

第二次世界大战结束后，气球的残骸陆续被发现。20 世纪 40 年代发现 8 个，50 年代发现 3 个，60 年代发现 2 个，70 年代发现 1 个。2014 年，加拿大不列颠 - 哥伦比亚省伦比附近，发现了一个带有炸弹的气球，由加拿大皇家海军引爆拆除。2019 年，加拿大不列颠 - 哥伦比亚省麦克布赖德附近又发现一个气球残骸。现美国国家航空航天博物馆、加拿大战争博物馆等众多博物馆都展出了气球炸弹的残骸。如今在艾尔西·米切尔和四名儿童不幸死亡处立有纪念碑，以纪念这 5 个无辜的人。

七、后续影响

事实上，日本并非第一个使用气球炸弹的国家。1941 年秋，英国实施"表象行动"（Operation Outward），即利用气球携带燃烧弹和细钢丝飞往德国和德国占领区，进行纵火和毁坏高压线。英德两国之间距离近，所以气球不大，操纵设备简单，成本极低，当时只需要 35 先令就可以造一个。到 1944 年 9 月 4 日，英国共释放了 99142 个气球，其中一半携带燃烧弹，一半拖曳钢丝。这些气球给德国和德占区造成了较大的破坏。相比于日本的行动，破坏性极大。

第二次世界大战之后，美国在 1950 年根据日本的气球炸弹，研制出了 E77 气球炸弹。这种气球炸弹专门用来携带生物武器，主要是小麦黑锈病病原体。经过多次测试，美军德特里克堡生物实验室和明尼苏达大学认为，这种武器价值极高，可以作为战略武器使用。最多的时候，E77 气球炸弹的存量达到了美国生物武器弹药总量的六分之一。后来美国还研究了一种 WS-124A 气球，用于投放原子弹。WS-124A 气球前后共进行 41 次无载荷测试，由于飞行不稳定，以及热核武器趋于成熟，该研究计划终被放弃。

至于日本的气球炸弹，一度给美国国内造成了巨大的心理压力。作为世界上第一种长距离跨洲际作战武器，气球炸弹仍值得被书写上一笔。

踏进地狱的入口：东线战事初期的德军士兵

第十二章

众所周知，东线战事之初，德国是真正意义上的"神圣骡马帝国"。入侵苏联时，德国动用了700000匹军马，却只有几千辆坦克。按照德军条令，每个步兵连配备8辆马车，团一级配属一个马车运输连，用来运输各连的重装备。马车具体这样分配：3辆单套马车拉机枪和迫击炮，3个排每排一辆；2辆四套马车，一辆拉弹药，一辆拉野战厨房；2辆双套马车拉士兵的背包，一辆双套马车拉给养。

按照所谓德国人的严谨，军马在补给中被分为四个等级：最高负重驮马，负重驮马，骑乘马和驮马\小马。最高负重驮马的最低饲料配额是5650克燕麦、5300

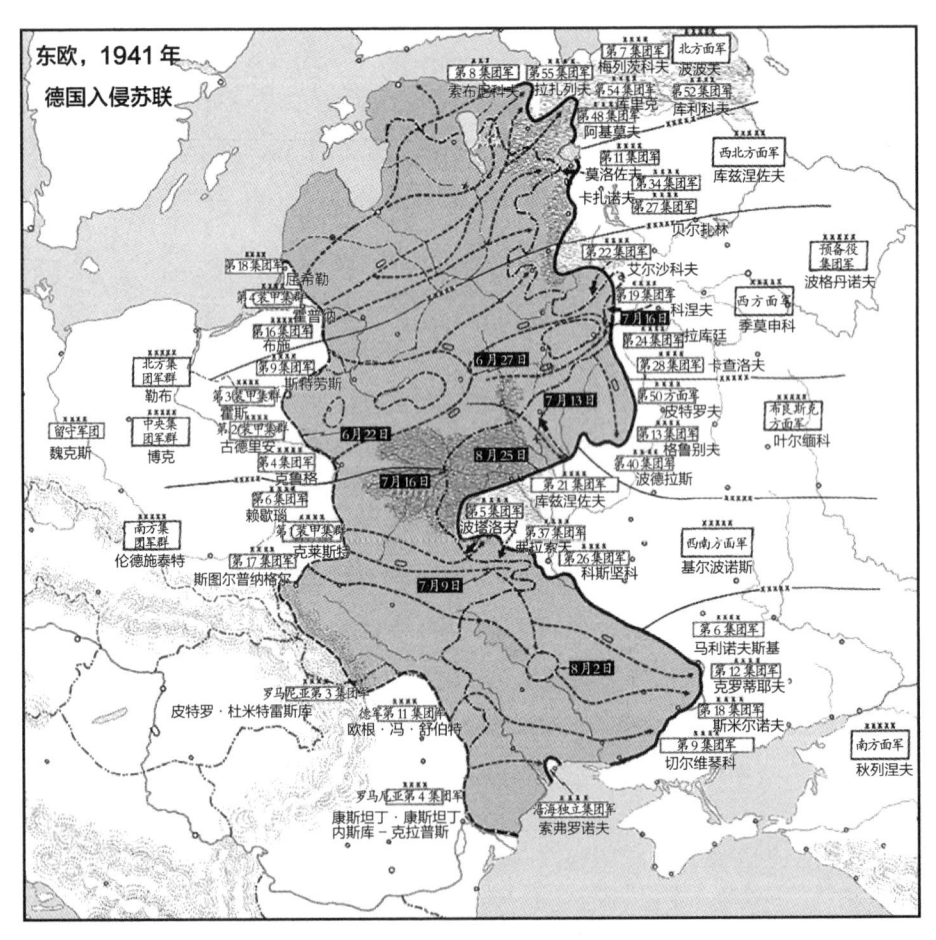

▲ 1941年6月22日—8月25日，苏德作战示意图。

克干草和5750克麦秆。其他三个等级依次递减。可想而知，军马给德军的后勤供应带来了不小压力，况且德军各战场以东线的军马饲料配额为最高。就这样，在广阔的东欧平原上，德国人与马一起埋头进军。有德军士兵后来写下这样的回忆：

"马匹在漫天黄尘中咳嗽嘶叫，发出刺鼻的难闻气味儿。这些松软的沙土跟后来遇到的没膝泥泞一样，让马匹筋疲力尽。人们在沉默中行军，种满向日葵的土地一千米连着一千米，接着又是一千米，令人厌倦。满身尘土，喉咙和嘴唇干裂。"

在德军士兵眼中，俄罗斯的大地太过辽阔，道路绵长到似乎永无尽头。而且德军步兵一直是跟在装甲部队屁股后面前进，永远要紧追慢赶。睡觉成了不定时的短暂休息，德军士兵抱怨每次睡一个半小时就被喊起来继续行军，还不如不睡。有时每天行军长达50千米。行军中太过无聊，有的德军士兵在日记里算起步数：平均每个人迈一步60厘米，50千米就意味着每天走84000步。这种无聊真是无法忍受，德军士兵在日记中这样写道：

"随着我们的行进，眼前地平线的低矮山丘慢慢沉落到我们身后的地平线之外。我们面前每座山丘几乎都是一模一样的。一英里接着一英里，一切都让我们的灰色制服变得模糊不清，因为一切都是如此广漠，都是如此相同。我们盼着能碰上俄国人——干什么都可以，打一仗都行，只要能缓解一下这单调到可怕、无休无止没有尽头的行进。有一次我们晚上11点才找到一处农舍宿营，那天走了差不多65千米。"

想打仗？这很容易。德军的闪电战将一线苏联红军成建制摧垮。德军坦克过去了，被打散的苏联官兵却没有放弃抵抗。后面跟上来的德军步兵与之遭遇，东线的战争地狱就此开场。有德军士兵回忆："坦克在开阔地看不见步兵了，其实俄国步兵还躲在玉米地里。接下来就是最要命的活儿——黎明暗淡的晨光下，一场又一场血腥的肉搏战。庄稼地里躺满了俄国步兵的尸体。俄国步兵不投降，手榴弹都没法把他们从藏身处给轰出来。"

只是"轰出来"？德国士兵想得太天真了。他们经历的是怎样的战斗？"每遇到一个负伤落单的敌人，都必须停下来战斗。一个俄国下士，没有武器，肩膀上受了重伤，居然还挥舞着工兵铲冲出来，直至中弹倒下。疯了，完全疯了，他们像野兽一样战斗——也像野兽一样死去。"

许多年轻的德国士兵从前连死人都没见过，战争给他们造成的第一个视觉冲击，往往就是苏联红军的尸体。可他们见到的是怎样的尸体？"突然所有人的脑袋都向右转。我们眼前出现了自俄国战役以来见到的第一个死人。那具尸体就躺在我们眼前，如同一个妖魔，象征着战争的毁灭。这个蒙古人的头颅在战斗中被炸碎了，制服也被炸烂，赤裸的腹部被弹片撕裂。我们集合整队，加快脚步从这具尸体旁边走了过去，将这个场景抛诸脑后。"许多德国士兵从前不知道，苏联红军中居然还有女兵。"那些女兵全身赤裸，都烧焦了。""她们躺在一辆被击毁的俄国坦克里，散落在坦克周围。太可怕了。""我们全累得半死，一个个瘫在战壕里，神经极度兴奋，像喝得半醉一样。慢慢地，非常缓慢地才平静下来。饥渴又重新开始折磨我们。"

"饥渴"却常常在另外一些场景面前败下阵来。有德国士兵在日记中写道："最恐怖的（场景）是这样：死马完全腐烂肿胀，全都开膛破肚，内脏都流到外面，口鼻血肉模糊地脱落了下来。总的来说这里飘荡着毁灭的恶臭：空气中到处弥漫着一种屠宰场和腐败物的混合味道，萦绕着我们的队列久久不散。最恶心的是一头猪津津有味地大声啃着一匹死马的尸体，因为我们意识到：按照食物链的逻辑，有一天这匹死马也要给我们吃进肚子里。"

有苏联士兵在日记中写道："人们可以忍受一切，瘟疫、饥饿和死亡，但无法忍受德国人。我们应该把他们都杀了。要尽快，否则他们会亵渎整个俄罗斯，再折磨死数百万人。"值得一提的是，德国入侵苏联初期，纳粹宣传机器曾着力渲染过几桩所谓"俄国人虐杀德国战俘"事件。比如1941年6月底，在白俄罗斯比亚韦斯托克（今属波兰）附近的战斗中，德军一个先头侦察的步兵排在森林里中了苏联红军的埋伏。后面的德军发动进攻，试图解救前面中埋伏的排。跟着进入森林的德军上士戈特弗里德·贝克尔声称自己被眼前血腥的一幕惊呆了："东一块西一块到处是尚在痉挛抽搐的尸体，就在自己的血泊里抽动挣扎。"

对于这些所谓的"屠杀事件"，至今仍争议重重。而无论是恐怖的传闻还是眼前的情景，都无时无刻不在折磨着东线的德军士兵。有人这样写道："年轻士兵的脸上开始流露出跟第一次世界大战中老兵一样的神情。这些天来，长长的胡子，满脸的污垢，让许多人看起来比实际年龄要苍老。尽管俄国人突然撤退让大家面露喜色，但还是有人注意到了士兵们脸上的变化。就算洗上一遍又一遍，下巴刮得干干净净，有些东西还是很难形容——从现在开始，那些东西再也不会跟从前一样了。"

比如德军炮兵维尔纳·亚当奇克，一开始只是战争的目击者："各种口径炮弹的光焰将天空完全映红。可怕的呼啸、轰鸣、爆响与炸裂，恍如地狱降临人间。"他在白俄罗斯明斯克城外平生第一次目睹了自己那门150毫米口径榴弹炮造成的后果，居然产生了病态的迷恋："那令人厌恶的场面让我身体发颤。我发现四周遍地都是流淌的内脏。接下来我所见到的东西更是残酷。"他身边的散兵坑里填满了苏联士兵的尸体，"我全身颤抖，扭头走回了卡车。"

"死亡的真相实在太过难以承受。"他在精神上陷入了深深的困顿。而且，俄国士兵英勇作战，跟他从前接受的宣传形成了巨大的反差。"他们都愿意战斗到最后一刻，如果这都不算是英雄主义，那还能是什么？是布尔什维克的政委强迫他们战斗到死的？看起来似乎不像。"

目睹自己人的尸体，震撼更为剧烈。但是，"总有一天你会习惯的。死去的人越来越多，而且死去的人穿的都是德军制服，但你真的不会再让看到的这些有丝毫往心里去。所以，最终你也会让自己跟所有那些其他人一样，不管德国人还是俄国人都差不多，穿着不同的制服，全倒下死去。到那时，你自己也会变成一个其实从没真正活过的生物，你只是另一块泥土。"

再接下来，"总有一天你要直面这些。你还在跟一个战友聊天，突然间他就死了。蜷缩成一堆，再无声息。这就是真实的恐怖所在：你看到其他人从他身上跨过去，就像从块大石头上跨过去而不想在上面踩一脚那样。你会看到，你死去的战友跟其他死去的人毫无不同——你已经学会思考，那些人从未真正活过，只是泥土。彼时你感到彻骨的恐怖，从那以后噩梦会永远伴随你。永远，永远不会停止。你会永远真正惧怕被从世间抹去，惧怕那残忍的虚无，惧怕自己随时也会变成那些其实从未活过的生物之一。"

随着德军在俄国境内的推进，情况越变越糟。德军士兵反复诅咒俄罗斯的夏天："炎热，肮脏，漫天的黄土沙尘，正是那些天的鲜明写照。除了偶尔从我们身边经过的战俘，几乎看不到任何敌人。其实自从我们跨过帝国边界，眼前这片土地就大不一样。立陶宛给了我们一点后来在俄国感受到的滋味：时断时续的沙土路，稀稀拉拉的居民点，还有丑陋的房舍——丑得跟小木屋差不多。"

"我们深入到俄国境内，这里就是所谓的'天堂'。但这里却让（德国）士兵们想到被遗弃的废土。这里简直是恐怖的悲惨之地，人们饱受长达两个世纪、酷烈到难以想象的暴政压榨。我们宁可都去死，也不愿接受当地人早就被迫习以为常的那种痛苦和穷困。"

"这片土地没有尽头，漫长到无可想象的道路在无尽的天空之下不断蜿蜒。每个村庄和城镇，看着跟前面经过的那个都没什么不一样。一样的妇女和儿童，一样麻木地站在路边，一样的沟渠，一样的农田……要是队伍离开大路，靠指南针穿过农田，我们就成了告别旧世界、航行在茫茫大洋之上、寻找新海岸的航海家。"

德军士兵抱怨俄国夏季漫天的黄土扬尘让他们的制服都成了黄色，摩托化部队更是抱怨急行军时连前方的车都看不到，动辄追尾。但随着秋雨季节到来，俄国变成一个大沼泽地，与之相比这点抱怨根本无关紧要了。秋季的泥泞中，"一门炮要用24匹马分开拉"，炮兵们滚得浑身是泥，一连几天都没法脱掉靴子。战壕足横行，跳蚤更让德军士兵苦不堪言。

秋季仅仅是苦不堪言而已。等到天气渐渐寒冷，开始入冬，德军士兵的回忆更加痛苦："一切都慢慢变得很泥泞，冬天来了。我们要么沿着铁路前进，要么沿着铺枕木路段前进。你能想象车子遇到了什么情况吗？没有可用的备用零件，悬挂部件坏了，我们用木头修理，这样才能继续前进。天气渐渐更冷了，结霜了。但在结霜之前，所有的东西都糊上了泥巴，烂掉了。"

恐怖的冬天终于来临了。许多德军官兵都回忆，德军靴子是皮底的，上面有铁钉，会将热量传导到冰冷的地面上。连德军车辆都是汽油而不是柴油驱动，柴油车还能在车底下加热，汽油车只能彻底陷入瘫痪。1941—1942年冬季的苏德战场，直观回忆可见德军某野战救护所医护兵哈维克霍斯特的报告：

"冬天来了，道路结霜，变得坚实。车辆在冻结实的地面上能开动了，但食品供给还是运不上来。寒风凛冽，我们领到了护耳，但这是后方按期送上来仅有的御寒衣物。"

"我们征用的这座学校，所有房间都被伤员占满了。救护所又一次严重超员，一张张痛苦的脸凝视着我们，或抱怨，或乞求，或沉默不语，或漠然处之。伤员们都躺在干草上。只有在夜里，呻吟声才在房间中不时回荡。那些轻松快活的时光，早已一去不返。"

"我们师对面是一些新调来的西伯利亚团。我们师的右翼完全洞开，如果救护所走廊里突然冒出蒙古面孔，我们一点都不会感到惊讶。读着刚送到的后方报纸，我们只感觉上面的内容极度荒谬。后方的人们肯定相信这场战争已经进行到万事俱备，只欠一个完胜的结局。但我们却感到，最黑暗的时刻仍未到来。"送来的伤兵越来越多，德军平均每个步兵连的作战力量已经下降到不足 50 人。冬装严重缺乏，冻伤越来越多。"我们的鼻子和耳朵都变白了，我们开始用手搓，不然鼻子耳朵会被冻掉。"

苏联红军的攻势则越来越猛。上面一声令下："马上转移，将伤员抬上空卡车。"德军医护兵丝毫不感意外："我们离开村庄的时候，天正渐渐黑下来。我们在大雪纷飞中挣扎着前行，乌鸦一路追随着我们，它们闻到了腐肉的气味。天空烧得通红，爆炸声彻夜不停，撤退开始了。"

"外科手术组在坚持工作。担架排的人最后一批撤离，要自己想办法从敌人面前脱困。不要丢下任何伤员，这话我们人人牢记。伤员们用雪橇拉着撤退，这意味着我们把所有不是必需的装备都扔进了路边的沟里。"

"路上混乱不堪，你能看到各兵种各部队的人员武器全混杂在一起。坦克兵们驾着俄国雪橇逃命，他们的坦克没了油料，被丢在不知什么地方，由他们自行击毁或是放火烧掉了。桥梁和路口最是拥挤，叫骂声、抱怨声和诅咒声乱成一团。汽车栽进沟里，坦克熊熊燃烧，浓烟直冲天际。有时你脑中会出现这样的印象：往前走还不如往回走，好像连军马都知道接下来会发生什么，居然还有个士兵在边走边唱歌，唱的是《回祖国的路多么遥远》（即英语老歌《把烦恼扔进背包（Pack Up Your Troubles in Your Old Kit Bag）》的德语版）。"

"国防军公报只是说我们这里有'重整前沿'的'地区性作战行动'，最多说'因转入冬季条件下的作战而缩短战线'。后方完全不知道前线的真实情况，敌人步步紧逼。大家传言，挥舞马刀的哥萨克能活活把人脑袋劈开。果然有给马刀砍伤的伤员送来救护站，看来这都是真的。"

战局日趋恶化。1941 年 12 月 29 日，这个德军医护兵经历了生命中最艰难的一天："一大早所有卡车都来装运伤员。整个村庄暴露在炮火之下，我们急急忙忙装车。救护站后面的外科小组坚持给伤员做手术，军医本人更是在手术台旁坚持到了最后一刻。大家直接将伤员从手术台抬上卡车。敌人已经在村庄的另一边建立了阵地，救护站被重机枪火力覆盖。等到最后一名伤员撤走，在村庄这一端建立了阵地的我军高射炮兵，用火力将村庄夷为平地，掩护伤员和救护站撤退。"

"1942 年 1 月，温度计显示气温已经降到零下 30 多度。我们的步兵在难以置信的条件下进行着防御，组织着反击。据说敌人的骑兵会从西面向我们发动进攻。

▲ 正在集结准备进攻的德军机械化部队。

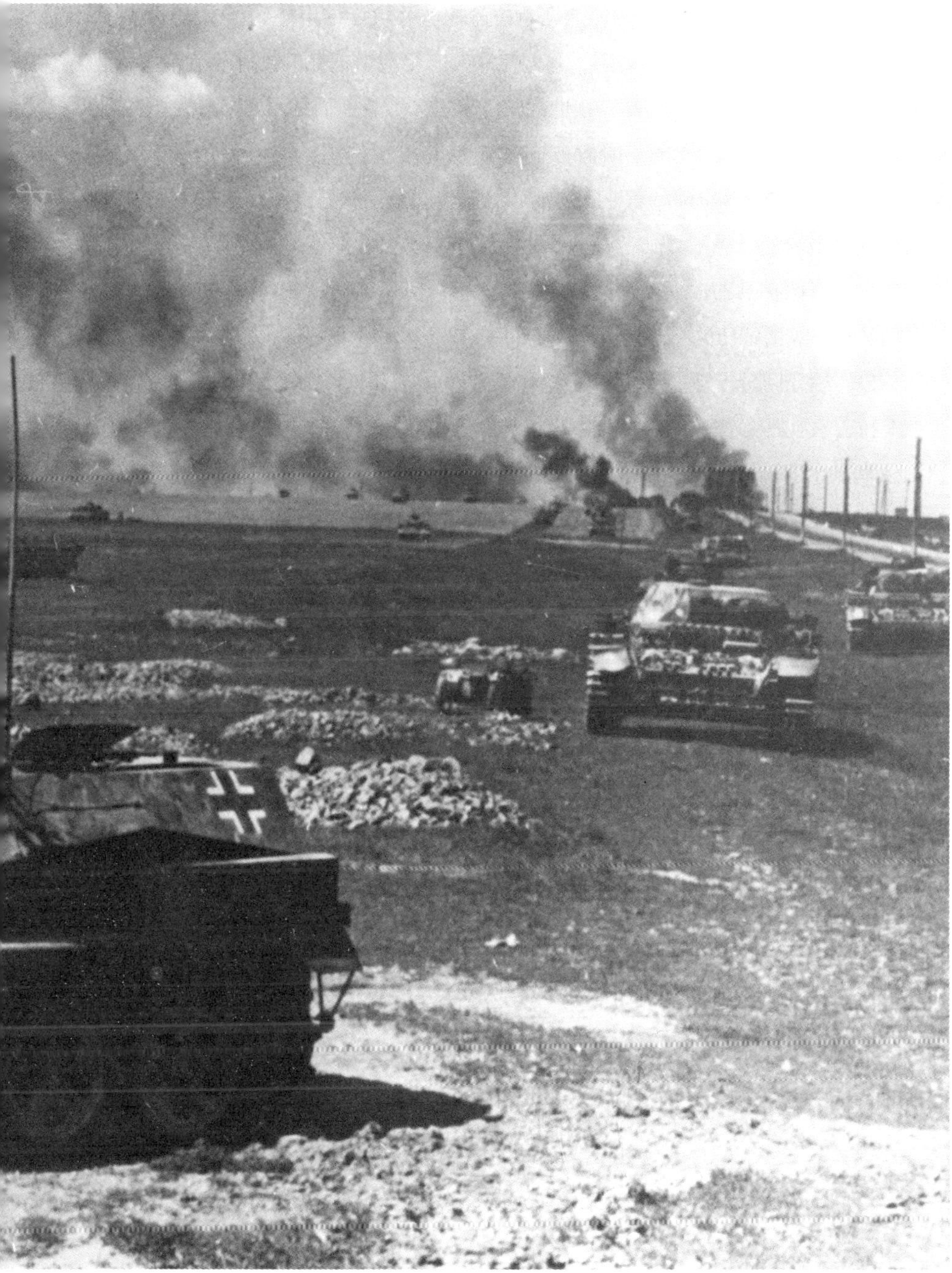

每座村庄都必须建成支撑点。我们在地上拼命挖散兵坑，结果挖到了去年10月俄国人修的工事。多么奇怪的进展啊！我们在敌人的土地上把他们打得节节败退，把他们远远往东面赶。现在我们却守在他们的工事里，等着他们从西面来打我们。"

"主战线呈弓形。夜间，所有方向都闪烁着枪口的喷焰，高射炮在我们背后将夜空的寂静撕得粉碎。我们开始感觉到，自己落入了口袋，暴露在命运的动荡起伏之中。"

这个德军医护兵的命运不得而知。相比之下，另一名德军伤兵则稍加幸运。而这名伤兵在东线所经历的，却是更为恐怖的1942—1943年冬季。以下是他的回忆：

"20岁生日那天，我被转运到迈科普。总撤退开始了，一辆没有门窗的敞篷载重汽车拉着我在严冬凛冽的冷空气中穿行，颠簸和严寒让我再次发起高烧。1月17日，我军弃守迈科普，我又被转运到克拉斯诺达尔。我们几百名患斑疹伤寒发高烧的伤员被扔在寒冷的砖房里，无人问津。没有任何食物，也没有任何护理。只有几个俄国姑娘给了这些在鬼门关上徘徊的伤员一些基本的照顾。我回忆起她们的善良，倍觉感动。"（其实他在野战救护所里染上伤寒时，德军医护兵都不敢碰他，搬抬工作全命令苏联战俘去做。）

"1月22—23日晚间，我又发起高烧，全身寒战，严重呕吐。我想我死定了。也就在这天晚上，我军被迫从克拉斯诺达尔撤退。我高烧烧得满嘴说胡话，连医护兵也觉得我死定了。但我还是被敞篷卡车运到了火车站。食品短缺，我们躺的是干草，一个医护兵要管整整三车重伤员。后来才知道，这是从高加索前线经罗斯托夫撤退的最后一趟运送伤员的列车。火车颠簸得比汽车还厉害，对伤员的伤害更大。那些躺在我周围的人基本都死了，一个接一个死去。整整五天五夜，我们没吃没喝。火车短暂停车时，医护兵赶紧跳出车厢，从冰上砸个洞，舀点水给我们舔舔。我虚弱到头都不能动，高烧让我竟然感觉在东线的严寒中身体如焚。烧起来时，我大声哭号。我们在俄国人的炮火和空袭之下接近了罗斯托夫。在罗斯托夫火车站遭遇的一次空袭中，停在我们旁边的一列伤员列车被炸毁，我们这列侥幸没有被炸弹击中。

"接下来，我们的列车穿越了广袤的乌克兰，暂时将死亡和危险抛在了脑后。我的烧也退了，体温降了下来。中间短暂停车时，正逢国社党上台10周年纪念，我们还喝上了热茶和热汤。这简直是不可思议。在第聂伯彼得罗夫斯克火车站，我们遭遇了最后一次空袭，这是前线对我们的告别。斯大林格勒和高加索前线形势严峻,所有野战医院人满为患,因此我们的伤员列车处处遭拒收。2月5日,列车抵达波兰,我们的旅途暂时有了个终点。我们从火车上被抬下来,结果发现抬下来的死人比活人还多。一个矮小精瘦的医护兵用胳膊将皮包骨头、体重不足90磅的我抱去清洗,然后我被送进了后方医院。当看到洁白的床单和德国红十字会的女护士时,我不敢相信自己的眼睛。温暖的房间和食物对我同样有虚幻感,我不敢相信这些,但这些的确是真实的。前线、死亡、广袤无垠又令人恐怖的俄罗斯终于离我远去了。"

这就是苏德战争初期德军士兵回忆中的东线。人间的地狱刚刚开场而已。

坚守在地狱：
前线士兵经历的斯大林格勒战役

第十三章

"无论何时,只要我读到任何有关于斯大林格勒的东西,包围圈中那些残忍的恐怖的岁月就会猛然袭来,占满我的记忆。"

——德军第44步兵师第134掷弹兵团第1营2连机枪手,约瑟夫·罗斯纳

斯大林格勒,一座以苏联最高统帅命名的城市,曾经是金帐汗国乌兹别克汗的都城。到19世纪,这里就成了伏尔加河上重要的港口和商业中心,20世纪更发展成伏尔加河下游最大的工商业城市。苏俄内战时期的1918—1919年,时任北高加索军区军事委员会主席的斯大林曾在这里与邓尼金指挥的白军作战,成功组织防御击退了白军。苏联后来为此拍摄了经典电影《保卫察里津》。战后为向斯大林致敬,这里改名为斯大林格勒。斯大林时期,这里成了苏联的重工业中心之一,粮食、石油和煤炭的重要产区。斯大林格勒拖拉机厂举世闻名,这是当时苏联最大的拖拉机厂,产量占全苏的一半。高加索的粮食,巴库的石油,中亚的棉花,都以斯大林格勒为铁路运输和内河航运中转枢纽。此时的斯大林格勒堪称"伏尔加河上的明珠"。

▲ *斯大林格勒战役之后的巴马利喷泉。*

苏德战争爆发后，纳粹德国迅速占领乌克兰，斯大林格勒就成了苏联中央地区通向南方经济区域的咽喉。这里更是希特勒夺取高加索地区迈科普（今属俄罗斯联邦阿迪格共和国）油田和格罗兹尼（今属俄罗斯联邦车臣共和国）油田的绊脚石。高加索地区是重要产油区，据统计那里的产油量比整个欧洲还高出2.5倍，为苏联的战争机器提供最关键的血液。那里同样能为德国的战争机器输血。德国缺乏石油资源，战前德国60%的油料依靠国外进口。战争爆发后英美的海上禁运，使德国的石油来源陷入困顿。战场上燃油消耗量巨大，德国还要按照轴心国同盟协议每月供应意大利原油。希特勒意识到，除了占领新的产油区，似乎没有其他解决之道。希特勒在召见德军第6集团军司令弗里德里希·保卢斯时就曾告诉他："如果我拿不到迈科普和格罗兹尼的石油，那么我就必须结束这场战争了。"

1942年，希特勒决定调派南方集团军群和其他兵力，在夏天发起"蓝色行动"，全力进攻高加索。整个"蓝色行动"的中心，就是攻占斯大林格勒。占领了斯大林格勒，进入高加索地区再无障碍，更可以沉重打击苏联军民的士气。对于苏联来说，只有那句著名的口号："一步也不许后退。"苏联也无法再退，因为已无处可退。

▲ *德国国防军的士兵在斯大林格勒的街道上快速移动。*

德军原定于 1942 年 5 月发动的"蓝色行动",因进攻塞瓦尔斯托波尔等原因,拖延了 2 个月。1942 年 7 月 17 日 20 点,苏联红军第 645 独立坦克营在佐洛托伊村同 4 辆德国坦克遭遇,打响了斯大林格勒战役的第一炮。许多人眼中这场人类近代以来最血腥的大规模战役开始了。

德军大举出动飞机轰炸斯大林格勒,投下大量燃烧弹,城内几乎所有的木制建筑都在火中燃烧。燃烧弹如此密集,以至于后方 40 英里处顿河沿线的德军士兵可以借着燃烧的火光阅读报纸。大约 4 万人在空袭中死亡。就这样,战役的前两个月,德军依靠强大的空军支援,快速突破了苏联红军的防御,于 1942 年 9 月 13 日攻入了斯大林格勒市区,寸土必争的巷战随即爆发。

同日,斯大林格勒的制高点马马耶夫岗遭到德军第 295 步兵师攻击。驻守在这里的苏联内务部一个营和红军第 62 集团军司令部被迫后撤。随后,苏联红军第 13 近卫步兵师奉命在一天之内收复马马耶夫岗和一号火车站。仅仅 24 小时的战斗,该师便只剩 320 人幸存。艰难的时刻,瓦西里·伊万诺维奇·崔可夫奉命指挥坚守斯大林格勒的第 62 集团军。

崔可夫司令部的特别任务军官阿纳托利·梅列日科在战后多年如此回忆崔可夫:

▲ *1943 年的巴甫洛夫大楼。*

"他是个粗野的人。他的粗鲁不见得一直有道理,他甚至会动手打自己的军官。这是家常便饭,斯大林为此批评过他。他经常挂着一根手杖,看手下哪个指挥员不满意,抡起手杖就打。他不是伟大的战略家,但他懂战术和作战任务。这里不需要任何战略思考,你只要一定懂在街上打仗就行了。我们的方针是抓着敌人不放,把敌人死死抱紧——就跟抱你相好的一样。这样就能活命。这就是崔可夫的战术。这不只是战术,还是命令。他下令跟敌人保持50—100米的距离,而我们往往只跟敌人隔着投掷手榴弹的距离。"

1942年9月15日,德国柏林广播电台播报:"马马耶夫岗已被德国军队占领。"同样听到这条消息的苏联红军,加紧对马马耶夫岗的反击。9月19日,苏联红军又得到第112步兵师的增援,争夺力度加大,德军也是寸土不让。9月22日,战斗进入白热化。26日,德军第100猎兵师支援遭受重创的第295步兵师。27日,马马耶夫岗西半部分由德军占领,东半部分由苏联红军第284步兵师顽强防守,

▲ 邮票上的巴甫洛夫大楼,巴甫洛夫大楼成为斯大林格勒保卫战中苏联军队顽强抵抗的象征。

战斗陷入僵局。

当时马马耶夫岗的战斗极为惨烈，争夺双方沿着山坡上下反复冲击，战火席卷每一条街道。一名德国军官在家信中写道："这里不再以'米'来计算距离了，而是用'尸体'来丈量。"德军平均每天出动1000架次飞机，轰炸这个弹丸之地上的苏联红军阵地。其实德军飞机根本无法对目标进行有效轰炸，因为两方军队完全混战在了一起。就这样，马马耶夫岗的争夺战不断持续下去。

马马耶夫岗的战斗激烈，市区的战斗也如火如荼。在著名的"巴甫洛夫大楼"，一个排的苏联红军战士在雅科夫·费多托维奇·巴甫洛夫中士指挥下，将这座俯瞰市中心"1月9日广场"的四层公寓楼变成了坚不可摧的堡垒。他们在大楼四周埋设地雷，把窗户都变成了射击位，打通所有地下室建立联系，以方便作战。每次德军步兵和坦克试图穿过广场、逼近大楼，都遭到巴甫洛夫和战士们的猛烈射击。德军坦克炮塔顶部较薄的装甲暴露在反坦克枪之下，并因离大楼太近而无法提高火炮仰角进行射击，结果被巴甫洛夫和战士们用反坦克枪一一击毁。每次击退德军，巴甫洛夫和战士们都要冒险出去清理德军的尸体，为机枪清空射界。德军用了很大力气，进攻了2个月，这座大楼也没能拿下。以至于崔可夫开玩笑说："试图攻占巴甫洛夫大楼而阵亡的德军士兵，比攻占巴黎死的还要多。"

顽强的斯大林格勒不只有一座"巴甫洛夫大楼"，其实有无数座"巴甫洛夫大楼"。每一个日日夜夜，斯大林格勒市中心都要爆发上百次小规模战斗。这些残酷的战斗不断在楼宇的楼层间和房屋间展开，战斗到最后干脆使用了最原始的方式：刀子、棍棒、尖铁铲乃至石块。惨烈的巷战中，双方没有了战线，士兵们根本无法想象在废墟中等待自己的是什么。无论白天还是黑夜，敌人从看不见的废墟中冒出来。一旦遭遇，就是肉搏。德军士兵自嘲地称斯大林格勒巷战为"老鼠战争"(Rattenkrieg)，他们创造了一句名言："可笑地占领了厨房，但仍然在争夺客厅（wir haben einen anderen Krieg, zum des lebenden Raumes herunterzunehmen, sogar, das wir bereits die Küche besetzten.）。"苏联红军方面则有人做过计算：一名新投入巷战的红军战士，平均存活不到1天；中下级军官的存活时间，也不超过3天。一名德军下士在家信中描述："你根本无法想象那些苏联人是怎样保卫斯大林格勒的——就像一群忠实的狗一样"。

从东部调来的苏联红军源源不断自伏尔加河东岸渡河，支援斯大林格勒。比如

9月14日深夜，崔可夫派出仅存的19辆坦克，向德军主动进攻，吸引德军火力。苏联红军第13近卫步兵师的战士们趁机登上所能搜集到的各种船只，全力渡河。离渡口不远有一艘被炸毁的驳船在燃烧，火光照射下，伏尔加河对岸码头上的德军发现了试图渡河的苏联红军。德军疯狂向河面开火，阻止苏军渡河。炮弹不时在渡船周围爆炸，掀起根根水柱，伏尔加河水像开了锅似的。不断有红军战士浮尸河面，更多苏军士兵纷纷跳入水中，涉过浅水，登岸投入战斗。第13近卫步兵师的战士阿尔伯特·博尔科夫斯基多年后回忆：

"渡河很惨烈，很多人还没到河对岸就死了。他们被可怕的火力覆盖——飞机投弹，大炮轰击，机枪扫射——非常之刺耳，很惨烈。士兵们装备齐全，每个人带着一件军大衣、两枚手榴弹、防毒面具、弹药，还有机关枪。很多人没来得及上阵参战，就被活活淹死了。"

苏联战地记者叶甫根尼·克里格尔就此写下著名的战地通讯《斯大林格勒的回答》：

伏尔加河上的驳船满载物资和弹药，冲破炸弹激起的汹涌波涛驶过河来，人们

▲ 一队苏联海军水兵战士渡过伏尔加河，从下船的那一刻便投入了保卫祖国的战斗。

在河岸上排成长队，在轰炸机的怒吼声和炸弹的隆隆爆炸声中，用双手把炮弹和子弹传递到战斗最前沿。在那里，人和岩石嵌合在一起，岩石也变得更加坚硬，敌人战争机器的牙齿不是被硌弯，就是被折断。

斯大林格勒的保卫者们——从渡口上的伏尔加船夫到军长和师长，在无法进行战斗的地方与敌人厮杀，在无法立足的地方站住了脚，在德军炸弹炸开的岩石间，在德军坦克碾碎的碎石堆中，在德军汽车和炮弹扬起的碎石粉尘中进行搏斗。他们下定决心，即使战争灾难统统落到他们头上，他们也不会离开这里。结果，他们真的没有离开。

希特勒的战争评论员把这称之为"俄国人无谓的勇敢"。

到达伏尔加河对岸，苏军士兵的命运还是同样惨烈。战后多年，据说当地农民几乎每天都能从草草挖就的浅坟中刨到士兵的遗骸。苏联红军以人为梯，攀上码头，与德军展开白刃战。夺回码头后，红军战士整营整营投入炮火连天的巷战之中，然后消失在市中心的大街小巷里。

▲ 苏联红军战士在红色十月工厂的车间内向德军冲锋（1942年）。

第33近卫步兵师的苏伦·米尔佐扬多年后如此回忆斯大林格勒巷战：

"我跟野兽一样。我只有一件事——杀人。你知道西红柿被挤出汁的样子吗？我捅死人的时候就是那样，到处都是血。在斯大林格勒，每一步都代表着死亡。死亡就在我们的口袋里，死亡与我们一路同行。我们有工兵铲，我那把特别称手。我用这玩意儿杀人，比机枪还好使。你用这玩意儿出手，劈下去非常利索。我用它挖战壕，随身带着它准备打肉搏战。我干净利落地用它劈死过好几个人。"

双方为争夺每一处房屋、车间、水塔、铁路路基，甚至为争夺每一堵墙、每一个地下室和每一堆瓦砾都展开激烈的战斗。对火车站的争夺持续整整一周，反复易手达13次。伏尔加河畔的粮食仓库，双方士兵距离非常近，甚至能听到对方的呼吸声。经过数星期的苦战，德军最后占领了仓库，却发现苏联红军已经在撤退前焚毁了全部粮食。从9月13日到26日，德军每天伤亡3000多人，仍不能占领全城。有德军士兵感叹："我们不久就可以占领斯大林格勒，但是它仍然在我们面前——相距如此之近，却同时又像月亮那样遥远。"苏联红军第13近卫步兵师的阿尔伯特·博尔科夫斯基说出了自己亲历的故事：

"你们比邻生活好几周，距离甚至不到25米，这真让人神经紧绷。突然我看到一个德国兵。我还没站起来就开枪。我扣着扳机不放，直至弹匣打完，直至全部60发子弹都打进他的身体。近距离射击，子弹从身体的一边进去，从另一边出来，军大衣和血肉的碎屑一起横飞。他倒下了。我能清楚地看到这些碎屑横飞。很恐怖，我当时才14岁。我倒下来，吐了一天。伙计们说：'得了，就是个德国鬼子而已。'但我不断发抖，状况很糟。我永远不会忘记。"

由于苏联红军的顽强阻击，德军深陷于斯大林格勒市区动弹不得。为了摧毁斯大林格勒，德军甚至调来了超巨型的"多拉大炮"（但未及使用即调回本土）。10月2日，德军集中炮火轰击"红色十月"钢铁工厂。巨大的储油罐爆炸震动了整座城市，燃烧的油料形成火浪，从岩壁直冲到伏尔加河中。但是德军的进攻再猛烈，也没能渡过伏尔加河。

苏军在伏尔加河东岸建立了大量炮兵阵地，无时无刻不在轰击德军。同时苏军把斯大林格勒市区的废墟变成了阵地，德军坦克在废墟中毫无用处。狭窄而瓦砾如山的街道，德军坦克防护薄弱的后部座舱正好成为目标。苏军反坦克炮躲藏在建筑物中开火，战士们不时从二楼窗口照准坦克的攻击部位投出手榴弹。德军第24装甲师的一名中尉在1942年那个可怕的秋季里这样写道:"我的上帝呀,你为何抛弃了我们?为了一座房子我们已经战斗15天了,使用了迫击炮、手榴弹、机枪,还有刺刀。战斗的第三天,在地下室、平台上,还有楼道里到处横着德国士兵的尸体。烧毁的房屋之间的过道,在两层楼间只剩一层薄薄的天花板。"

10月5日,德军第4航空队开始轰炸斯大林格勒拖拉机厂,一天内出动了700架次。拖拉机厂是斯大林格勒的象征,厂里的工人们一边与红军一起反击敌人,一边在弹片横飞的车间里坚持生产。他们生产了大量坦克和牵引车辆,刚下生产线的坦克来不及涂上油漆和安装瞄准镜,直接投入战斗。有时坦克甚至一边接受工人的修理,一边坚持开火作战。苏联红军为守卫拖拉机厂付出了沉重代价,德军也好不到哪里去。当时年仅20岁的德国士兵赫尔穆特·瓦尔茨暮年回忆拖拉机厂的战斗,感慨尤深:

10月17日,战事尤为惨烈。我看到一个中尉指挥着一挺机枪向新的目标转移。突然,中尉脚步踉跄,一头栽倒。震耳欲聋的枪炮声、吼叫声和普遍的恐慌让机枪小队根本没明白发生了什么:所有士兵不管不顾,踩着中尉的脸从他身上跑了过去,完全将他践踏在脚下。这样惨烈的战斗机时刻不曾停歇。我也是机枪小队的一员,我们边打边往拖拉机厂艰难前进。战友沙佩尔扛着机枪跟在我身边。我看到几枚炮弹落地,又弹了出去,朝我这边飞来。我赶紧趴在地上,大喊:"卧倒!沙佩尔!"但是沙佩尔继续往前跑,跌进了一个大弹坑。他躺在弹坑里,受伤了,鼻子嘴巴塞满了污泥。我给他擦干净,帮他找到了伤处。我解开他的军服外套,一看伤口大小,顿时怀疑他能否活下来。血和气泡不断从豁开的洞里往外冒,一块弹片从脊柱旁边穿进去,穿过了左肩胛骨和肺,镶在了右侧上半身里。看起来他的内脏简直像是用军服兜起来的。我竭尽全力给他包扎好,实际上是用绑带把他严严实实包了起来,连军服也包了进去。

"战争结束了,是吗,赫尔穆特?"沙佩尔呻吟着问。

"是的,沙佩尔,战争结束了。我保证带你离开这儿。你先在这儿安静躺会儿,我去找个医生,你伤得很重。你听到没有?"

他回答:"听到了。"

我给他裹紧衣服,让他舒服一点。此时战场的噪声变得越发清晰,我听到自己前方5米远的一处掩体传来了外国人的声音。俄国人!我匍匐在一堵残垣断壁后面，冲那些俄国人大喊，要他们投降。没有动静。我投出一颗手榴弹，从掩体入口——就是地面上一个洞——扔了进去。随着一声沉闷的爆炸，一个苏联士兵爬了出来，鼻子、耳朵和嘴巴都往外流血。毫无疑问，这人受了严重的内伤。所以我觉得安全了，没有危险，于是从断墙后面爬了出来。就在此时，负伤的苏联士兵掏出手枪，对准了我。

我们相隔只有几米。我大喊："我不想杀你！"但我马上意识到，现在就是全看谁下手更快了。此时我已经伸手抄起武器，突然眼前冒金星。我浑身僵硬，头脑混沌，一时不知发生了什么。我想呼救，却发不出声音，嘴里满是鲜血和断掉的牙齿。苏联士兵的子弹击碎了我的下巴和上下颌，他一枪打在了我脸上。我的一名战友看到了这一幕，他愤怒地冲过来，整个人扑向那名苏联士兵，将苏联士兵撞翻在地，活活踩在脚下，一直踩到断气为止。

亨尼斯中尉给我做了简单的包扎，让我躺在一处弹坑里。中尉刚爬出弹坑，就看到一名端着枪的俄国士兵朝他过来。突然，亨尼斯中尉的钢盔飞上了半空：狙击手从另一个方向一枪击中了他的头部。我的中尉俯视着我，双手捂脸，踉跄后退，滚下了弹坑。他死了！我惊恐地看到，他的脑组织从破碎的颅骨中迸溅了出来。那是清澈的液体，不是血。

所有这些都发生在一处铁路路堤旁。斯大林格勒有大量铁路穿过，货车车厢往往就停在道旁。我就在这些货车车厢间匍匐爬行。货车后面有一条堑壕，堑壕旁边有第14装甲师的运输卡车往来。有一辆看到我，停下了。"朋友，我们一定把你送到包扎所！"他们说到做到，用卡车把我送到了包扎所。一个医护兵匆匆看了我一眼就说："这里我们没法对你做任何处理——赶紧去野战医院！"

第14装甲师的战友们竭尽全力，用卡车将我送到了野战医院。一个军医——斯图加特人——检查了我的伤势，说："必须马上给他动手术——已经肿了。"这意味着伤口再拖下去很难处理。于是，我的脸被修修补补一直到晚上11点。我没法告诉他们，赶快把我的战友沙佩尔也救回来。我相信，他那时没能逃脱死亡。10月底，我被飞机撤运到斯大林诺，总算脱掉了肮脏不堪、血迹斑斑的军服，里里外外洗刷得干干净净。由于军衔太低，我一直以为我是自己那个小队最后的幸存者。毕竟，我负伤之后，我所在的连就被撤销编制了。

对我来说，战争就此结束了。我付出的代价却是如此高昂！

10月中旬，德国空军加大了对伏尔加河西岸的轰炸。仅10月14日一天，德军第4航空队就飞行了2000架次，投下了600吨炸弹。第1、2、77轰炸机中队也压制住了伏尔加河东岸的苏军炮兵阵地。苏联红军在伏尔加河西岸的阵地被压缩得越来越小，河上往来的补给船只也因轰炸几乎陷于停顿。最危急的时刻，苏联红军在斯大林格勒仅存伏尔加河西岸1000码（914米）宽的狭长阵地，德军离伏尔加河只有3.5千米。他们占领了斯大林格勒城区的90%，将苏军防区切成两半，巷战在第62集团军指挥部门前爆发，崔可夫笑称："我们半只脚踩在伏尔加河上战斗。"有人在日记中写道："动物都逃离了这座地狱，只有人类还在坚守。"苏联战地记者叶甫根尼·克里格尔更如此写道：

法西斯的飞机一刻不停地在空中吼叫。轰炸机伴着第一道阳光出现，直到天黑方才离去。在保卫战最困难的日子里，一天之内他们在1.5千米宽的狭小地带里竟投下了2000吨炸弹。他们出动了1850架次飞机，就像1850个汽锤猛烈地敲击在疏松的岩石上，而人们都躲藏在这些岩石中间。他们揪住俄国人的神经不放，不停地敲打，因为即使是水滴，长时间不停地滴落后也会击穿人的颅骨直达脑髓。

但是，德军的推进到此为止了。11月8日，盟军在北非登陆。德军第4航空队的大量飞机被调往北非，德军的空中优势减弱。德军第6集团军司令保卢斯明白，再不占领斯大林格勒，俄罗斯可怕的冬天就要再度来临。11月11日凌晨，东方刚刚露出鱼肚白，保卢斯以6个步兵师在宽5千米的正面发起了最后的进攻。战斗队形高度密集，整整一天，为了每一寸土地、每一块砖石，双方都进行了激烈的争夺。保卢斯没有得到任何决定性的战果，德军仅向前推进了几百米。德军虽然到达了伏尔加河西岸，但部队疲惫不堪，攻势已成强弩之末。保卢斯被迫于次日停止进攻，休整部队。苏联红军的损失同样严重，第62集团军的两个师损失了75%的兵员。双方的指挥官都承受着巨大的压力。保卢斯的眼部肌肉出现无法控制的痉挛，最终伤害了他的左脸。崔可夫也在不见日光的地下室司令部忍受着湿疹，手被绷带完全包扎起来。这场意志的较量，最终还是苏联人略胜一筹。

一如苏联战地记者叶甫根尼·克里格尔所写：

8月份，德军将领们毫不怀疑地认为，斯大林格勒很快，不出几天将被德军占领。但在11月份，《柏林交易所日报》的记者以忧郁的口吻写道："在斯大林格勒周围发生的具有世界意义的战斗，实际上是一场规模宏大的决战。斯大林格勒战役的参加者只了解它令人毛骨悚然的个别细节，他们无法从总体上评价这次战役，并预见它的结局。如果成千上万名参战者中能出现一名戈雅的话，就让他用画笔向后代描绘这场巷战中一切可怕的情景吧！凡是经历过这次战斗的人，由于精神过度紧张，这场灾难将永远留在他们的记忆之中，就像被烧红的烙铁烫伤过一样。这场在战争史上没有先例的战役所独具的特征，只有在晚些时候才能被记录下来，并将建立起关于巷战的战术理论，因为任何地方还没有发生过这样大规模的巷战，其中投入了技术战争的一切手段，而且持续时间又是如此之长。一座现代化的城市被部队坚守到最后一堵墙被摧毁，这在历史上还是第一次。布鲁塞尔和巴黎都投降了。就连华沙也已经同意投降。唯有这个敌人毫不珍惜自己的城市，尽管防御条件如此艰难，他们也绝不投降。"

战斗像肉搏战一样，双方靠得很近，人们相互扼住喉咙把对掐死。但是通常的肉搏战只在战壕中持续几分钟，而这里的肉搏战总共持续了好几个月。战斗是在地下室和楼梯间，在沟壑中和山岗上，在屋顶上和庭院及花园里进行的。总之，斯大林格勒战役是拥挤的。人们像是长到了岩石中一样，和城市融为一体，结果城市里的岩石也变活了。在岩石中可以听到沙沙声、人的呼吸声和装弹夹时的咔嚓声。

守住斯大林格勒是不可能的，但是苏联士兵守住了它。

11月中旬，天冷了，冬天就要到了。德军准备冬季进攻，把大部分兵力调往东线南面的其他地区。终于轮到苏联红军对斯大林格勒方向进行大反攻了。11月19日，苏联红军西南方面军、顿河方面军和斯大林格勒方面军开始执行"天王星行动"。反攻计划很简单：对德军进行两翼合围。

那天清晨，大雾弥漫，苏联红军西南方面军猛烈的炮火准备一直持续到上午9点。然后，火力延伸，步兵开始冲击，坦克越过冰冻的地面进行支援。大雪和浓雾中，苏联红军出现在地平线上，"乌拉"声响彻云霄。40个师的先头部队向罗马尼亚第3集团军展开攻击，一天之内突破防线。罗马尼亚人要求增援，但是德国人拒绝了他们的盟友。

沃尔夫·佩利坎是一名德军前沿观察哨的气象观测员，哨所位于斯大林格勒西北100英里处的顿河大拐弯附近。他亲历了那天清晨苏联红军突破罗马尼亚军队防线的战斗，过程完全被人记录了下来：

佩利坎在远处传来的一阵隆隆炮声中醒来。佩利坎并没有太警觉到传来的枪炮声。此前,这里曾有过多次的阻击交火,而他的这个方向上相对平静得多,似乎远离了城区那可怕的混乱。然而,当炮击仍然持续的时候,佩利坎从行军床上爬起来,开始穿他的制服。当所有火力戛然而止时,他已经穿好衣服,然后打开门去吃早餐。

随即,一名连队传令兵冲向这边,他一边挥舞手臂一边大叫:"俄国佬来了!俄国佬来了!"

"你简直疯了!"佩利坎喊道。但是随即他向北方看去,当风吹散迷雾之时,他看到大批坦克从一座小山顶上爬过来。它们是苏联的T-34坦克。佩利坎立时便如冰冻一般僵住了,随后他又被另一幕可怕的情景惊得目瞪口呆:成百上千的罗马尼亚士兵从原野上向他这里蜂拥过来。当他们在溃逃中经过他的哨所时,这些罗马尼亚人惊叫俄国人紧跟在后面。

在此时,一种可怕的恐惧摧毁了这一小股德军部队。该哨所指挥官上了一架轻型飞机并朝南面飞去。佩利坎和其他人抓起他们能拿到的行李扔进卡车里,司机立即发动汽车,颠簸摇晃地穿过坑洼不平、积雪覆盖的地形离去。佩利坎向后面看去并注视着仍然停在斜坡上的苏军坦克,直到这不祥的情景消失在雾气中。

罗马尼亚军队的防线这边被突破,别处也没好到哪里去。同日,苏联红军先头部队从卡拉奇突破防线,4辆T-34拿下了顿河上的桥梁。德军第6集团军的补给线被切断了。驻守在这里的德军第44步兵师第134掷弹兵团第1营2连机枪手约瑟夫罗斯纳被迫跟随部队撤退。苏军就跟随在后面,用迫击炮不停攻击罗斯纳和他的部队。罗斯纳整整8天没有睡觉,都是路上边走边睡。

11月20日,苏军在斯大林格勒南部突破罗马尼亚第4集团军的防线。11月22日,苏联红军左右两翼在卡拉奇会师,仅仅10多天前还处于进攻锋芒的德军第6集团军,就这样被包围了。包围圈里有轴心国军队26.5万人,其中德军21万。一场巨大的灾难马上要降临到他们头上。包围圈里的德军面临的不仅仅是子弹、爆炸和钢铁,还有令人无法忍受的饥饿、寒冷、恐惧和绝望。

空军元帅戈林向希特勒保证,空军能为包围圈里的第6集团军进行补给。这个曾发誓不让柏林落下一颗炸弹的戈林,坚称德国空军完全可以维持对第6集团军每天500—700吨物资的空运补给量。可是,包围圈里的德军数目太过庞大,每日至少需要补给800吨。由于天气恶劣,运输机不足,加之苏联红军的防空火力强大,运输量远远低于实际需要。德国空军平均每天只能运送85吨补给物资。最成功的一天是12月19日，飞了154架次，运输了262吨物资。而且补给的物资好多都是没用的东西，比如有一次运来20吨伏特加和夏季军服，有一次运来一飞机胡椒和马玉兰，还运来过成箱包装好的避孕用品。甚至有一次完全如1993年德国经典电影《斯大林格勒战役》里面展现的那样，竟然运来一堆铁十字勋章。

11月22日晚10点15分，希特勒的声音以无线电的形式飞越天际，直接传达到第6集团军司令部："第6集团军被俄国军队合围的局面是暂时的。我非常信任第6集团军和你们的指挥官，并且坚信在这样困难的局势中，你们仍旧会坚守住阵地。第6集团军的全体官兵们都必须清楚地认识到，我正在采取一切手段营救他们。阿道夫·希特勒。"希特勒在广播讲话中坚持说，斯大林格勒方面的战斗"一片光明"。纳粹的宣传机器全力开动，为斯大林格勒而提出的口号在柏林的大街小巷都可以听到："第6集团军仍然屹立在东方！"

这些似乎给了包围圈里德军不小的动力，他们依然愿意相信元首。起初还好过，随着坚守包围圈的时间越来越长，日子变得艰难起来。机枪手约瑟夫·罗斯纳多年以后如此回忆包围圈里最初几天的战斗：

▲ 一架Ju-52运输机正准备降落在斯大林格勒，下面来"抢"物资的德国兵都准备好了。

"托特组织"在巴布尔津挖掘修建了阵地，机枪阵地和交通壕一应俱全，每个小队都有一处未加顶盖的掩体。我们进入阵地，很快筋疲力尽睡了过去。突然，斯泰纳从监听哨跑上了机枪阵地，大喊："上士先生！俄国人朝我们过来了！"

　　机枪阵地上立即打出第一颗照明弹：俄国士兵从黑暗中压了上来！他们用机枪开火，我们也用机枪还击。弹链上每四发子弹装填一发曳光弹，闪亮的弹轨触目惊心。照明弹熄灭了，几乎所有俄国士兵都被我们的机枪所收割。黎明之时，我们在距离机枪阵地不足30米处发现了5具俄国士兵的尸体，每具尸体手里都握着手榴弹。若非发现及时，手榴弹就先扔进来了。（团长）博吉上校特意乘坐自己的水陆两用车来表扬了我们一番："你们干得漂亮！"俄国人来了两个营，我们只是幸运地事先挖好了预备壕，前面是无遮挡的开阔地，俄国人没能突破。接下来几天，我们遭受了重型迫击炮的轰击。我们的狙击手在俄国士兵的尸体堆后面挖掘掩体藏身，伺机而动。

　　糟糕的在后面，这时的罗斯纳还没有意识到将来的倒霉状况。那就是德军面临的最大问题——饥饿。

　　随后的日子里，运送物资的德军飞行员惊奇地发现，送来野战机场的伤员越来越多，搬运物资的德军士兵却渐渐饿得走不动了。随着气温日益下降，天气条件日趋恶劣，包围圈内的空运补给最终下降到每天仅有几十吨。饥饿让德军士兵们的大脑处于一片空白状态，因为寒冷的天气阻碍了血液的流动。香烟已不再是男人们的抢手货，饥饿诱发的胃部抽搐像心绞一样难受。一闻到尼古丁的味道，德军士兵们便会上吐下泻，痛苦不堪。德国陆军参谋长蔡斯勒上将因包围圈中部队的糟糕情况而深感自责，主动限制自己的口粮，几周后整个人变得十分憔悴。希特勒得知此事，愤怒地命令蔡斯勒好好吃饭，他才恢复了正常饮食。

　　苏联红军这边也在猛烈进攻，努力缩小包围圈。12月12日，临时受命来救火的曼施坦因指挥新编成的德军顿河集团军群发动"冬季风暴"行动，试图从南面进攻，援救被围部队。12月23日，这场攻势被苏军成功瓦解。天气越来越冷，伏尔加河开始结冰，苏联红军补给变得更加容易。被围的德军则迅速消耗着宝贵的燃料和医疗用品。起初，包围圈内每名德军士兵每天的面包供给量是200克。到12月下旬，口粮锐减为100克。再后来，德军被迫杀马吃肉，每日口粮下降到200克马肉或75克面包、12克人造奶油或动物油。圣诞节以后，每日口粮减到50克。最后阶段，战斗在最前沿的德军士兵每天才能领到 50 克面包。冻伤大批出现，数千人患上伤寒和痢疾，每天都有大量德军士兵死于饥饿、严寒和营养失调。气温严寒，药品缺乏，自杀事件层出不穷。德军在列宁格勒制造的饥饿和恐怖，终于加倍奉还到了他们自己身上。

12 月 16 日，苏联红军实施第二次进攻，即"土星行动"。苏军计划突破德军的顿河防线，攻占顿河畔的罗斯托夫。如果成功，高加索地区的德军南方集团军群将全部被包围，这占苏联境内德国军队总数的三分之一。曼施坦因见势不妙，迅速撤退，重建战线。至此，德军第 6 集团军已无任何希望获得援助了。

苏联红军继续压缩斯大林格勒的包围圈。此时天气越来越冷，人越来越饿，离圣诞节越来越近。这是许多德国士兵最后的圣诞节。

1942 年 12 月 24 日，平安夜。躲藏在地堡和掩体中的德军官兵进行了短暂的几个小时庆祝。不少人用他们能够找到的各种材料制作了圣诞树。士兵们围坐一团，品尝为此刻小心俭省下来的美味——一小片面包，葡萄酒，一点白兰地，掺和朗姆酒的茶水。每一处掩体里的人都高唱《圣诞树》和《平安夜》。夜色降临后，成千上万的照明弹射向天空，绿色的、红色的、白色的，就像焰火表演。而路边，许多人饥饿不堪，绝望不已，在雪堆上被活活冻死。据意大利军队的幸存者回忆，当时公路两侧可以见到这样奇怪的场景：人体与冰雪冻结在一起，就像大理石雕像，姿势一动不动。

25 日，圣诞节。这天第 6 集团军的战斗日志中记载"有 48 小时未得到食物补给，食物和燃料几近枯竭。因为严寒，人员正在快速减少。"恶劣的天气和苏联红军的干扰，让德军飞机无法空运补给。保卢斯被迫再度减少口粮配给：午餐是一片只有大拇指厚度的两盘司面包，还有一碗稀薄如水的汤；而晚餐如有可能就是一小罐头肉食，否则又是稀汤。"真是令人费解，人们如何能坚持这么久。"保卢斯的参谋温里希·贝尔上尉如此写道。

个人感受更为强烈的记载，则是机枪手约瑟夫·罗斯纳的回忆：

圣诞节快到了，我们小队里还剩四个人。平安夜的前一天，我们做了一棵圣诞树：用阵亡战友鲍特尔的步枪，缠上两条彩纸绳，挂上点干草当装饰，就树在我们的掩体前面。第二天异常平静，几乎没有射击声。（营长）波尔少校从交通壕带着副官来视察，他本想安慰我们，说着说着自己却流了泪："你们依然活着看到了平安夜！"

我们则思念着遥远祖国的亲人。

俄国人架起大喇叭，用德语日夜广播，我们还听到了德语的圣诞颂歌。大喇叭里喊："奥地利人！到红军这边来吧！希特勒已经输掉了这场战争！包围圈里每一分钟都有德国士兵死去！"上面则派来传令兵，告诉我们这全是布尔什维克的宣传，过几天我们就能解围。

日子这样过去：到机枪阵地上值班3小时，再回掩体睡3小时觉。掩体用防水布和干草搭就，地上铺着阵亡士兵的军大衣。寒冷持续不变，我们从10月份就没换过内衣和靴子，虱子咬得我们浑身瘙痒。

第二天，我们继续被重型迫击炮轰击，食品配给继续削减。由于积雪，容克52运输机无法降落，食物来源全靠大雪之下饿得半死的瘦马，我们每天基本就是吃雪水煮马肉汤。

转眼到了1943年。德军士兵又冷又饿，还要继续战斗，忠于自己作为士兵的诺言。约瑟夫·罗斯纳继续回忆：

1943年1月来了，俄国人的攻势在稳步推进。1月8日，他们的飞机两次飞临包围圈上空，投下传单。传单上写着："奥地利同志们！今天就来红军这边吧！你们要是不来，10日我们就用武器把你们俘虏过来！"我身处这地狱般的包围圈里，仍在机枪阵地上忠于职守。夜空之下，被数以千计的渺小星辰俯视。我想念着遥远西方奥地利亲爱的家乡，想念着我的女友，她在布尔根兰的一处农场里做工。

1月10日早晨，一轮红日升起，炮击撕裂了整个包围圈，其猛烈程度是我参加东线战事以来前所未见。数千枚炮弹雨点般砸在我们可怜的阵地上——俄罗斯的土地就是地狱！我们的连里只剩13个人了，我打光了最后一条弹链，机枪的弹箱彻底空了。我们没有任何补给，弹药和粮食都没有。T-34坦克冲进了我们的火力区，冲着我们的机枪阵地而来。坦克搭载着步兵，步兵手里都端着72发弹鼓的冲锋枪。这些坦克后面跟着一个整营的蒙古人。两辆坦克触雷，履带被炸断。我们的团长博吉上校部署了5门自行火炮打T-34坦克。我们的阵地就在火炮之间，我打了8发炮弹，火炮就卡壳了。一个蒙古士兵沿着堑壕过来，朝我的机枪扔出了一枚手榴弹。我的双手和右眼都被爆炸的弹片击中。蒙古人用手里的冲锋枪瞄准了我，大喊："不许动！"然而，他的枪是卡壳了？还是弹鼓打空了？我手枪里还剩两颗子弹，立即开枪打死了他，自己藏进了周围横七竖八的尸体堆里装死。很快其他俄国士兵冲过来了，从我旁边过去，将手榴弹塞进了掩体里。

夜幕降临，我悄悄爬出战壕，伏低身子以免被照明弹的光亮发现。我爬过仍在燃烧的自行火炮，炮组成员都死了。中午时分，我遇到了一支高炮部队。他们给我包扎了伤口，给了我四天来第一顿热饭。一个中尉询问了我的部队番号，告诉我第134团第1营在罗索希集结。在那里，我遇到了博吉上校和波尔少校。

1月11日，集合起来据守村子的只剩我们11个人了。所有人身上都挂了彩，还有冻伤。俄国人将坦克摆在包围圈外，两个营的步兵在轻型迫击炮掩护下向我们发动进攻。俄国人逐屋与我们进行殊死争夺。我们这边只有维也纳人斯多尔瓦手里拿着一支缴获的俄国冲锋枪能持续开火抵抗。博吉上校率两门四联装的防空炮赶到村庄的另一头，用曳光弹向俄国人占领的房子射击。那些房子顿时燃起熊熊大火，大部分俄国士兵都葬身火海。

我们被迫撤退。数百名重伤员被遗弃在野战医院里。没有飞机撤运伤员了，"容克"52运输机不是被俄国人的防空炮火击落就是被俄国人的战斗机击落。没有吃的，雪水煮冻马肉汤根本不足以果腹，许多人饿死。1月19日，我们撤到古姆拉克机场，接到了命令："博吉战斗群撤往斯大林格勒郊区距古姆拉克机场3千米的斯大林格

▲ 遗弃在战场的阵亡德军尸体。

勒斯基机场。"斯多尔瓦、斯托克尔和我勉强还站得住，全都身上带伤，随时都有被冻死的危险。我们4个月没有换过内衣，零下35摄氏度依然穿着夏天的靴子。我们使尽浑身力气爬到机场。我们心想："一切都到头了！"战友们也都是这样想的。

然而，结局却出乎意料。1月20日14时，机场一名空勤人员冲掩体大喊："凡是还能走得动的人，都出来跟我走！飞机降落了！"形容枯槁的人们从三处地堡掩体里步履蹒跚地走出来，涌向飞机。我们靠近"亨克尔"111轰炸机时，俄国人开始用105毫米火炮轰击（其实苏联红军并未装备105毫米火炮，但罗斯纳的回忆如此）。一架"亨克尔"111炸成了一团火球。炮火将斯多尔瓦和我逼上了飞机，成了第13和14名被撤运者。我们冒着防空炮火起飞，躲过了俄国战斗机的追击。非常幸运，我们成功逃了出来，在包围圈外降落。

罗斯纳是幸运的。能留下回忆录的人都是幸运的，许多人根本没有这样的机会。他所见到的，正是1月10日苏联红军顿河方面军代号"指环"的大规模进攻。当时猛烈的炮火集中轰击了包围圈西侧突出部的南翼。7000门苏联红军的重型火炮沿着仅7英里长的前线一字排开。2个小时里，这些重炮喷射火焰，巨声怒吼，直至德军战线像鸡蛋壳一样被轰得粉碎。德军第29师的地堡和战壕被彻底抹掉，幸存者们走路摇摇晃晃，有的患了弹震症，有的则歇斯底里。成百上千的T-34坦克像红场阅兵那样排着队齐头并进，冲过宽大的壕沟，步兵紧随其后。德军在包围圈内的马利诺夫卡突出部失守，仅有的弹药补给点卡尔波夫卡谷地随之丢失。在当天拍发给曼斯坦因的电报中，保卢斯告诉他：

"由于缺乏弹药和燃料，该集团军已经无法恢复其失地。由于卡尔波夫卡谷地——尤其是那里的居民地的丧失，更使守军丧失了其御寒场所。此外，天气状况也使空运的希望断绝了……尽管本部曾英勇抵抗，但是通过最近几天来的激战，敌人已经突入纵深，本部仅勉强堵塞了防线的裂口。已经没有预备队，而且也无法再编成。重兵器现已丧失了机动性。损失严重、补给不足、再加上气候严寒。假使敌人继续用现有的兵力进攻，则要塞的正面最多只能坚持几天。以后的抵抗就只不过是局部的行动而已……"

此时包围圈里到处都是德军士兵的尸体，被击毁的坦克，被遗弃的火炮。苏联红军的炮弹已经能打到包围圈内的皮托姆尼克机场跑道，跑道两旁飞机残骸堆成两座小山。皮托姆尼克机场最后一架装满伤员的"亨克尔"111飞机挣扎着起飞，德军宪兵们手持冲锋枪极力阻挡数百名不顾一切地冲向甚至是爬向飞机的伤兵。伤兵们肢体残缺，依然为争夺一个座位而大打出手。但是谁也无法离开了。皮托姆尼克机场失守后，惊恐的情绪再也无可抑制，许多德军士兵径自离开阵地，艰难地朝东向斯大林格勒市区走去。开始是一小队人，后来汇成一条川流不息的人流。德国军官组成督战队，不顾许多士兵已经负伤或严重冻伤，强行将他们集合到一起，逐回前线掩体。

整场战役期间，德军运输机共撤出了3.4万名伤员，成千上万的人则被丢弃在斯大林格勒等死。德军第6集团军决定，保留一定数量具备重要技能的军官。一批批专家同伤员一起登上飞机。1月21日，德军步兵战术专家格哈德·蒙奇上尉突然接到命令，要他立即离开部队，飞离斯大林格勒。简易机场上，大批伤员涌向尚未停稳的运输机。蒙奇根本挤不进去，最后他向一名飞行员出示了特别通行证，跟着飞行员才挤进了拥挤不堪的舱门。但是这架运输机不大可能飞得起来了——随着飞机启动滑行，数十名士兵竟然疯狂地爬上机翼，紧紧抓住机身和起落架。除了加大油门，飞行员没有别的办法。随着飞机加速，挂在飞机上的人全被抛了出去，飞机摇摇晃晃飞上天空。

到1月22日，苏联红军已经占领了包括古姆拉克机场在内的全部野战简易机场，进出这座炼狱的德军飞机到此为止。胡伯特·威尔克纳中士是古姆拉克机场滞留到最后的人员之一，手臂和左腿伤残。他极为厌恶地注视着身强体壮者疯狂踏过弱者的身体，爬上最后一批飞机。威尔克纳从机场向古姆拉克火车站看过去，目击到的情景更加骇人听闻——苏联红军的炮弹将这座建筑物炸得起了大火，火车站熊熊燃烧。当时火车站堆满了阵亡德军的尸体，从站墙边一直到车站二层楼窗户，尸体高高堆积。于是，火车站像一座巨大的火葬场一般，将阵亡德军的尸体吞噬。

德国空军地勤人员汉斯·施陶丁格也是幸运儿。他先前在战斗中左腿负伤，搭乘上了最后一架降落到斯大林格勒的飞机。以下是多年后他的回忆：

1月19日，我一瘸一拐溜进机场，那里有补给空投。我悄悄拿走两条陆军面包。一个陆军宪兵看到我，冲我大声呵斥。我很走运，天降大雾，我赶紧跑进了一辆属于我们部队的油罐车。司机也是科隆人，把我藏了起来。我给了他一条面包，感谢他伸手相助。

与此同时，一架"容克"52运输机降落了。一下子围上来几百名步兵。他们都想挤上飞机，逃出生天。一个中尉站在运输机的舱门外，举着两支手枪，大喊："伙计们！理智一点！下一批每架能装 25 个人的'亨克尔'111 马上飞过来了！你们全都能离开这里！"一副简易担架抬着一名高级军官上了这架容克 52，然后这架飞机就载着他一个人起飞了！战后我才知道，这个人就是胡贝将军。此公在第一次世界大战中失去了左臂，此番是希特勒亲自下令要将他撤运出来。然而，这架运输机飞走后，天气条件急转直下，后面不再有哪怕一架飞机飞来。

1 月 22 日上午 9 点，我在古姆拉克火车站偶遇塞普里斯，当年我们同在一起受训。他脚部受了重伤，无法行走。他是无线电报务员，告诉我说，古姆拉克机场当天就要放弃。我们赶到那里，机场看上去已经空无一人。然而，我的幸运星却再度降临。一架"亨克尔"111 运输机居然降落了，朝我们滑行过来。装猪肉香肠的箱子卸下来之后，突然从散兵坑里冒出三五十号人，要往飞机上挤。飞机上的空军中尉下令，让伤员先上。我排在第 6 个登机。最终飞机顺利起飞，飞越 500 千米航程后在斯大林诺-马克耶夫卡安全降落。我在德国本土住院休养了 3 个月才重返部队。后来听说，我们营在斯大林格勒没有幸存者。

从胡伯特·威尔克纳和汉斯·施陶丁格成功逃生的这一天起，古姆拉克机场失陷，再也没有降落在斯大林格勒的德军飞机。一名德军士兵写道："如果真有上帝的话，他不会允许这样巨大的不公正。我不再相信上帝了，因为他已经背叛了我们。"逃出包围圈只有两条路，正如另一名德军士兵所写："进入天堂或者去西伯利亚。"保卢斯给妻子写下绝笔信："我坚持并战斗着——这就是我的使命。"绝笔信连同保卢斯的勋章、结婚戒指和图章戒指被最后离开包围圈的飞机带走。第 6 集团军的伤员撤退完全中断，2 万名德军伤兵躺在斯大林格勒大街上等死。保卢斯命令不再将口粮分发给他们，只给那些尚能战斗的士兵。因为没有了机场，只能依靠空投。杯水车薪的补给品散落得到处都是，德军士兵们冒死将它们捡回来。

伯恩哈德·贝希勒少校是第 6 集团军第 12 军军长文森茨·穆勒中将（战后曾担任东德人民军总参谋长）的副官，战后他留下了这样的感慨和回忆：

我下意识地想，真希望家乡的人能看到我们的士兵死得如此悲惨。然后我想到我家，你在离家几千英里的伏尔加河做什么？你在那里保卫德意志吗？

他们讨论了局势。保卢斯的结语是："我为之骄傲的第 6 集团军正在遭受其不应该承受的命运。身为一名德国将军，你知道自己最后必须怎么做。我和我的参谋会死守我们在斯大林格勒的指挥所，直到俄国人打进来。指挥所将被炸平，我们会葬身其中。对于你们最后的抵抗，我致以最美好的祝愿。"司令官握了握我们的手，走了。

截至1月25日，合围地域的面积已不超过100平方千米。德军被压缩在斯大林格勒一块狭小地面上，南北长度为20千米，东西宽度仅3.5千米。战斗接近尾声，师和团的编制已无任何意义。德军第14装甲师只剩不到80名能战斗的士兵，第3摩托化步兵师只剩下唯一的运输工具——一辆"宝马"三轮摩托车。苏联红军顿河方面军第21集团军与斯大林格勒方面军第62集团军会师，德军最后的防御阵地被撕裂成互不相连的南北两块。

绝境之中，开始有德军士兵走出包围圈，向苏联红军主动投降。随着投降人数越来越多，顿河方面军司令员罗科索夫斯基中将有了劝降的想法。其实早在"指环"攻势开始前一天的1月9日清晨，3名苏联红军军官便来到斯大林格勒的前沿阵地，踏过中间的无人地带，将一份最后通牒递交到德国人手上。最后通牒提醒保卢斯：你的军队已陷入绝境，解围无望，没有冲破包围圈的任何可能，所以德军应放下武器，立即投降。保卢斯一度电告希特勒，要求准予自己"行动自由"。愤怒的希特勒则表示，与俄国人打仗绝不能投降，第6集团军"将战斗到底"。作为回应，保卢斯签署了一项命令："任何谈判的建议将被拒绝，不会予以答复。"

为了确保每一名德军士兵了解劝降提议以及斟酌拒绝的后果，苏军飞机撒下了云层似的传单，用高音喇叭不断播放："在俄国，每7秒钟就有一名德军阵亡……每7秒钟……"1月24日，苏军特使再度举着休战旗帜穿过前线，向保卢斯提出优厚的投降条款：如果德军在24小时内投降，他将得到苏联红军的保证——保障所有战俘安全，医治所有伤病员，所有战俘均可保留个人物品、得到正常口粮及在战争结束后被遣返到他们希望前去的任何国家。保卢斯照旧没有答复，第6集团军的毁灭彻底不可挽回。

直到1943年1月底，德国媒体都不公布有关斯大林格勒惨败的任何消息。1943年1月30日，是希特勒获得权力10周年的纪念日。这一天，希特勒决定授予保卢斯元帅军衔，以此鼓励保卢斯继续抵抗下去，因为德国历史上还没有过投降的元帅。他希望保卢斯能够战斗到底，或者自杀殉国。保卢斯的部下格哈德·欣登朗多年后如此回忆：

我收到一份无线电报，内容为陆军一级上将保卢斯被晋升为陆军元帅。我的上级告诉我，欣登朗，去找陆军元帅，通知他晋升的事。不过同时告诉他，我们必须投降。

保卢斯问我，你对自杀的看法如何。

我回答说："陆军元帅阁下，我有士兵要照顾，我会带他们抵抗到最后的最后，就算这意味着我与他们都要沦为战俘。但是您身边只剩下了参谋军官。"

然后他说："欣登朗，我是身体力行的教徒。我反对自杀。"

保卢斯向希特勒发去电报："第6集团军忠于自己的誓言并认识到自己所负的极为重大的使命，为了元首和祖国，已坚守自己的岗位，打到最后一兵一卒，一枪一弹。"希特勒回电："在这场战斗中，上帝站在我们这边。我们不害怕流血牺牲，有朝一日，每一块新的土地将为倒下去的人而开满鲜花。我们条顿国家，我们日耳曼民族，一定会胜利！"当保卢斯接到这封电报时，苏联红军距他的司令部只有几百米远了。

保卢斯的司令部位于斯大林格勒"万有"百货公司地下室。1月31日凌晨，苏联红军第38摩托化步兵旅和工兵第329营包围了已成废墟的百货公司大楼。2月1日早上7点35分，保卢斯命令发出最后的电报："第6集团军无线电台即将关闭。俄军已经攻占。打垮布尔什维克万岁，天佑德意志。"电报结尾用国际电码写上"CL"，表示"本台停止发报"。一切都结束了。

苏联红军开始进攻百货大楼，无力反抗的德军在楼顶竖起白旗。零下35摄氏度的严寒中，穿着干草和纸做的鞋，脸上结霜，饥肠辘辘的德军士兵向苏军缴枪了。保卢斯无力地坐在行军床上，一言不发。苏联红军士兵用俄语冲他大声喊道："投降！不投降就灭亡！"参谋长施密特问保卢斯："请问陆军元帅，还有什么话要说吗？"保卢斯无言应答。苏联战地记者叶甫根尼·克里格尔对此的描述是："一双双手从地下举了起来——希特勒士兵被揪住后衣领从地下室拽了出来。一面面白旗从墙洞里伸了出来——希特勒的将军们连同他们的参谋部一起缴械投降了。虽然他们的眼镜片还在眉毛下闪闪发光，可他们的眼睛早已黯淡无光。被俘的冯·保卢斯元帅交出了他的证件。这是理所应当的。"

1月31日，德国国家广播电台的正常节目被安东·布鲁克纳所作忧郁慢版的《第七交响曲》打断。《第七交响曲》播放完毕后，德国国家广播电台正式宣布：德军第6集团军在斯大林格勒战败，司令官保卢斯自杀殉国。2月1日中午，希特勒照常召开作战会议。会议进行到一半的时候，莫斯科电台突然宣布了保卢斯投降的消息。报道称："保卢斯元帅及其他的将军们，其中包括冯·赛德利茨将军和参谋长施密特，在斯大林格勒南部的包围圈内被俘"。听到这一消息，一直强作镇定的希特勒彻底爆发了。

"我早就怀疑保卢斯了！这个懦夫！"希特勒跳起来大嚷道："在他被包围的时候，他还问我，他该怎么办？将来，当一个要塞被包围了，司令官接到敌人投降的要求时，他应该问自己，现在在我该怎么办？……我们有气质旺盛的军官团，有第一流的战士，还有占优势的武器装备。撇开斯大林格勒不说，我们仍然处于优势。我无法理解，一个人怎么会如此懦弱……哈！他不敢开枪自杀，怎么不叫人活埋？……一位妇女出于自尊心，只听到两句侮辱的话，她便离开家门，毫不犹豫地自杀了。而一个军人却被死亡吓倒了，心甘情愿去当俘虏。我看不起这种军人。"

希特勒越说越激动，简直语无伦次："最令我痛心疾首的是，竟然提拔这样的人当陆军元帅。我本想最后满足他一下……当一个人，眼睁睁地看着他手下五六万名士兵为捍卫自己的荣誉而奋战到最后一息的时候，他却选择了投降。他现在正在这么做！我们必须考虑到，他已到了莫斯科，也必须考虑到，他会在鼠笼里供出一切。苏联人会把他们关在老鼠洞里，两天后他们就会软下来，无话不谈。他会在一切文件上签字。他会供认，他会呼吁德国士兵投降。您会看到，他们现在已走上意志不坚的道路，并越滑越深，直至罪恶的深渊。一个人怎么会那么胆小？无数士兵的英雄气概，竟被这么一个意志不坚定的懦夫瓦解了……你们等着瞧吧，在这场战争中，我再也不会任命陆军元帅了！"

保卢斯投降的第二天，被围困在斯大林格勒城北包围圈中的德军第 11 军残部也宣布投降。至此，斯大林格勒战役结束。德军第 6 集团军司令保卢斯元帅以下 23 位将官、2000 名校级以下军官和 9.1 万名德军士兵被俘，约 14 万人死亡。德国陆军参谋长蔡斯勒上将的说法最广为人知——我们在斯大林格勒损失了 25 万名精锐士兵，我们在整个东线的脊梁骨被打断了。苏联红军为此付出了牺牲 47 万人，伤亡合计过百万的代价。这个代价值得。

一如苏联战地记者叶甫根尼·克里格尔所写：

当时谁能料到，苏联军队竟以迅雷不及掩耳之势和准确计算的打击把德寇钢铁般的弧形包围向外弯去，而斯大林格勒的苦难也变成了斯大林格勒的胜利，并把敌军钳制在三重包围的铁钳之中，迫使希特勒分子钻入地下，忍饥挨饿，用马肉充饥，最后，在提出投降建议遭到拒绝之后，开始在受尽磨难的斯大林格勒地区有计划地彻底消灭德军。

在1942年秋季那些艰难的日子里，看来这是多么不可思议啊，就如同被火山岩浆淹没的庞贝古城从自己火红的坟墓中站立起来，满怀可怕的复仇欲望要把维苏威火山一口吞下。

千百万苏联人民心怀列宁主义真理所度过的四分之一世纪，在这里也变成了俄罗斯伏尔加河畔上的花岗岩。

就连希特勒的将军们也和他们那些饥肠辘辘、衣衫褴褛、惊魂未定的士兵们一起当了俘虏，而对伏尔加河岸的恐惧则一直深入到遥远的德国，潜入每一户德国家庭，笼罩着希特勒大小头目们冷漠的心，这根最尖利的刺正好刺中精神失常的希特勒的心脏。

苏联战地记者维克多·安德烈维奇·康德拉坦科多年后和5个老兵聚会，伏特加喝多了，回忆起当年德国人投降的情景：

1943年2月2号一大早，他们开始投降了。天下着小雪，阴阴的。炮声响了二百天之后，突然，出现了一片沉寂。大家互相问："怎么回事？发生什么事了？"大街上安静极了。谁也不知是怎么回事。有人说："德国人投降了。"他们把武器放在地上，像一座小山。

接着，我们看见了一条长蛇，伤兵和俘虏形成的一条大蛇。队伍很长，歪歪扭扭的。是绿颜色的，显得很脏，又好像是许许多多的青蛙组成的。他们那破烂衣服的颜色是带着伪装色的，有绿、白、黑三色。队伍朝着地平线方向走去。你看不见它的头和尾。天越来越黑了。到处是肮脏的残雪。

我们的卡车队跟着这群人移动，把伤员和疲惫不堪的人收容起来。

我在队伍快走尽的地方看到一个德国尉官倒在路上。在他的朋友们拖着脚步向前走的时候，他的喊声变得狼嚎似的，叫着："保尔！保尔！彼得！彼得！"而他的朋友们只有把破领子拉高一点，耸耸肩膀，继续走路。他们没有一个回头的。我还记得那个号叫的德国军人身上还挂着几枚奖章呢。一辆卡车过来了。跳下来一个兵，扶他起来放到车上去。

过后很久我访问魏玛的一座天主教堂的时候，遇见几个从前的德国战俘。我们的向导是一位老人，俄语讲得很好。我问他是怎么学来的？他说："斯大林格勒。"

而对于许许多多幸存下来的德军官兵来说，经历则如伯恩哈德·贝希勒所言：

"红军士兵突然朝我们冲过来。我们弹尽粮绝，知道这就是结局了。他们是要打死我们还是要活捉我们？我们该怎么办？就在这个时候，我的副官从外套里拿出一张照片。我看了眼照片，上面是他年轻的妻子和两个孩子。他看着照片，将照片撕碎，掏出手枪，朝自己头上开了枪。一个人突然倒下，死在你面前，这种感觉很难想象。这时，一个红军士兵端着枪顶住我的胸膛。当我发现他没有扣动扳机时，我的第二人生便开始了。"

德军投降几天后，英国伦敦《泰晤士报》记者亚历山大·沃思造访斯大林格勒。沃思详尽地记录下自己的见闻：

"周围格外寂静。那个死去的德国人的腿被炸掉，在远处躺着。我们越过广场，走进被烧毁的红军大楼；我们特别注意斯大林格勒战役的最后几天里这么多德国人曾经是怎样过的。走廊里有一具马的骨骼，只有几片肉与肋骨连着。然后我们来到院子里。这里倒着很多具马的骨骼，在我们的右边，是一大片污水池——幸好都结冰了。……还有，在院子的远处尽头，在另一个污水池的旁边，在一座石头矮墙对面，堆垒着发黄的骨瘦如柴的德国人尸体，原来他们都是死在地下室的，看上去他们像蜡制假人。……

在红军大楼院子里的这种污秽和遭难的场景是我在斯大林格勒的最后所见。我记得1942年夏季那漫长的令人揪心的日子，夜间对伦敦的猛烈空袭，希特勒站在巴黎玛德莲教堂的阶梯上奸笑的照片，1938年和1939年那段令人厌烦的日子，那时候，极度紧张不安的欧洲人常常把收音机频率调到柏林电台，听希特勒的叫嚣以及与其伴随的德国民众疯狂似的呼喊。在斯大林格勒红军大楼院子里的这些结冰的污水池中德国人的腹泻物，马骨以及发黄的饿殍虽不堪入目，然恰似上天的报应。"

时任苏联红军斯大林格勒方面军政治委员、后来成为苏联最高领导人的尼基塔·谢尔盖耶维奇·赫鲁晓夫也来到了斯大林格勒市区，他的回忆更具感慨意味：

我们在秋天包围了保卢斯的部队，在冬天消灭了它。我们在初春进入这个城市时，看到了一幕可怕的景象。当然，在战争中可怕的事总是难免的。我们的部队正忙着收集德军的尸体。我们担心如果让它们留在那里将会发生很不好的后果。春天已经来临，接着还有一个炎热的夏天。我们知道除非及时采取措施，否则它们就要开始腐烂，可能因此引起一场瘟疫。但是，这个工作是不容易的。土地仍然冰冻着，挖掘很困难。我们收集了好几千具尸体，将它们堆起来，一层尸体，一层枕木。然后点上了火。我去看过一次，我没有再回去看第二次。拿破仑或者什么人曾经说过，焚烧敌人尸体的气味很好闻。对我来说，我不同意。那是非常不愉快的一种气味，也是非常不愉快的一个场面。

法兰西仍在战斗：
二战时期法国本土的抵抗运动

第十四章

众所周知，第二次世界大战之初法国即成为纳粹德国的手下败将，经历了长达四年的沦陷岁月。对于法国人来说，这是一段极为屈辱的记忆。德国在法国占领区颁布的法令中，有"禁止对占领者表现敌意"的条款，全法国范围内实行宵禁。德国甚至把法国的时间提前了一个小时，延长了清晨的黑暗，加速了夜晚的到来。法国要向德国支付占领费用，数额相当于每天4亿法郎。停战协议将法郎与帝国马克汇率规定为20∶1，这是对法国的巨大掠夺，连最下级的德军士兵也能在法国大肆采购。更大的掠夺是在全法国实行配给制度，1941年法国成年人每日卡路里摄入量从2400卡下降到1200—1500卡，同年德国公民则是2000卡。法国的食品黑市由此而生，商品价格竟然达到官方价格的30倍。掠夺法国劳动力更不在话下。停战时扣押在德国的法国战俘达200万人。德国劳动力调配全权总代表邵克尔人送绰号"全欧洲的奴隶主"，他向法国维希政府提出"协议工作计划"，每提供三个法国劳工可以换回一个战俘。三年间共有25万法国劳工赴德，但德国觉得还是太少。1943年2月，邵克尔推行"强制劳动服务"（STO），命令全法国18—50岁健康男性、21—30岁单身女性必须从事政府认为任何必要的工作。结果战前巴黎300万人口，战时竟只剩80万。连巴黎许多著名酒店也被接管成为纳粹德国各种军事和政治组织的总部，最基本的尊严都没有留给法国人。

法国沦陷之后，法国共产党最先拿起武器，建立游击队打击德国占领军。各种抵抗组织随即在法国各地纷纷建立，用各种手

▲ 洛林十字，由夏尔·戴高乐选定作为抵抗运动的标志。

段与德军周旋。经过几年的战斗与整合，法国各地的抵抗运动逐渐聚集到戴高乐的"自由法国"旗下。法国南方几支大型抵抗武装合并为"秘密军"（AS），又与法共游击队（FTP）联合行动，共同组成"内地军"（FFI），统一接受来自英国伦敦的命令。英国特别行动处（SOE）也经常向法国敌后空投特工人员和各种物资，训练、指挥和援助法国抵抗运动。法兰西的抵抗，以往更多被从政治角度加以解读。而实际上，法国抵抗运动的战斗颇为可圈可点。无论是沦陷区的破坏活动，还是1944年6月诺曼底登陆后配合盟军进行反攻，都自有精彩之处。本章即讲述了法国抵抗运动是如何进行战斗的。

一、破坏胜过空袭

据统计，第二次世界大战中法国人口的2%（约40万人）加入了抵抗运动，战后法国政府统计这一比例更高达5%。还有超过法国人口10%（约200万人）为抵抗运动提供过各种支持。法兰西沦陷的4年里，10万抵抗战士为国捐躯。

一般来说，法国抵抗运动的军事活动主要包括两部分：袭击德国占领军和秘密警察，破坏为德军服务的工业生产和相关设施。法国人尤其喜欢自己去破坏工业生产，而不喜欢盟军的空袭。因为盟军的轰炸经常带来大量的法国平民伤亡，却对打击工业生产收效甚微。法国抵抗运动认为，一个普通的工厂工人所造成的破坏，比一个中队的轰炸机还要大。尽管德军对法国人的破坏行为会进行报复性惩罚，但死于德军报复的人比死于盟军轰炸机的人少太多，法国人觉得这笔买卖合算。法国人有过统计，从1941年6月到12月，英国皇家空军共进行了60次空袭，65次低空扫射，造成大批法国平民死伤。同一时期，法国抵抗运动共进行107次破坏行动，在全法各地的军需工厂中引爆了41颗炸弹，仅造成8名平民死亡。到了1942年，盟军共进行168次空袭，而法国抵抗运动进行了278次破坏活动。

举个例子。1943年4月，英国皇家空军轰炸了位于法国索肖的标致工厂，该厂为德军生产坦克炮塔和飞机发动机零部件。英军的轰炸没能炸掉工厂，反而炸死数百名当地法国平民。为避免这一情况再次发生，英国特别行动处派驻法国汝拉省的负责人亨利·雷联络到标致家族的掌门人鲁德费·标致。雷保证，如果标致家族自己毁掉工厂，英国空军就不会再来轰炸。为使这位标致先生相信自己的保证有效，雷特意让英国广播公司（BBC）播发了一段自己与鲁德费·标致商定的内容，以证明自己与伦敦有联络渠道。听完广播，鲁德费·标致马上交给雷一份方案，里面写明在工厂的哪些位置安放炸弹可以造成最大的破坏效果。法国抵抗运动按照这份方案展开行动。于是，直到二战结束，标致工厂也没能完全恢复生产。

有意思的是，法国抵抗运动也向生产轮胎的米其林家族提过同样的要求，米其林家族拒绝了。英国皇家空军正巴不得，赶紧将位于克莱蒙-费朗的米其林轮胎工厂夷为平地。法国境内还有一处重点目标，里昂附近的施耐德-克鲁索兵工厂。1942年英国皇家空军轰炸这一目标失败，造成上千法国平民死亡。同样为避免再次出现这种情况，英国特别行动处将两名法国特工空投到当地。两人在当地组建起破坏小组，一举炸毁了向施耐德-克鲁索兵工厂供电的发电厂。电力供应中断，兵工厂的生产随之瘫痪。

法国抵抗运动的破坏手段可不止安炸弹。比如图卢兹兵工厂里就有参加抵抗运动的法国工程师，故意在武器装备的生产图纸上动手脚，生产的枪炮和发动机使用寿命随之大幅降低。抵抗运动暗中鼓动工人在厂里随手搞破坏。早在工业革命时代，因为大机器生产而丢了饭碗的法国工人怠工破坏机器就是行家里手。现在搞起来更是简单，随手抓把沙子或小石子撒进机器，就能造成灾难性的后果。法国铁路工人不甘示弱，经常故意发货发错线路，或者卸车卸到一半就扔下不管。英国特别行动处特意向法国抵抗运动提供一种磨料润滑油脂，当正常润滑油涂在机器和车辆的传动部分上，瞬间就能让机器和车辆报废。类似这种花样，法国抵抗运动玩得层出不穷。

当然，法国抵抗运动最出名的破坏活动当属爆破铁路。从1943年6月到1944年5月，抵抗战士共破坏铁路车辆1822节。1944年的头三个月，抵抗战士破坏了808节，同期盟军的空袭只摧毁了387节。不过随着天气状况好转，空袭频率提升，抵抗运动只破坏了292节，同期盟军空袭则摧毁了1437节。由于法国抵抗运动的活跃，德军被迫在法国铁路的重要路段和站点使用德国工人，并派兵押车。

法国抵抗运动破坏铁路时会尽可能避免误伤平民，这往往需要铁路职工的串通配合。比如有一次，抵抗运动破坏克莱尔沃火车站的信号塔，游击队直接找到信号员："我们要炸掉你的塔。"信号员回答说，不久会有一列客运列车通过，要看这里的信号。游击队表示，没关系，我们等列车过去再引爆。信号员欣然同意，并请游击队将自己捆起来，锁进站长室，免得事后被德国人追究。

二、"秋日漫长的悲啜"

直到 1944 年 5 月，盟军方面依然计划不对法国抵抗运动进行全国动员，以避免法国人不必要的伤亡。但是，盟军最高司令部反复权衡局势，几乎是在登陆前的最后时刻修改了计划，且没有通知戴高乐——盟军最高司令部决定，动员法兰西境内的全部抵抗力量，发动全国大暴动。这意味着盟军无法向法国抵抗运动提供实时有效的支援，各抵抗武装要独自面对德军。因为当时艾森豪威尔对诺曼底登陆的成功没有把握，他需要动用一切边边角角的力量，来确保实现登陆。

登陆的日期没有事先通知给法国抵抗运动。各地的抵抗运动领导人事先接到命令，每月 1 日、2 日、15 日和 16 日注意收听 BBC 广播。如果登陆即将开始，BBC 会播发这条内容："战斗的时刻即将来临（l'heure des combats viendra）。"这意味着盟军将在 15 天之内发起登陆。6 月 1 日，这条内容被 BBC 播发。第二天，BBC 又播发了一条内容，是化用法国著名诗人魏尔伦名篇《秋日

▲ 一名卢瓦尔河谷大区沙托丹的 FFI 抵抗战士，怀里抱着一挺英国布伦轻机枪。

之歌》（Chanson d'automne）中的第一行诗句："秋日漫长的悲啜（Les sanglots longs de l'au tomne）。"这着重强调盟军登陆迫在眉睫。6月5日上午9点15分，法国抵抗运动收听到了BBC播发的第二行诗句："用单调的倦怠刺开我的心（bercent mon coeur d'une langueur monotone）。"这是明确的暗示——盟军将于第二天发动登陆。

法国抵抗运动早已制订了一系列破坏计划。一接BBC播发的信号，抵抗运动马上开始行动。6月5日，诺曼底地区的抵抗战士开始执行"紫色计划"，大力破坏德军电话线和通讯电缆。连接柏林和巴黎的通信电缆几度中断，迫使希特勒的最高统帅部和诺曼底前线的德军将领用无线电联络。结果，这些无线电通信被盟军成功拦截破译。丘吉尔和艾森豪威尔每天都能读到希特勒和冯·克鲁格之间的电文往来，包括8月5日冯·克鲁格对希特勒的警告——向盟军发动反击将带来灾难性的后果。盟军得以及时调兵遣将，布置出著名的"法莱斯口袋"，歼灭大批德军。法国人坚持，这一功首先要归法国抵抗运动。

法国抵抗运动执行"绿色计划"（即破坏铁路）尤为出色。英国特别行动处事先拟定了571处铁路目标，盟军计划让抵抗运动搞乱法国的铁路系统，拖住德军8—10天。而事实上，整个6月法国抵抗运动共破坏了486处铁路目标。6月7日当天，26条铁路线瘫痪，其中包括瑟堡、卡昂、圣洛和阿夫朗什之间的铁路干线。整个6月，竟没一列火车通过勃艮第。所有从马赛开往里昂的火车全部遭到袭击，里尔以北的铁路线均被切断。

"乌龟计划"（即破坏道路）执行得同样成功。法国抵抗运动游击队得到了盟军情报部门的大力援助，比如英国人给他们空投了准备有重机枪的吉普车，用以搜索袭击小股德军；还空投了6磅炮用以对付德军车辆。英国特别行动处特工托马斯麦克弗森，1944年初被空投到法国，训练法国抵抗组织游击队。诺曼底登陆开始后，他率领自己训练的游击队参加了阻滞德国武装党卫军帝国师的战斗。

当时帝国师从图卢兹赶往诺曼底增援，路上用了18天时间。而这段路平时只需要3天。麦克弗森指挥着人数很少的游击队，伐倒一棵大树横在路中央。德军想用装甲车将树木推开，却推不动，只能从后面调来工程坦克，将树木从路中央铲出去。折腾半天道路总算通开了，埋伏的游击队员突然用司登冲锋枪开火，打几个点射马上逃之夭夭。德军赶紧就地散开隐蔽，搜索还击，又耽误上大半天。

接下来，麦克弗森如法炮制出第二处路障，但是在挡路的树干下面埋了两颗反坦克地雷。"坦克开了过来，半路上又停下，德国人发觉这可能是处陷阱。于是他们肃清了道路两侧数百米的范围，这才敢让坦克上前。一声精彩绝伦的巨响，坦克就像被绳子拉住一样，就地缓缓打个转，横在了路中央。这意味着德国人要再来辆坦克拖拽，又得耗上很长时间。"第三次设路障，麦克弗森放倒了两棵树。这回他没埋地雷，而是在铺满树叶的路面上布设了一串拉开保险的手榴弹，又将德军炸了个人仰马翻。

后面又有一次，麦克弗森率手下27名法国游击队员炸桥，阻滞德军装甲纵队前进。他命令两名游击队员将湿衣服缠在司登冲锋枪的枪管上。如此，司登冲锋枪的射击声听上去像重机枪。领头一辆德军半履带车开上了桥，游击队员引爆炸弹，半履带车顿时着起火来。又一辆豹式坦克开上了桥，另一名游击队员从藏身之处掷出一枚手榴弹，正中坦克，炸断了履带。路被挡住了，余下的德军坦克开始向麦克弗森等人的隐蔽处炮击，步兵也围了上来。麦克弗森马上率游击队员们赶往撤离点，坐上等在那里接应的卡车，全身而退。

这样零敲碎打的伏击，给驰援诺曼底的德军造成了致命的延误。帝国师好不容易赶到了战区，但不是整建制赶到的，队伍给拖得零零散散。德军还有一个师，从东线赶到法国用了一个星期，从法国边境赶到诺曼底竟然用了三个星期。据盟军评估，由于法国抵抗运动的阻滞袭扰，德军每天的行军速度仅能达到正常状态下的25%。

三、"法兰西的胜利"

当然，其间法国抵抗运动也遭遇过惨败。抵抗运动计划在德军敌后、法国的心脏地带建立起大片解放区，为盟军开辟敌后空降场，对德军实施前后夹击。这一计划被欧洲盟军最高司令部否决，因为太过冒险，法国抵抗运动游击队的实力根本不足以跟德军硬碰硬。但法国人求胜心切，还是动手了。他们一连几次集结起数千名抵抗战士，在格里尔斯坡、蒙切特山、韦科尔等地向德军主动进攻，结果全部惨败。维瑟之战中，德军动用精锐的伞兵部队清剿法国抵抗运动游击队。布列塔尼半岛上的圣马塞尔之战，德军更是动用了装甲部队。法国抵抗运动的重型武器仅有英国特别行动处空投的迫击炮和加装了重机枪的吉普车，双方力量相差悬殊。参加圣马塞尔战斗的法国抵抗运动成员安德列·休回忆："大部分年轻人都没有任何战斗经验，他们目睹自己朋友的脑浆和内脏溅到草丛中和泥地里，饱受刺激。让这些法国青年眼睁睁看着战友身负重伤，躺在地上得不到救助，同样恐怖。我毫不感到意外，许多人真是受够了。唯一让我惊讶的是，临阵脱逃者竟然如此之少。"最终，付出惨重代价的法国抵抗运动游击队被迫再度化整为零，撤入山林。

德军则展开疯狂报复，制造了一系列屠杀。1944年6月9日，为报复法国抵抗运动在图勒袭击党卫军帝国师，德军在当地随机逮捕法国平民，将99人吊死在道路两旁的路灯和电线杆上。6月10日，纳粹党卫军闯入法国中部利穆赞地区格拉纳河畔的奥拉杜尔村，勒令全村及附近居民到村庄广场集合。德军将全部妇女和儿童关进教堂，将全部成年男性分组带到谷仓、铁匠作坊和葡萄酒仓库，机枪已经架在那里。德军士兵刻意瞄准男性村民的腿扫射，让他们死得慢一些。然后，德军士兵点燃了这些仓库和作坊，让受害者在烈火中痛苦死去。接下来，德军士兵在教堂中安装了点火器。教堂开始燃烧，妇女儿童从大门和窗户往外逃，面对他们的是德军的机枪。甚至有德军士兵刻意蹲下来射杀儿童。最后，德军将教堂和整个村镇纵火烧毁。奥拉杜尔大屠杀共642名法国平民遇难，其中有246名妇女，207名儿童。该村旧址作为战争罪行遗迹保存至今。而无论如何凶残，德军的颓势都无法挽回。1944年9月，法兰西最终迎来解放。

法兰西解放后，曾跟德军有染的法国女性纷纷被揪到街上剃光头，大规模整肃法奸、枪毙叛国者的运动轰轰烈烈席卷全国。德国人走了，法国抵抗运动内部马上

▲ 解放巴黎时，市区的抵抗运动成员袭击德国坦克和德国兵。

开始分化：战斗了四年的老抵抗战士瞧不上盟军登陆、起义全面爆发后才跟着冒出来的新抵抗战士，管这些人叫"FFS"，就是"九月军"（Forces Francaises de September 或者 Septemnerists）的意思。至于法共游击队，更让其他抵抗组织提心吊胆：这些人会不会交出武器？会不会打内战？谢天谢地，法兰西内战总算是没打起来。

英国人更是抱怨，英国特别行动处对法国抵抗运动的发展壮大厥功至伟，但法兰西甫一解放便遭冷遇。比如行动处特工罗杰·兰德斯，虽是英国人，却在法国长大。波尔多的法国抵抗运动领导人变节投靠盖世太保之后，便由兰德斯长期领导该地区抵抗运动。然而，波尔多刚一解放，戴高乐直接登门拜访，告诉兰德斯，您对身穿英军制服深感自豪，请您在两个小时之内离开这座城市。戴高乐宣称1944年光复祖国乃是"法兰西的胜利"，英国人则极力吐槽：这种说法让那些曾与法国抵抗运动并肩战斗的人深感苦涩。

至于法国抵抗运动的战斗和牺牲究竟值不值得？在盟军眼中，答案还是肯定的。美军驻欧洲最高盟军司令部联络官、诺曼底登陆的策划者之一拉尔夫·英格索尔后来在其回忆录《最高机密》（*Top Secret*）中写道："当我们登陆法国的时候，抵抗运动切实有效地拖住了德军货真价实的6个师，这对我们意义重大。否则德军这6个师会从博卡日直扑我们后方。根据我们从德军那里得到的情报，当时驻法国中部的德军已经陷入恐慌，被迫时刻携带武器，无法自由行动，甚至在我们抵达之前就失去了对所有占领区的控制。这让对战争最漠不关心的人也不禁熬起通宵，关注战况……法国抵抗运动对我们至少抵得上二十个师，也许更多，这是军事上的事实。"

"都结束了"：纳粹德国人民冲锋队老兵的故事

第十五章

第二次世界大战后期，随着东西两线战局的不断恶化，纳粹德国开始大规模动员国内男性参军。1944 年 10 月，纳粹德国全国性的民兵组织"人民冲锋队"（Volkssturm）正是在这样的背景下组建。党卫军最高领袖希姆莱特意挑 10 月 18 日发表讲话，正式宣布人民冲锋队成立。这天是击败拿破仑的莱比锡会战 130 周年纪念日。

1944 年 10 月 18 日，星期三，奥托·德克尔在老家伊瑟尔堡的普通一天。早晨去上班前，他边吃早餐边看报纸，报纸上登载着德军与盟军在西线的贡比涅、亚琛和东线的东普鲁士爆发激战的消息。德克尔现年 47 岁，第一次世界大战期间服过兵役，参加过索姆河战役，因一条腿负伤落下残疾而被调往后方从事文书工作，战争结束后一直在伊瑟尔堡的一家私人小工厂里做办公室行政。德克尔对自己当年的服役经历很自豪，而他的工厂现在也已经转产反坦克火箭筒"铁拳"。小城伊瑟尔堡靠近荷兰边境，战争爆发的第一年这里因德军调动而热闹过一阵，占领法国后便沉寂了。直到 1943 年兵败斯大林格勒，当地工厂开始大量使用掳来的外国劳工替代德国工人，而大批德国工人应征入伍上了前线。打败仗固然不好，但那里毕竟在很远很远之外；为德意志而战固然好，但德克尔担心自家那 3 个当兵的侄子。幸好德克尔自己只有两个女儿，都才十几岁还没嫁人。德克尔只是有点害怕厂里那些从乌克兰等地掳来的强制劳工，这些人哪天要是造了反伤害到自己的妻子和女儿，那可真是不得了。

表面上伊瑟尔堡人都相信德国必胜，但私下里大家都在犯嘀咕。战线越来越近了，几周前荷兰阿纳姆已经爆发了战事，那里距离伊瑟尔堡不足 50 千米。伊瑟尔

▲ 人民冲锋队袖标。

堡人已经习惯了盟军的重型轰炸机群从头上飞过，去轰炸鲁尔区的各重要城市。有时也会有盟军飞机坠毁在伊瑟尔堡附近，或因迷航、被击伤后减轻载重而将炸弹投到伊瑟尔堡，但那时伊瑟尔堡还没有遭到过直接的袭炸。然而，从今年夏天开始，盟军的战斗轰炸机成了伊瑟尔堡的常客，反复空袭本地的一切建筑物和车辆，连马车都不放过。本地的铁路也遭到严重破坏。显然，战争一步一步逼近了。

德克尔看明白了希姆莱讲话稿的主旨——组建全国性的民兵组织，所有年龄在16—60岁之间的男性德国公民都必须参加。妻子海尔加很是担心，德克尔则劝她：不会让自己上前线打仗，最多是在后方协助警察维持秩序，看管厂里的外国劳工。而且自己瘸着一条腿，很可能根本不会被征召。其实他心里也很不安：希姆莱的讲话中把人民冲锋队比作1814年抗击拿破仑的乡土防卫队，甚至严令人民冲锋队员不得向敌人投降，要战斗到最后一颗子弹。而乡土防卫队当年是作为游击队使用的，身为一战老兵的德克尔很清楚，他当兵那时候抓到游击队员都是就地枪毙。

希特勒要削弱国防军的影响，所以新成立的人民冲锋队不属于军队，而是被纳入纳粹党的组织架构，各地区的地方长官负责当地的人民冲锋队。结果这造成人民冲锋队成立初期组织混乱，反正不属于国防军，纳粹高层的大小头目包括鲍曼、希姆莱、施佩尔、舍普曼、罗伯特·莱伊等人都对人民冲锋队发号施令。最后是鲍曼搞了一套集中决策体制，才把人民冲锋队的大权抓到自己手里。这些事德克尔当然不知道。希姆莱的讲话发表之后，德国各地的纳粹党部纷纷贴出告示，征集人民冲锋队员。10月底，伊瑟尔堡也开始了。市政厅门前摆上桌子，党务官员逐一登记应征者的出生日期、住址、联系方式、工作和学习单位、是否有驾驶执照、是否有其他专业技能等信息。人民冲锋队将应征者划分为4类标准：第4等，身体条件限制服役，只能在本地协助维持治安；第3等，年龄在16—20岁之间；第2等，身体条件限制，只能在本地服役；第1等，可以被派往本州各地服役。德克尔因为瘸着一条腿被划入第4等。其实按他在工厂里的工作，他应该被划入第2等。

但是，即便第4类也不能免除加入人民冲锋队的义务，除非是已经应召加入国防军上前线。德克尔想尽办法跟纳粹地方党部申诉，说工厂的工作离了自己不行。直到11月初，工厂老板海因里希·齐格勒把德克尔叫到自己的办公室。他告诉德克尔，地方党部要求本地各工厂提交本厂已在人民冲锋队登记的技术人员名单。由于参与生产"铁拳"，他的工厂获准保留员工总额的70%。也就是说，目前厂里一共有10个技术人员，必须交3个出去。2个维护机器的资深技工，3个监督外国劳工干活的资深木工，这5个必须留下。老板海因里希·齐格勒自己当然也算一个。剩下4个人，分别是一个60岁的看门人兼清洁工；一个因躲避轰炸从埃森疏散来的51岁难民，这人没什么手艺；还有一个是副厂长奥斯卡·齐格勒；最后一个，就是德克尔。论在厂里工作的重要性和工作能力，奥斯卡·齐格勒都不如德克尔，但人家是工厂老板海因里希·齐格勒的弟弟，而且跟本地纳粹党部负责人是好朋友。于是，他也得以留下。上面决定了，保卫德意志就交给德克尔和另外两位去。

在人民冲锋队人员征集的过程中，连柏林方面也意识到这样的事情太多了，因而下令：11月12日星期天，各地要举行人民冲锋队集体入队宣誓仪式，提振一下士气。因为11月9日是1923年啤酒馆暴动纪念日，每年这天纳粹德国都会组织集会，人民冲锋队宣誓正好放在一起。伊瑟尔堡这天寒风阵阵，仪式在铅灰色的天空下举行。附近几个小城镇和农村的人民冲锋队员都聚集到伊瑟尔堡的城市广场列队，当地空军驻军的仪仗队和希特勒青年团的鼓号队进行队列和吹奏表演，纳粹地方党部负责人发表讲话，鼓励大家为保卫元首、人民和德意志而战，直至彻底粉碎敌人，直至生命的最后一息。但是，经历了前面那些事的德克尔心里只觉得这一套空洞而乏味。不过，这让他回忆起1915年在法国前线战斗的日子。德克尔觉得自己好像又年轻了，心中不禁又有了几分为德意志而战的自豪感。

一开始，人民冲锋队的训练如同过家家。训练都安排在周日，这样不耽误大家上班。基本训练内容就是队列和上纳粹政治理论课，当地纳粹党部和警察想尽办法给凑出几支枪，许多队员只能用自家的枪，结果大家手里猎枪、手枪乃至玩具枪五花八门。对德克尔这样的老兵来说，这不啻为侮辱。人民冲锋队也没有配发制服，因为连前线的国防军都缺制服。大家心里有隐忧：以后穿一身便装被俘，会不会被当成间谍或游击队员枪毙？人民冲锋队最大编制就是营，下辖连、排和小队。营长由纳粹地方党部任命，营长以下军官由营长自行挑选。德克尔所在的营全称北威斯特伐利亚第38区第20营，简称第38/20营。他们这些伊瑟尔堡人编成了该营第3连，第1连都是莱德尔顿人，第2连是苏德维克人，第4连是安霍尔特人。营长是52岁的莱因哈特·谢特，前陆军上尉，参加过两次世界大战，但是只在第一次上过战场。德克尔的连长叫约翰·艾登，第一次世界大战时当过排长，得过一枚二级铁十字勋章和一枚战伤勋章。艾登是德克尔生意上的伙伴，他邀德克尔在连部做文书。

德克尔清楚，老朋友帮自己只能帮到这一步。

人民冲锋队军官先期接受国防军的训练。11月底，军官训练完毕，人民冲锋队的正式训练这才开始。彼时盟军展开"市场-花园"行动，已经深入荷兰。伊瑟尔堡距雷斯的莱茵河大桥仅10千米，且城外的伊瑟尔河是莱茵河以东的一道天然屏障，战略地位重要。德克尔他们遂开始接受MP40冲锋枪和MG34、MG42机枪的射击训练。这些老兵对MG42机枪印象深刻，这玩意儿比他们在一战时用的MG08射速快太多。反坦克用的"铁拳"更让他们有点儿兴奋，但他们都明白，这东西要跟敌人坦克靠得很近才能开火，如果坦克旁有步兵伴随可就太危险了。而且"铁拳"发射时向后喷出的尾焰太长，稍不注意就会伤人。训练科目逐渐增加，识图、攻防、土工作业和躲避空袭都有涉及。连圣诞夜德克尔也与连里的战友们一起度过。

从1944年12月到1945年1月，第38/20营与当地德军进行了几次协同演习。演习中，德克尔的连部设在当地的国民小学里，他作为文书负责记录士兵的汇报和武器的分发情况，用电话与友邻部队保持联系，随时通报敌人坦克的动向，必要时候拿起武器保卫连部。不过，训练和演习结束，人民冲锋队必须将国防军借给的武器和钢盔再还回去。而且，人民冲锋队训练中普遍没打过几次实弹。德克尔他们全连总共打过6枚"铁拳"。弹药极度紧缺，实在没办法。

由于德军在西线发动阿登反击战，战局似乎一度好转。但是，到1945年1月中旬，战局再度恶化。1月12日，东线的苏联红军直趋奥得河。1月16日，西线盟军占领阿登突出部。1月14日，德克尔的第38/20营奉命转为现役战斗部队，守卫后方的威斯特法伦防线。所谓威斯特法伦防线，不过是沿着伊瑟尔河用于阻滞盟军进入下莱茵的一串防御支撑点，包括大批路障和防御阵地。冰天雪地之中，身着便服的人民冲锋队每天拼命挖反坦克壕，吃住在工地，不许回家。第38/20营由于是现役战斗部队，当地纳粹党部想办法给拼凑了一批制服。比如德克尔的第3连，戴的是防空部队的钢盔，身上穿的是帝国劳工阵线的制服，脚下高筒靴、中筒靴、工装靴应有尽有，衬衫之类则只能穿自家的。

德克尔整夜守在电话机前，居然还能挤出点时间帮忙料理厂里的事。或许是心中有愧，老板海因里希·齐格勒先生答应在服役期间给德克尔发一半薪水。这可真是慷慨，德克尔的战友们服役期间只能领到按标准发放的军饷——每天1马克。这是现役战斗部队才有的，那些强制动员来挖反坦克壕的人民冲锋队员由于不算服现役，一个子儿都拿不到。

第 38/20 营的日常生活无非是砍树垒路障、挖堑壕、挖散兵坑，也经常会有训练。实弹射击训练很少，营里没有多少弹药储备，只能多训练防守阵地。按照编制，守卫每处路障的小队应配备至少一挺轻机枪和数支"铁拳"。"铁拳"打坦克，轻机枪压制步兵。很不幸，人民冲锋队没有这么多机枪，只能用步枪去压制，而且步枪和子弹也不够，于是只能全靠这些老弱残兵的机智表现了。

第 38/20 营是在盟军可能实施空降的北莱茵 - 威斯特法伦州担负警戒防御任务。这意味着德克尔他们不能只守着伊瑟尔堡的路障和阵地，还要四处巡逻以保证伊瑟尔堡到安霍尔特之间 3 千米道路和到苏德维克之间 5 千米道路的畅通。1 月 27 日，营长谢特决定将每个步兵连从 2 个排扩编为 3 个排，即从每个连抽调一部分骨干组成机动预备队。严重缺乏车辆，士兵只能徒步巡逻。谢特向上级请求，多少给配备一点车辆。这个请求倒是被满足了，人民冲锋队的老兵们还真领到了车——自行车。

武器优先配备给战斗部队。到 2 月底，营里的武器多了起来，人手能配发到一支步枪了，尽管很多是缴获的外国型号，弹药也非常有限。"铁拳"数量也足了，营长谢特反复提醒士兵们，那玩意儿拿在手里一定要小心。每个连都有了轻机枪，主要是 MG81s，用航空机枪改的。营里甚至有了迫击炮。但大伙心里清楚，这下真要打仗了。营长谢特心里更清楚，这些东西用来打仗根本不够。

都说德国人办事严谨效率高，但人民冲锋队的后勤供应一团糟。隶属战斗部队的人民冲锋队各营，在指挥和后勤上归野战军。但威斯特法伦眼下还不是战区，这意味着此地归后备军管。但当地的人民冲锋队同时又归北莱茵 - 威斯特法伦州地方长官阿尔弗雷德·迈耶领导。后备军倒是有军粮，但是没有野战军的战地厨房和烤面包设备。地方长官和人民冲锋队手里，则是一样也没有。有时候野战军心情好了能给发点罐头，有时候纳粹地方党部能给提供点热食，但都不靠准。奥托·德克尔经常在连部为填饱全连的肚子而伤透脑筋。幸好该营驻地就在伊瑟尔堡附近，当地市民和商人给本乡本土的人民冲锋队自发捐献了不少吃的。那些驻地远离家乡的营可就惨了，有的营干脆自己在被盟军飞机炸毁的房子废墟上搭架子烤面包，有的营被迫自掏腰包买东西吃，甚至连借粮乃至乞讨的营都有。落到这一步，遑论条顿的武德和日耳曼的精神。

其实填饱肚子还是小事，更大的威胁来自空中。天气晴好时，盟军的空袭频率不断增强。尤其是 2 月 8 日英军和加拿大军队发动攻势以来，人民冲锋队更是想尽办法在冬天的雪地中躲避盟军飞机，靠着伪装保命。但光躲还不行，人民冲锋队还要冒着空袭承担救火、抢运物资和维持秩序之类的任务。有时连营长谢特都没法忍，命令架起轻机枪向低空掠过的盟军飞机开火。但谢特还得强调：弹药不够，防空省着打。

也是在 2 月，第 38/20 营的士兵们盼着退役了。按照颁布的法令，人民冲锋队员服役期为 6 周，他们 2 月 25 日就到期了。到期前一周，地方长官迈耶签署命令，无限期延长他们的服役。人民冲锋队员和家人不是不想为德意志牺牲，但牺牲要有价值，而且负担要合理。最重要的是，迈耶的命令不是胡乱下的。就在 2 月 18 日这天，加拿大军队经埃梅里希攻入下莱茵地区，距威斯特法伦只剩 20 千米。到 3 月 1 日，第 38/20 营已经完全是以战斗部队的身份守卫着阵地。他们的任务是尽可能阻滞盟军前进，给德军部署争取时间。但到那时，德军也没什么力量战斗了，最后人民冲锋队发现正规军竟然反过来拿自己当主力使。德军 H 集团军在莱茵河以西的战斗中遭受重创，迈耶遂将 1.5 万人民冲锋队推上了战场，第 38/20 营成了一支正式的步兵战斗部队。

这个营被部署在德军第 6 空降师的右前方，完全取代战斗中被打残的第 18 空降团第 1 营，防御的阵地从埃梅里希一直延伸到莱茵河，以小镇多尼克为中心。3 月 7 日，地方长官迈耶解除了营长谢特的职务，任命同为一战军官的汉斯·若克瑞恩为营长，原因不得而知。但事实证明，若克瑞恩的指挥能力确实强于谢特。这个营直属第 6 空降师指挥，按照所谓德国人的办事严谨，必须每天向上级提交烦冗的详细报告，汇报当天部队装备、给养、人员等等一切情况，连文书德克尔天天忙得不可开交。没办法，人民冲锋队员都有正式颁发的士兵证件，必须服从军队的管理。

第 38/20 营花了大量工夫去构筑防御阵地，其防御战术是二战后期德军的典型——静伺敌人发动进攻，如果遭遇炮击，人民冲锋队的排级指挥官可以呼叫营属炮兵支援，但必须报告明确的目标方位，因为德军没那么多炮弹去进行火力覆盖。全营只有 4 门迫击炮，一轮炮火支援只能打 20 发炮弹。战局越来越紧张，人民冲锋队员要全天执勤，不再有探亲假。3 月 22 日，英军向莱茵河一线发动进攻，第 38/20 营初经炮火。这天盟军空袭了该营驻守的埃梅里希 - 威塞尔铁路沿线，安霍尔特和伊瑟尔堡也遭轰炸。22—23 日凌晨，英军和加拿大军队进行猛烈炮击，从该营防区到上游的雷斯和威塞特，750门火炮轰击了3个小时。然后英军从这两处地方强渡莱茵河，下游的第38/20营什么也做不了，只能在忐忑中等待。

这个夜晚让德克尔仿佛回到了第一次世界大战时法国前线的堑壕。3月23日早上，战友们只能庆幸自己还活着。伤亡不大，有几个人失踪，怀疑是当了逃兵，剩下人人都怕得要命。第3连与营部的电话联系中断了，连长艾登派副连长霍福尔去向营长若克瑞恩报告，又派德克尔去与友邻的该营第2连取得联系。德克尔刚要推说自己瘸着一条腿、没法干传令兵的活，艾登斩钉截铁地一句话给他堵了回去："奥托，我相信你能回来。"于公于私，这下德克尔都不能不去。

德克尔一瘸一拐地去找第2连，头顶上不时有一波波遮天蔽日的盟军机群飞过，不是朝东就是朝东南方向飞去。这是盟军为配合强渡莱茵河而发起的大规模空降行动，其间全然不见纳粹德国空军和防空火力的影子。瘸腿的德克尔手里只有一支设计定型时间比自己出生还早的老式荷兰步枪，怎么去对付这样强大的敌人？德克尔想到了当逃兵，或者躲起来，等盟军过来后投降。但要是德军先找到自己怎么办？人民冲锋队员也是士兵，按照军法只有死路一条。况且，连里都是伊瑟尔堡的老乡，德克尔不忍心丢下他们，不然以后自己也没脸回伊瑟尔堡。于是，德克尔还是尽职尽责地完成了任务，找到了附近第2连的连部。他发现，这个连损失惨重，士气比自己的连还差。正在这时候，营长若克瑞恩的传令兵也到了，命令第2连连长施韦特费格向普雷斯特派出反坦克排，协助德军伞兵守住南面的比嫩。施韦特费格赶紧让德克尔回去通知艾登，第3连跟着第2连向普雷斯特转移。临走的时候，德克尔看到了所谓反坦克排集合出发的样子：三十多个人，人人骑着自行车，每辆自行车前梁上挂两支"铁拳"。德克尔突然感到庆幸，自己这条瘸腿让自己不用去干这种事。

德克尔的归途同样凶险。他依稀记得1916年时的经验，通过声音判断炮弹飞来的方向和距离，随时找地方隐蔽。他心里感叹，这场战争跟上一场真是既不同又相同。德克尔回到第3连连部，经过简单的交代，艾登下令全连集合，夜间转移。比嫩已经陷入战火，黑夜中远处爆炸的火光和枪炮的射击声让人民冲锋队员们胆战心惊。3月24日，该连转移完毕，在多尼克沿雷斯到埃梅里希的铁路线展开防御。士气低落，给养中断，但没有人敢当逃兵。3月25日，消息传来：加拿大军队第9旅占领比嫩，从南和东南两个方向朝第38/20营冲来。营长若克瑞恩命令艾登率第3连协同第4连，准备对"小股敌军"进行反击。附近炮声隆隆，伴随着机枪和迫击炮的射击声，甚至已经能听见坦克的轰鸣。怎么可能呢？德克尔他们心中都在问，让这些既没有装备又缺乏训练的老家伙去，只能是送死。

3月26日，德克尔亲身经历了自己在第二次世界大战中的第一次战斗。当时他去向第3排排长弗兰茨·阿克曼传达命令，一处前沿观察哨里的M81s机枪手发现了敌人的动静，马上开火。德克尔和阿克曼赶紧加入了战斗，同老式荷兰步枪向敌人射击。那一小队加拿大士兵马上撤回去了。还没高兴上片刻，加拿大人的炮火接踵而至。炮弹准确敲掉了这处机枪哨位，两人阵亡，其余的人全部负伤。德克尔觉得震惊，其实这在西线的人民冲锋队里是家常便饭。

3月27日傍晚，战局空前紧张。东南方向的枪炮声不断减弱，这意味着德军已经快无力抵抗。25日跟营部的联系就中断了，派出去的传令兵没有一个回来。艾登、施韦特费格和第4连连长塞拉芬一起分析，比嫩和普雷斯特很可能都已失守，敌人正向埃梅里希推进。但是，没有撤退的命令，只能固守待援。况且，猛烈的炮火之下，他们根本撤不回去。他们一致决定，再派传令兵去找营部，哪怕能找回来点吃的也行，毕竟几天没吃饭了。

出乎意料，这天晚上比平时要安静，有些人民冲锋队员甚至能抓紧时间睡一会儿。3月29日黎明前，密集的炮弹突然砸了下来。紧随着炮弹，东面和东北方向传来轻武器射击声。依稀能分辨出，其中夹杂着一挺MG42机枪。这是全营仅剩的一挺还能打响的机枪，配属给了多尼克城外的第4连。艾登和德克尔完全清楚，第3连的防御阵地正面朝西和朝南，他们这是被加拿大军队抄了后路。唯一的希望是部署在南面的第4连能挡住加拿大人，趁机赶紧派出传令兵去联络各排，撤入多尼克重新组织防御。艾登正在想派谁去，负责在楼上观察的阿尔伯特·哈克大喊道："敌人过来了！"德克尔和另外两名战友赶紧上楼，只见一支加拿大军队的侦察小队正从北面沿着一条小路的边缘朝多尼克村移动。四名一战老兵一齐端起步枪射击，加拿大人赶紧卧倒隐蔽。

这时连长艾登也上楼观察，他发现远处闪起一道火光，那是"铁拳"发射的尾焰，明显是从第1排那边打出去的。伴随着"铁拳"战斗部的爆炸声，机枪射击声连串响起，远处还窜出一股橘红色的耀眼火焰，空气中能闻到一股燃烧的汽油味儿。加拿大人有喷火坦克！艾登、德克尔他们这几个人目睹了喷火坦克的威力：其实没有直接喷中目标，第1排阵地那边的人马上扔出武器，从房子里走出来投降了。

腹背受敌，山穷水尽，唯一的选择大家心照不宣。艾登说了一句："都结束了。"第3连连部的全体人员就这样扔出武器，一个个高举双手，手里拿着士兵的身份证件，走上多尼克的街道，嘴里用德语和拙劣的英语喊着"不要开枪"，向加拿大士兵投降。奥托·德克尔的战争就这样结束了，战争中他一共开了不超过10枪，已经比营里绝大多数人民冲锋队员打得多。

德克尔庆幸自己遇上的是相对"文明"的加拿大军队和英军，要是遇上苏联士兵或者法国士兵，下场不堪设想。不过命运很是奇妙，如果德克尔当初按照第2类标准被分配去挖战壕或保卫家乡伊瑟尔堡，可能他只需在盟军手里待上几天就会被遣散回家。但他所在的营属于现役战斗部队，配发了制服和士兵证件，所以德克尔成了真正意义上的德军战俘。经过加拿大军官和翻译的简单审讯，德克尔跟人民冲锋队的战友被集中起来一路后送，直至4月下旬被用船运到位于比利时布鲁塞尔附近的英国战俘营。德克尔等人早已清楚这场战争的结局，只是担心战争还要持续多久。自从上了前线，他只收到过海尔加的一封信，不知家乡伊瑟尔堡的情况怎样了？

德克尔等人其实能想象，1945年4月战争席卷德国西部，造成了巨大的破坏。彼时英国著名战地记者艾伦·穆尔黑德写道，大批德国城镇"已经停电、停气、停水，没有电灯，没有政府的协调体系。人们像蚂蚁堆中的蚂蚁，在废墟中奔忙。"中国著名作家、时任《大公报》驻欧洲特派员兼战地记者的萧乾当时正随盟军挺进莱茵河，更直观地写下了自己亲眼所见的德国西部："那时我看到的是红土多林的莱茵河区，又是狼狈溃败中的德国。莱茵河的天蔚蓝得令人发愁。无边无际的大森林阴惨惨似是隐遁着千万冤魂。城镇化为废墟；田野里，断枝的树，无家可归的人们，闲逛着的军马和焚毁的飞机坦克，比比皆是。最难忘的是克隆斯塔德一家牛奶厂。所有的牛都被炮火炸死了，只有一头黄牛仍顽强地孤零零立在栏内，四腿挺着劲。同行的人说，那牛虽然站着，却已死了。我从来不打赌，那回却不甘心，就冒了踏地雷的危险，走近那铜像般的动物。果然它已经死了，两只钝而挂血丝的眼睛，仍垂视着卧在地上的同伴。我急忙用手帕捂起嘴来跑开了。"

英军对待德军俘虏相对友善，所有德国人民冲锋队员不论军衔，一律被按照普通德国国防军士兵对待。德克尔在比利时的战俘营中度过了一段还不错的时光，迎来了战争的结束。德国投降，数十万战俘涌入盟军战俘营，后勤压力顿时难以承受。

为此盟军马上开始了战俘释放遣返工作。考虑到人民冲锋队员普遍的年龄和身体状况，没法让他们去服清理废墟、排雷之类的劳役，只能赶快放掉，让他们回乡去充实战后初期德国的劳动力。于是，德克尔和战友们上了6月份乘船回国的第一批释放名单。回家的旅途用了一个多星期，跟被运送去比利时一样，要经过数个临时安置营和转运点。最后一段路，德克尔搭乘了一辆英军的运货卡车，又徒步走了10千米，终于回到了伊瑟尔堡。

战争末期伊瑟尔堡遭到严重轰炸，德克尔家的街区却安然无恙，跟他2月份离家时没有变化。他敲开了家门，跟一直等待自己回家的妻子海尔加、两个女儿相拥而泣。附近的亲戚朋友和邻居听说德克尔回家，纷纷前来探望，顺带打听同一个营里自家亲人的下落。很遗憾，德克尔只是对3月被俘前战友的死伤情况有了解，战友们被俘之后的事情所知甚少。另外，德克尔还去找当地警察和英国宪兵报到，让他们检查了自己的释放证明，并领取了新的身份证明和供应配给卡。6月底，他正式恢复了平民身份。

最后，本章之初德克尔的担心还真成了现实。那些被强掳来的外国劳工，被盟军解放出来后等待遣返回国，果然无法无天起来，伊瑟尔堡城里一度治安混乱。英军占领当局和英国宪兵加强治安力度，总算控制住局面。而外国劳工遣返回国，当地工厂顿时劳动力短缺。厂长海因里希·齐格勒先生听说德克尔回来了，热烈欢迎他回厂里上班。德克尔这才知道，厂长的弟弟奥斯卡·齐格勒虽然凭借过人的关系免于加入人民冲锋队，英军来了之后他却因为跟当地纳粹党务官员过从甚密的关系，被当作纳粹分子抓进了监狱。德克尔心中暗喜，真是命运无常。他接受了邀请，7月重回工厂上班。人生回到正轨，仿佛一切都没有发生过。

老兵德克尔的故事就这样结束了，他平静地过了自己的下半生。这个老人民冲锋队员的经历，是第二次世界大战末期许许多多普通德国人的缩影。他们以这样的方式经历了战争，从而得以反思战争，珍视和平。

在暴风眼的漩涡之中：
柏林之战实录

第十六章

一、"终于来到了"

柏林,闪耀的城市。而 1945 年春,当第二次世界大战欧洲战事临近尾声时,从航空照片上看柏林已经像经历过世界末日一般。到处是残破不堪的建筑,几乎没有一块玻璃是完整的,憔悴、消瘦和病恹恹的德国人在街头流浪。疾病蔓延,下水道外露。苏联红军还没有发动进攻,这座城市已差不多被盟军的战略轰炸摧毁。希特勒仍在不遗余力发表演说:"全世界必须明白,这个国家绝不投降。如同历史上所有伟大的国家一样,德意志帝国同样会遇到挫折,但绝不会在自己选择的道路上动摇。德国领导人与德国人民一同忍受苦难的时刻,但即使面对困难也绝不放弃。""我要求每个德国人都能尽自己的职责,直至最后。该做出牺牲时绝不退缩。我要求平民为这场斗争制造武器。我要求农民尽量节衣缩食,这样才能为士兵和工人提供面包。我要求所有女性都支援斗争,并一如既往地保持热情。"

希特勒的演说通过新闻播报,但新闻播报已只能在德意志广播大楼下面的地堡中进行。号称"第三帝国最后的公共之声"、当时年仅 18 岁的播音员理查德·贝尔多年后回忆:"我们在地堡里广播新闻,天花板有 6 米厚,什么都打不进来。但从 4 月中旬开始,我们就不断地问自己:谁还听广播呢?4 月底,戈培尔讲到了柏林最后的抗争。他告诉我们,元首依然与我们同在。我们胜券在握,我们还要继续广播。"

一名德国女性写道:"在战争的最后几个月里,每次听到广播里传出希特勒的声音时,我都必须忍住泪水。我们也不想承认,但我们不得不承认,我们的国家处于危急关头。我们畏惧可怕的真相。"一名德国军官在日记中写道:"我们的末日到了。我们的领导人想好退路了吗?士兵战死,城镇被摧毁,现在的一切还有意义吗?"另一名军官在日记中写道:"难道没有人能制服这个疯子,结束这一切吗?他们还是将军吗?不,他们是狗屎,是废物,是懦夫。"这些叛逆的句子只见于私人日记。写下这些句子之后,年轻的军人又回到了战场。德国社会无力反抗,只能继续沉沦。人们私下里流传着这样的冷幽默:"乐观者在学习英语,悲观者在学习俄语。"

1945 年 4 月 12 日,柏林爱乐交响乐团在战时最后一次奏响了瓦格纳《诸神的黄昏》。音乐会举办当天,美国总统罗斯福去世。希特勒欣喜若狂,他说自己预测的伟大奇迹发生了,战争还没有结束。然而就在 4 天之后,1945 年 4 月 16 日,苏联红军集中三个方面军,向柏林发动了史无前例的总攻,250万苏联士兵冲向柏林。柏林外围的五道防线相继被突破,施罗弗高地58英里长的堑壕和反坦克壕阻止不了苏联红军的步伐。4月20日,希特勒56岁生日当天,盟军对柏林发动最后一次空袭,此后柏林陷入死一般的沉寂。战争末期柏林在60天里被盟军轰炸了90次,早已习惯了轰炸的柏林人顿时忐忑不安。

当时还是个小姑娘的瓦尔特劳德·聚斯米利希随父母躲进了著名的柏林动物园高射炮塔,她回忆:"他们(德军士兵)说那是休战期。我不明白那是什么意思。对于士兵们来说,那是暴风雨来临之前的宁静。所以我们都在等。"她当时还不知道,柏林的三座高射炮塔都是在开工8个月内建好。为了建这些高射炮塔,耗费了10万吨石块、7.8万吨石子、3.5万吨水泥、9800吨钢铁和15万立方米木头。每天3700吨建材运到柏林,火车时刻表也一度跟着改变,以配合不能停歇的物资运送,最后还强征了大量法国、荷兰驳船从水路运输。高射炮塔的混凝土地基有2米厚,占地面积相当于24个网球场,塔身7层楼高,上面还建有200米高的雷达塔,可侦测到80千米外的敌机。雷达天线向高射炮塔发出警报之后,还能在炸弹落下之前缩回12米长的竖杆。塔上的高射炮辐射范围360度,三座炮塔的高射炮加起来1分钟可以发射8000发炮弹。炮塔上每一次对空射击,高射炮都会给塔身施加40吨的重力。高射炮塔的混凝土墙厚达2—3米,屋顶是墙的两倍厚。盟军轰炸机多次投弹直接命中,根本无济于事。按照纳粹当局的设计规划,柏林这三座高射炮塔都是向民众开放的"公共掩体",每座可容纳1.5万人。然而现在大批柏林市民涌入看似坚不可摧的高射炮塔寻求庇护,据说每座高射炮塔竟然挤进了五六万人。时年15岁的希特勒青年团员乔基姆·卡劳被征召到柏林动物园高射炮塔担任防控助理员,负责操作探照灯。他回忆:"走廊上也挤满了人。我们很难履行职责,必须从睡在地上的平民和士兵身上跨过去。"

当时同样是个小姑娘的德国平民露丝·瓦茨回忆与聚斯米利希相似:"我妈妈再也受不了听到炸弹掉落的声音了,所以我们都进入了防空洞,在那里面什么都听不到。我一度走出洞外,我觉得,自己无法理解。每次我们从地堡里走出来,天空中都有闪电。直到我发现,那并不是什么闪电,而是东线在交火。随着一晚一晚过去,枪炮声越来越近。"

时年29岁的多萝西娅·冯·施瓦恩弗洛格尔和自己的小女儿躲在自家公寓楼里,

多年后她如此回忆那一天：

"4月20日星期五，希特勒56岁的生日，苏联人用大炮给他送去了生日礼物，直接轰入了市中心，盟军则进行了大规模空袭。这一天，电台里说，希特勒从地堡里面出来会见了一些14—16岁的男孩们，并且进行了交谈。这些男孩们说'自愿'为党卫军付出生命，捍卫荣誉。多么残酷的谎言。这些男孩不是自愿，他们别无选择。他们一旦被发现逃避服役，就会被党卫军当成叛徒绞死。尸体还会被挂上牌子，上书：没有勇气战斗的人必须去死。大街上的树都不够用了，很多人挂在了路灯上，有老人、孩子、男人、女人、平民、士兵……都是被一小撮狂热分子处决的普通人。根据他们的理由，战争失败是我们所有人的错。我们没有做出更多的牺牲，因此我们失去了生存的权利……"

"为庆祝希特勒生日，我们领到了8天的口粮……等着领口粮的时候，我注意到大街对面有一个看起来很难过的小男孩，躲在灌木后面，躲在一条自己挖的浅沟里。我走到他身边，看到他穿着不合身的军服，实在太大了，身边放着一个磁性反坦克手榴弹。泪水顺着他的脸往下流，他害怕……我温柔地问，小朋友你在干吗？看到有人用这种语气跟他说话，他放下了所有的戒心，对我说，他被命令躺在这里，等苏联坦克过来的时候，跑到坦克底下，引爆手榴弹。我说，这怎么行？他说，他也不知道。这个瘦弱的孩子看起来甚至都很难拿起那个笨重的手榴弹。在我看来，这就是个无用的自杀任务。他一起身，苏联人就会把他打成筛子。"

但时间已容不得柏林人去忐忑和恐惧。第二天，苏联红军对柏林市区发动了猛烈的进攻。瓦尔特劳德·聚斯米利希说："一次警告也没有，什么都没有，我们看到炮弹像黑影一样，从头顶上空飞过。我无法形容当时的情形，只听到嗖嗖嗖的声音。我头疼得厉害，那种噪声快把我的耳朵震聋了。那是我听过的最可怕的声音。"苏联红军对此有截然不同的记忆，著名作家、战地记者弗谢沃洛德·维什涅夫斯基饱含激情地写道："在薄雾中响起异常清晰又有些颤抖的军官的喊声：'瞄准法西斯德国的首都，装弹！'一阵炮闩的铿锵声……炮兵连长查普科夫斯基上尉站在那里一动不动，双眼注视着市区……盼望已久的时刻终于到来了，全体苏联人民期待的一天终于到来了！……一团团巨大的硫化物黄色闪光腾空而起，炮身重重地后坐着……时间是1945年4月21日清晨6点。"

两天之后，苏联红军发布战报："白俄罗斯第一方面军在炮兵和航空兵大规模空袭的支援下,从奥得河西岸的基地转入进攻,突破了德军为从东翼掩护柏林而纵深配置的牢固防御工事,向前推进了60—100千米,占领了奥得河畔的法兰克福、范德里茨、奥拉宁堡、比肯费尔德、根尼格斯多夫、潘科夫、弗雷德里克斯费尔德、卡尔斯霍斯特、科佩尼克,最后攻入德国首都柏林。"

二、"保持镇静"

战地记者弗谢沃洛德·维什涅夫斯基的文字记录极为真实,感情丰沛,至今读来依然动人心魄:"公路上一闪一闪的车灯照亮了电线杆和黄色德文路标。黑暗中的柏林市就在前方,已经不远了。在熊熊大火的背景上已经可以看到一排庞大建筑物的轮廓……这就是你,柏林!"

"晨曦中可以看到湿气很浓的城市全景。巨大的黑色烟柱,高大的工厂烟囱和如同军人排着长队一样的电线杆。房里亮着灯,电话也能打通。但是,当我们向住户问起有关报纸的事,他们说已经14天没有报纸了。墙上贴着一张最近的告示,落款日期是4月20日。这是希特勒历次宣布的动员中的最后一次。所有休假士兵和工人都被征召入伍。应征者中有这样一个人,他没有戴制服帽,围着花围巾,头发蓬乱……'那里乱透了,什么事都搞得乱七八糟,军官们都给吓蒙了……'"

"先头部队对市区发起了钳形攻势。德军炮弹在一个全部由列宁格勒青年组成的炮兵连附近不停地爆炸,大炮护板被炸得当当作响,树枝断落下来,弹片猛烈地崩落到地面上。"

"德军每20秒钟就发射一次排炮。我们的炮兵像操练时一样,双手紧握椅座,一个个默不作声,目光凝视着前方乘车前进。部分炮车向公路两侧展开。铁锹插入了柏林的土地,这是一片夹杂有砾石的棕红色沙土地。"

在苏军第303红旗近卫迫击炮团的拉科夫·卡列宁上尉看来,这是壮丽的一幕:"我们叫他们投降,他们拒绝。我们就用上了喀秋莎火箭炮。起初只有嘶嘶声,声音会越来越大。随着更多火箭弹加入,就变得响彻云霄。就像一连串长箭轰隆飞越空中,尾部喷出熊熊火焰。被击中的地区,所有一切都被摧毁。"据说苏联红军火炮密度达到了每两米一门,炮手必须张开嘴巴以免震破鼓膜。苏军10天打了123.6

万枚炮弹，比英美盟军向柏林投掷的炸弹总和还多，相当于约 10 万吨重的钢铁落在了德国人头上。炮击片刻不停，一名苏联战地记者如实记录道：

"我在墙壁上见到了戈培尔在广播里叫嚣的那句话：'每个德国人都有义务保卫他的首都，我们会把红军阻止在柏林的城墙下。阻击他们！'"

"碉堡，路障，地雷，陷阱，手里拿着手榴弹的士兵——这些都被炮弹的冲击波轰碎了。"

"我来到比斯多夫附近，天下着蒙蒙小雨，我看到炮兵阵地上正准备开火，我问炮兵指挥官：目标是什么？'柏林市中心，施普雷桥，还有这里偏北一点的地方，和什切青火车站。'说完了他就大声命令道：'向法西斯德国首都开火！'我下意识看了下手表，这是 1945 年 4 月 22 日早晨 8 点 30 分。96 发高爆榴弹在几分钟后落入柏林市中心。"

来自比斯多夫的炮弹也落到了柏林卡尔斯霍斯特的康德中学附近。出生于 1928 年的希特勒青年团员迪特里希·施万克，当时正随一批临时集结的德军残部驻守在那里："我们左侧的部队随时在变化，一会儿是党卫军，一会儿是人民冲锋队，一会儿又换成一些打散了的部队临时编成的战斗组，一会儿又换成了伞兵。大概到了 5 点钟，猛烈的爆炸声突然从弗里德里希菲尔德方向传来，然后就是步枪射击声和发动机的轰鸣声。几分钟后，学校操场上的 88 毫米高射炮开火了，也不知道他们在打什么。5 点 30 分，一群警察和人民冲锋队朝弗里德里希菲尔德方向跑过去。我知道我父亲也在人民冲锋队里，我努力观察人群里有没有父亲的身影，我没见到。以后也再没见过他。"施万克一生都忘不了苏联红军的火力："突然间，门外一辆突击炮爆炸了，炸得飞向了天空中。它是被击中殉爆的。机枪、步枪子弹和迫击炮弹猛烈地落在特里斯科瓦勒大街上。""10 点，更猛烈的炮火袭来，来自比斯多夫方向。大街上我们附近那几辆'斯大林'坦克撤退了，但俄国步兵开始疯狂冲击我们的防线。'斯大林管风琴'（即喀秋莎火箭炮）几乎在我们背上爆炸。10 点 30 分，一架俄国飞机在我们阵地上投下了一颗彩色烟雾弹作为他们的观察标记。10 点 45 分，更猛烈的炮弹砸到我们头上，他们对我们这条防线的总攻可能要开始了。11 点，我们长官……命令我们以最快速度撤退。撤退时我们再次穿过特里斯科瓦勒大街，俄国人的机枪不停扫射我们。"

施万克成功撤了回去，苏联红军则见到了更多逃不掉的家伙。战地记者维什涅夫斯基写道:"不知从哪儿突然冒出来几个家伙,他们身穿西服上衣,下身穿着灰绿色裤子和带铁掌的皮鞋。'是士兵吗?''不是。'一副副厚颜无耻的醉汉嘴脸,嘴里散发着酸臭的酒气。这是希特勒青年团的娃娃。有一个孩子边打嗝儿边抽泣。他们从背后朝我们的部队开枪。后来陷入重围,企图化装溜掉。"对付他们,苏军的方法简单粗暴:"大炮、坦克和机关炮直接对准阁楼射击,德国狙击手连同炸飞的瓦片一起同归于尽。遇到地下室向外射击,我们的战士就准确地往里扔手榴弹和燃烧瓶,马上就让那些喜欢埋伏的人安静下来。"

巷战之中,苏联红军对"希特勒分子像发精神病一样用白色油漆在墙上涂写的标语"嗤之以鼻,比如"保持镇静!柏林绝不会失守!""镇静!柏林绝不投降!"陷入绝境的德军早已失去了镇静,只有求生的本能。恩斯特1944年底参加德军时只有16岁,作为一名高射炮兵参加了国会大厦保卫战。他晚年回忆:

"我于1945年4月28日—5月1日参加了国会大厦的战斗。在这场战斗结束之前,许许多多的人失去了生命。当时党卫军负责国会大厦的左翼,我们国防军

▲ *在柏林国会大厦扬起红旗。*

和人民冲锋队、希特勒青年团以及其他各种各样的队伍，甚至还有海军人员，负责国会大厦的右翼。俄国人已经完全包围了国会大厦。当时我和两个战友去内政部的地下室，帮伞兵们取吃的还有弹药。我们到了地下室，发现俄国坦克正朝这个地下室冲过来，T-34坦克的炮管已经对准了我们。说时迟那时快，我举起'铁拳'朝T-34射了过去。击中了。我永远不会忘记坦克燃烧起来后，里面俄国人的尖叫声。他们的车长打开炮塔的盖子，跌跌跄跄出来朝我开枪。我也开枪了，打倒了这个人。我别无选择。"

而4月30日苏联红军攻克国会大厦后，那位将红旗插上制高点、获得了最高荣誉的战士，留下了这样的回忆："我们想爬上国会大厦，到达穹顶。我是一个不顾一切的人，在烧毁的狭窄横梁上攀爬，我触摸到了胜利的旗帜。我抓住旗帜，在手中握了几分钟，冷汗从我体内喷涌而出。整场战争中梦寐以求的时刻，抵达敌人的巢穴，我成功了。"苏联著名作家、《红星报》战地记者瓦西里·格罗斯曼更激动地写道："我想大喊，我想唤醒那些战死在俄罗斯、乌克兰、白俄罗斯和波兰的战士们。他们长眠于恐怖的战场上。同志们，你们能听到我们的声音吗？我们胜利了！"

三、"我也是犹太人"

战火之下的柏林平民对自己的命运完全无能为力。那位少妇多萝西娅·冯·施瓦恩弗洛格尔回忆："苏联人在和德国人打仗。爆炸声和步枪射击声越来越近。我们甚至可以听到苏联人的尖叫，听起来就像愤怒的动物。流弹打碎了我家的窗户，炮弹在花园里爆炸。突然间，苏联人冲上了我们的街道，我们被周围的战斗所震撼，也被恐惧所麻木。我在地下室的小窗户里看到苏联坦克和汽车无穷无尽地开过去。"对于柏林平民这种自认为事不关己的态度，满腔复仇怒火的苏联红军感到难以理解。德国反复强调苏联红军在攻克柏林时针对平民的种种暴行，苏联战地记者维什涅夫斯基却记录下了这样一件事：

"有一位先生试图证明不应该向楼房射击，尤其是不应该向他的私人楼房射击。我们把1941年8月27日出版的第18期《武装部队》杂志放在这位先生面前。'这是你们的杂志吗？'先生翻了翻杂志，看了一下日期和官方出版物的图章，出版社地址是'柏林，夏洛登堡，第二乌兰德大街，7-8号'。于是，我们把第六页和第七页两个版面上的照片指给这位先生看。通栏标题是'轰炸莫斯科'。照片拍的是夜间大火的镜头。照片说明写道：'照片表明，德国空军的毁灭力该有多大。'我们尽量控制住自己，向他讲述了在我们其他城市——列宁格勒、斯大林格勒、塞瓦斯托波尔等地发生的一切。我们补充说：'现在我们来回报你们了。'"

"……柏林，我们绝不能让你有片刻平静。"

这段文字写于4月27日，同一天希特勒青年团员君特·兰普雷希特奉命去柏林的帝国银行协助照顾伤员。君特·兰普雷希特长大后成为德国电影明星，当时年仅15岁。他回忆:

"过去几天无休止的轰炸和空袭，使帝国银行所有房间和走廊都被重伤员和垂死的人堵满了。现在'斯大林管风琴'令人恐惧作呕的声音已朝总理府方向飞去。红军坦克不停地前进，占领了一个又一个街区。特别是施普雷运河和兰德韦尔运河上的铁路桥战斗最激烈，听说红军想在5月1日前解放柏林，因为5月1日是他们苏联很重要的一个节日。

斯皮特马克特地铁站口被好几辆巨大的坦克残骸挡住了。这些T-34坦克是被人民冲锋队和希特勒青年团的人用'铁拳'摧毁的。地铁站口的坦克残骸使红军步兵几个小时都无法进入莱比锡大街和威廉大街。

我在银行的地下室，一个叫鲁迪的国防军士官找我，让我把一份文件送到附近的L点。我不知道L点在哪，他给我画了一个草图……我跑着出发了，首先来到施普雷运河的少女桥这里，桥头有个机枪掩体和三个老兵，有个老兵对我说：'小家伙，小家伙，赶紧他妈的给我回来，要不我揍你屁股。'我头也不回地朝L点跑去。"

君特·兰普雷希特没有冲过桥去，而冲过桥求生的经历是德军士兵赫尔穆特·阿尔特纳一生最难忘的回忆：

"街道尽头和大路的交叉口都矗立着建筑物的外墙和废墟，数以百计的平民挤在里面。街道的左边缓缓上坡，通往一座桥。街上看起来很干净，平民却蹲伏在通往那座桥的台阶上，士兵们则紧靠在涌往哈弗尔河堤岸的残垣断壁后面。偶有几个平民从台阶的藏身处跳出来，跑过那座桥。我们身后的平民越来越多，死角里藏不下了，大批平民已经开始暴露到外面。除了我以外，士兵里还有怀抱婴儿的妇女、老妇人、小孩子、才十几岁的少男少女。我小心翼翼地朝最高处那级台阶上面望，只见桥上子弹横飞，血流成河，恐怖的景象让我毛骨悚然。

他们大喊放低身子，贴着地面往前跑。我深吸一口气，跳上桥，朝着机枪迸发出喷焰的弹道方向冲了上去。迎着擦身而过的子弹，我将自己投入了这座死亡的磨坊。路面鲜血淋漓，踩上去打滑，尸体横七竖八躺在周围，还有被吊死的尸体挂在桥头栏杆上晃荡。车辆和坦克直接从上面碾过去，将骨骼都活活碾爆。我往前冲，什么也不看，只想着找掩护。"

兰普雷希特坚持要完成自己的任务，结果留下的回忆之深刻，丝毫不亚于赫尔穆特·阿尔特纳：

"我穿过仓库又出来了，然后按照路线进了一个赌场的房间，房间里有张桌子，上面摆满了香槟、火腿、香肠还有其他好多好吃的。还有七八个人，五个是党卫军军官，有的趴在桌子上，有的歪在椅子上。他们脑袋都碎了，是自杀的。我虽然经历了几年的空袭，甚至昨天还看到了不少逃兵被吊在树上，见了太多的死人，但那几个自杀的人着实让我恶心。"

"我突然有个念头想投降，可是我又想恪守诺言。我继续跑，朝L点跑去，到了L点，我经历了战争中最后一次失望。原来L点是一个地下室灯井，我朝里面看，两个党卫军士兵正在里面放火。我冒着生命危险来到这里，这里竟然在放火！我把文件扔了进去。我感觉受到了极大的愚弄。"

"我又跑回了帝国银行。几个小时后，我们就和进攻的红军打了起来。我们没有用最后一颗子弹自杀。我们抵抗了一会儿就放弃了这个硕大的建筑物。红军占领了这里，这里距离元首地堡不到1200米。在另一个方向，红军距离元首地堡只有500—1100米了。我从帝国银行跑了出来，怕被党卫军挂在树上。胡思乱想间，我看见一队红军在搜索前进。我举着手朝他们走去，我投降了。"

如君特·兰普雷希特所见，绝望的氛围下德国人崩溃了。恩斯特回忆："4月30日，我们得到了希特勒自杀的消息。许多人喝醉了，有些人受不了自杀了，我不知道该怎么办。第二天我们被打散，我跑到了贝尔加滕。这里已经成了一片废墟，没有一个人，四周都是枪声，我觉得自己像在飓风眼中一样。……我感觉四周都是俄国人，我无处可逃。"

随父母躲进柏林动物园高射炮塔的小姑娘瓦尔特劳德·聚斯米利希也目睹了这种绝望。当时五六万柏林市民挤进了高射炮塔和地铁，"就像在洗桑拿浴，空气很潮湿，我们呼吸很困难。大家脱下衣服，光着膀子坐在那里，但汗水还是不停地往下流，难闻极了。那时候不像现在有除臭剂、爽身粉或者空气清新剂，味道特别难闻。"人们去不了厕所，只能就地便溺。苏联坦克来了，在300米外开炮，炮弹打不穿高射炮塔厚达2—3米的混凝土墙。15岁的防空助理员乔基姆·卡劳回忆："水泥屑四溅，窗户旁边的墙壁也遭到了破坏。我们苦笑了一下，设计师绝对不会想到，有一天俄国军队会从地面上进攻这座堡垒。"高射炮一度降低炮口，对苏联坦克开火反击。一切尽是徒劳，高射炮塔最终也向苏联红军投降。里面的柏林市民极度惧怕苏联红军的报复，恐怖的氛围让柏林市民不敢面对。瓦尔特劳德·聚斯米利希听到周围的人用颤抖的声音谈论"布尔什维克"："'布尔什维克'？我不知道什么是'布尔什维克'。我坐在那里，只记得自己在想：待会他们就会顺着楼梯上来了。他们长什么样？只是想想这些我就被吓得半死。"结果，许多精神崩溃的柏林人在高射炮塔中选择自杀。据统计，1945年4—5月仅自杀的柏林平民就达10万。

投降成为死亡之外唯一的选择。苏联红军中传言，一些德国军官甚至没收了部下的白手帕，让他们无法投降。事实上投降非常普遍，苏军老兵列夫·洛波尔斯基回忆："德军投降时，他们先派两三个人举着白旗出来。这几个人摇着白旗，余下的

▲ 1945年5月2日，在柏林胜利纪念柱顶端升起的波兰国旗。

人才出来投降。军官们通常走在士兵后面,士兵们放下了他们的武器,步枪,机关枪。他们将武器扔在地上,让我产生一种难以言喻的心境。我知道我再也不会见到这些武器,再也不会听到武器落地的声音了。他们扔下武器,胜利来到了。"

另一名老兵格里高利·尼森巴耶夫的回忆同样直观:"投降的德国兵很顺服,他们看上去十分不堪,军服破旧脏乱。当战斗停止,一些德国小孩跑到苏军附近,他们饥肠辘辘,大声叫道:'希特勒完蛋了!'似乎是有人教他们这样喊。他们似乎真的相信,这样就能赢得我们的信任。当然,我们还是给了他们一些吃的。"

1945年5月2日,柏林城防司令魏德林用无线电广播正式发布投降命令:"4月30日,元首已经自杀,他抛弃了我们这些曾宣誓效忠于他的人。根据元首的命令,我们还应该为柏林继续作战,但是我们的弹药已消耗殆尽,总的形势已使我们继续抵抗变得毫无意义。我命令:立即停止抵抗。"在多萝西娅·冯·施瓦恩弗洛格尔看来,这场绝望而惨烈的战役是这样结束的:

"第二天(1945年5月2日),柏林城防司令魏德林将军宣布把这座城市交给苏联人。当时没有报纸或收音机,带大喇叭的汽车穿过街道,命令我们的军队停止抵抗。机枪声和爆炸声突然就停止了。这种沉默意味着我们这场磨难结束了。另一场磨难开始了,我们的噩梦变成了现实。柏林剩下300平方英里的土地,如今在苏联红军的控制之下。最后几天的战斗中,人们一直屠杀着同类。双方没有战俘。最后的日子就是地狱,我们最后剩下的部队主要是老人和儿童,他们被苏联人关进了监狱。而我们生活在一座废墟城市里,没有一所房子完好无损。"

苏联战地记者格罗斯曼已经在前线度过了一千多个日日夜夜,他的笔记本中记满了战争的细节。5月2日这天,他草草写下了这样的笔记:

"这天是云雾天气,冷飕飕,下着雨,德国在这一天毁灭是毫无疑问的了。到处可见硝烟,废墟,燃烧,大街上倒着数百具尸体。

尸体被坦克碾过,像是从管子里挤出的肉酱。他们几乎全部握着手榴弹和冲锋枪。他们是战死者。大多数死者身穿棕色衬衫。他们是守卫德国国会和总理府附近工事的纳粹党死硬分子。

战俘都是些警察、官员、老人和他们身边的学童,几乎是孩子。很多战俘还和他们的妻子一起行走,她们可是漂亮的年轻女子。有些女人还在大笑,想逗乐她们的丈夫。一个年轻士兵还带着两个孩子,一个男孩一个女孩。另一个士兵倒下了,他不能再站立起来,他在哭泣。平民同情这些战俘,他们脸上显出悲伤。他们给战俘水喝,把面包塞进战俘手里。

一个死去的老太半坐在前门边的床垫上,她的头靠在墙上,脸部表情平静忧伤,她带着悲伤死去。有一个孩子的双腿留在泥潭里,脚上还穿着鞋子和长筒袜。显然,那是个女孩,她不是被炮弹炸了就是被坦克碾了。

很多条大街已经平静,废墟已经被清除。德国妇女们在用我们通常拿来扫屋子的清扫工具扫人行道。

敌军在夜间通过广播宣布投降。城防总司令发布命令:'士兵们!你们为其起誓的希特勒已经自杀了。'

▲ 轰炸柏林后的德国国会大厦。

▲ 柏林街头的破坏。

  我目睹了柏林的最后一阵炮火。一群群党卫军坐在施普雷河畔的一座离德国国会不远的大楼里，他们拒绝投降。大炮向这座大楼发射出黄色的、剑一般的炮弹，一切都陷入瓦砾中，消失在黑烟里。

  德国国会大厦，巨大，给人以压顶之印象。苏联士兵在大厅里燃起了篝火，他们用刺刀开炼乳罐头，响声大作……

  在德国，特别在这里的柏林，我们的士兵真的开始问自己：为什么德国人那么突然地进攻我们？为什么德国人需要这场可怕而不正当的战争？我们有数百万人看到了东普鲁士富庶的农庄，看到了高度组织的农业，看到了混凝土牲口棚、宽敞的住房、地毯、放满衣服的衣柜。

  我们数百万的士兵看到了将各个村庄连通的完好的公路以及德国的车站。……

▲5月2日上午弗雷德里希大街上剩余的德军在最后的时间里,出来投降。

我们的人看到了柏林富有的资产阶级的别墅，无比豪华的城堡、房产和公寓。当无数的士兵在德国看到周围的一切时，无不重复提出这些让人愤怒的问题：'那么为什么他们要到我们这里来呢？他们想要什么？'"

战败似乎让德国人彻底失去了当下和未来。5月9日，胜利日，柏林的废墟间，格罗斯曼经过一条长凳，一名受伤的德国士兵和未婚妻坐在那里，面无表情，沉默地拥抱着。半小时后他再回到这个地方，发现两人仍坐在那里，动也没动过，眼神和之前一样空茫。

也有苏联女性留下了这样的回忆：

"我的邻居托尼娅参加了葬礼。她的丈夫瓦尼亚在胜利日前三天战死了。她哭得声嘶力竭，三天后被送进了诊所。她声带破裂，彻底失声了，再也说不出来话，发不出一丝声音了。"

对于战争的结束，苏联红军第89近卫步兵师的雅科夫·雅金上尉则有完全不同的理解和回忆。雅金上尉时年24岁，出身乌克兰的犹太人家庭，已经跟纳粹德国浴血奋战了4年。他的回忆，恰可为本章做结：

"5月2日，我们已经认不出柏林。那里变成一片雪白，因为到处挂着毛巾或床单做成的白旗。有位德国妇女走向我，我不懂她为何挑中我。她说：'军官先生，我丈夫是犹太人，我把他藏了五年。他现在能离开地下室了吗？'我要她跟她丈夫说，我也是犹太人，叫他出来吧。"

加尔各答轻骑兵最后的冲锋：二战时期英军情报部门在印度的秘密行动

第十七章

1980年的英国经典战争片《海狼》（*The Sea Wolves*，另译《海狮突击队》），由安德鲁·麦克拉格伦执导，老牌巨星格里高利·派克、大卫·尼文、罗杰·摩尔等主演，导演和演员阵容基本是另一部经典之作《野鹅敢死队》的原班人马。《海狼》讲述二战时期英军情报部门在印度的秘密行动，题材与故事都殊为独特。彼时正值改革开放之初，我国引进该片，由著名的上海电影译制厂（"上译"）译制配音。经毕克、乔榛、杨成纯、丁建华等配音表演艺术家的演绎，该片成为译制片中不可多得的名作，更是几代影迷和军宅至今念念不忘的回忆。鲜为人知的是，该片内容并非虚构，而是改编自二战中真实的"克里克"行动。

1939年9月1日第二次世界大战爆发，行驶在印度洋的三艘德国汉莎航运公司旗下货船"艾伦菲尔斯"号、"布劳恩菲尔斯"号和"德拉亨菲尔斯"号前往印度果阿的莫尔穆高港口避难。众所周知，此时果阿为葡萄牙殖民地，而葡萄牙在战争期间保持中立。葡萄牙当局迅速扣留船只，命令德国船员交出武器与电台，换取中立国保护。1940年6月10日，意大利对英法宣战，印度洋上的意大利货船"安佛拉"号也加入了避难果阿的行列。船上所有英国公民被允许下船回家，轴心国公民则无处可去。很快船上的罐头吃完了，没有办法，船员们只有下船在果阿打零工糊口。英国人知道这4艘商船停留在果阿，但并不认为其对英国形成威胁，毕竟仅仅是4艘商船而已。

随着战争的发展，德国潜艇来到了印度洋。十几艘德国潜艇四处出击，还有"亚特兰蒂斯"号、"企鹅"号等几艘袭击舰到处活动。印度洋上的盟军运输船队遭受巨大损失。最开始英国人怀疑，是钱德拉·鲍斯领导的自由印度临时政府同情者向德国人传递情报。但印度洋上的情况越来越糟，德国潜艇出击目标明确又准时，英国人觉得事情并不简单。

1942年，英国政府向里斯本递交了一份口头照会，提醒葡萄牙方面：德国船只可能逃脱，作为作战船只的加油船而参与战争行动。如此，英国人突然重视起这4艘商船来。

同年，英国特别行动执行处（Special Operations Executive，即著名的SOE）在印度密拉特成立分处。众所周知，SOE的任务就是在敌占区和敏感地区进行煽动，组织抵抗力量，提供武器。该分处领导人是表面上供职于高士集团（J&P COATS，世界最大的缝纫线和缝纫用品经销公司）的科林·麦肯齐。不久，SOE的

▲"艾伦菲尔斯"号。

▼"德拉亨菲尔斯"号。

技术人员偶然拦截解密了一份发给印度洋海域德国海军U艇的电报,内容是有关盟军船只离开印度孟买港的情报。SOE立即开会讨论,认为极有可能"艾伦菲尔斯"号上隐藏着德国的秘密电台,专门发送这类情报。科林·麦肯齐把摧毁这个电台的任务交给了刘易斯·皮尤,此人是印度警察上校,同时也是SOE的特工,"加尔各答

281

轻骑兵"的预备役人员。

加尔各答轻骑兵（Calcutta Light Horse）是由在印度加尔各答经商的英国退伍军人组成的预备役组织（上译版电影意译为"加尔各答商团"），成员多为中老年英国商人，普遍有参加过四十年前布尔战争的经历。11月，刘易斯·皮尤接到任务，与助手斯图尔特两人打扮成一家贸易公司的代表，前往果阿首府帕纳吉。两人整日在各个酒吧闲逛，喝杜松子酒，高谈阔论盟军的行动，各个战场的形势，还有战争双方的命运。经过几天大吹大擂，他们打听到一个情况：德国间谍罗伯特·科赫和妻子格雷塔就住在帕纳吉。12月19日，两人找到并绑架了科赫夫妻，随后将其送往卡纳塔克邦的卡斯尔罗克进行审问。然后科赫夫妇就从记录里消失了。80年后的今天，科赫夫妇仍然生死不明。

这对德国间谍夫妇显然提供了一条有用的情报：德国商船"艾伦菲尔斯"号上有秘密电台。英国人怀疑是科赫夫妇指引U艇攻击盟军船只。但是科赫夫妇被捕后，印度洋上仍然德国潜艇肆虐。很明显，还有一条不为所知的渠道将情报送往潜艇。皮尤与斯图尔特尝试通过关系与"艾伦菲尔斯"号的船长约翰·罗孚尔见面，贿赂他20000英镑买下这个电台。但两人经过反复考虑，觉得这个计划不切实际，遂没有实施。

英国人愤怒了，但是又不能公开入侵中立国葡萄牙的领土果阿。SOE出了一个"馊主意"：不能用英国军队攻击"艾伦菲尔斯"号，这破坏葡萄牙的中立；但是如果有一群英国平民"来海滩度假，言语不和大打出手"，结果"酒醉误事，误入德国轮船"，就可以登上"艾伦菲尔斯"号。再对果阿的葡萄牙当局人员进行贿赂，就可以避开国际法的条条框框，逃脱国际舆论的声讨。彼时印度洋海上局势紧急，刘易斯·皮尤中校批准了这个"馊主意"。

2月下旬，皮尤中校联系了自己的好友，加尔各答轻骑兵上校比尔·格里斯。他要求格里斯在保密的情况下，招募15—20人去执行这个任务。他对格里斯说："要么俘虏德国轮船，要么就炸沉它。这次行动一共需要2周时间。因为是绝密任务，志愿者需要紧急训练。政府不会对志愿人员做出任何承诺，没有钱，也不给加养老金，成功了也不给奖章。"

格里斯惟有对皮尤苦笑，讽刺道："刘易斯，你这个条件听起来简直太有吸引力了"。玩笑之后，格里斯还是去认真办了这件事。

第二天晚上，格里斯找来30个自认为可靠的加尔各答轻骑兵成员，开了一个小会。他对大伙说："我需要18人去执行一个针对德国人的秘密任务，但是什么任务我不能说。行动需要2周时间，并且还要出海。先生们，就这样，我把这个光荣的任务交给你们，你们愿意吗？"30个人齐刷刷举起了手。

开始选人，上年纪的和身体不佳的被刷了下去。被选中的人里有一名下士比尔·曼纳斯，他问格里斯："我也行？我可只有一只眼睛，那是在学校里不小心弄瞎的。"

格里斯回答："这对于纳尔逊来说已经足够好了，对于你为什么不行？"

格里斯挑了13个人，离18人还差5个。他又从加尔各答苏格兰团里面选了4个人和1名辅助人员，勉强凑够了数。这支由平民组成的突击队成立了。

突击队只进行了短暂的基本训练。SOE给他们送来一张"艾伦菲尔斯"号的图纸，供他们练习登船。几天后，格里斯宣布：计划开始执行，行动代号"克里克"。

为了避免引起怀疑，一部分人从加尔各答坐火车前往印度西南的科钦，在那里乘船前往果阿。另一部分人前往港口，看看有没有驱逐舰或者登陆舰可用，最差也得弄艘拖网渔船。可是让突击队失望了，他们只找到一艘想都没想过的破船。这是唯一可用的船，堪称二战中最不可能参加战斗任务的船只：一艘疏浚河道用的料斗驳船"菲比"号。大家只能摇着头上了船。

"菲比"号航行到科钦，与坐火车来的突击队员会合。在这里突击队员见到了要率领他们前往果阿的英国皇家海军代表，海军军官伯纳德·戴维斯。格里斯和皮尤向戴维斯展示了这艘1912年下水、冒着蒸汽慢吞吞的"菲比"号，让戴维斯大为吃惊。吃惊过后，大家都同意戴维斯担任"菲比"号船长，带着大家去果阿执行这个伟大的任务。

突击队员乔克·卡特莱特和另外一人提前坐火车前往果阿。他们的任务是拿上大把的钱，想办法把尽可能多的"艾伦菲尔斯"号和其他船上的德国船员引下船。剩下的突击队员分成三组，分别由斯图尔特、皮尤和格里斯带领。第一组负责控制舰桥，第二组负责摧毁船锚起动机，第三组负责摧毁电台。4天后，队员们出发前往果阿。

1943年3月9日晚，莫尔穆高港所在地瓦斯科·达伽马镇，镇上正在热烈庆祝狂欢节的最后一天。提前到达的突击队员乔克·卡特莱特用SOE给的大笔票子贿赂了葡萄牙当局的港口人员，关闭了所有航标和信号灯。他还把镇上的妓院包了下来，在当晚免费为所有船员提供服务。德国和意大利船员们心想："这是'一个有钱的

283

好人'专门为港口里所有船只上的船员们开的特殊、免费狂欢节派对。"葡萄牙人以及许许多多蹭吃蹭喝的人都参加了这个"隐形土豪"的派对。几杯酒下肚,船员们放开胆子,叫骂声、笑声夹杂在一起,派对越发疯狂起来。对于德国和意大利船员来说,这几年日子过得紧巴巴,好久没有这样开心了。大胆的卡特莱特还买通了一个果阿人,让他在别处也开了这样一个大派对,邀请果阿当局的港口工作人员和一些搭载船员上岸的当地船夫参加。如此,就能确保妓院里派对结束的时候,船员们没有小舢板回自己的船。此时此刻,"艾伦菲尔斯"号等四艘货船上的大副、二副、水手长等等这些小"领导"们几乎都在妓院里快活。

10日凌晨2:30分左右。"菲比"号在黑暗中驶进了港口,悄悄和"艾伦菲尔斯"号船体靠在一起。皮尤一声令下,突击队员们手持斯登冲锋枪和炸药爬上了"艾伦菲尔斯"号甲板,分头行动。

"艾伦菲尔斯"号上的德国船员被突如其来的英国人吓蒙了。等德国人反应过来拿枪反抗时,船长约翰·罗孚尔在第一时间被打死。德国人的反抗虽激烈却笨拙,这和船长罗孚尔在第一时间被击毙有很大关系。皮尤带突击队员找到了无线电发报机,控制了驾驶舱。船舱最底层的德国人却打开了海水阀。大量海水涌入船舱,戴维斯立即下令拉响"艾伦菲尔斯"号汽笛三声,这是紧急撤退的命令。突击队员们迅速撤离,回到了"菲比"号。

所有18名突击队员都回来了,只有几个人受轻伤。他们惊魂未定,四周突然传来了一系列爆炸声。原来其他三艘轴心国商船眼见情况不妙,害怕受到袭击,船长们纷纷"先发制人"凿沉了自己的船。从行动开始到离开港口,仅仅用了35分钟,高效快捷又漂亮。

葡萄牙当局还没反应过来,戴维斯就指挥"菲比"号驶出了莫尔穆高港。皮尤向总部发出信号"Longshanks",代表所有轴心国船只均已沉没。

"艾伦菲尔斯"号上共5人死亡,其中包括船长约翰·罗孚尔。另有4人失踪。活着的人和其他三艘船上的船员跳进海里游到了岸边。111名轴心国船员在海滩上被葡萄牙当局逮捕,关进了阿瓜达监狱。而在妓院里快活的12名意大利人和21名德国人却没有被抓,逃脱了。果阿居民慌乱起来,谁也不知道怎么回事,有的说英国人要打进果阿了,有的说德国人已经打过伊朗和阿富汗进入印度了,谣言满天飞。

英属印度当局乐开了花,随后启动舆论,几天后孟买《印度时报》大篇幅刊登新闻报道：轴心国传言，船长不堪压迫，放火烧了船只，向葡萄牙投降。此举稳定住了果阿民心，顺便还黑了一把敌人。

偷袭成功后，印度洋的13艘德国U艇三个月里只击沉了一艘3663吨的巴拿马货船"诺顿"号。又过了4个月，德国U艇才袭击了4艘货船。"克里克"行动成效显著。

1943年10月1日，莫尔穆高司法法院宣判："1943年3月9—10日夜间，没有外国船只驶入港口。轴心国船员私自凿沉船只罪名成立，关入监狱直到战争结束。"德国和意大利船员们在监狱里过着美好的生活。他们不用打零工了，而是在院子里踢球，下象棋，吹牛。战争似乎远离了他们。

与此同时，加尔各答轻骑兵和加尔各答苏格兰团成员们又回归了自己的平民生活。其中一名志愿者杰克·布林纳是一家保险公司的股东。当布林纳出现在办公桌后面处理因这些日子不在而堆积的业务时，合伙人递给他一份文件，愁眉苦脸说："杰克，糟透了，德国船沉了。"

布林纳问："这和我们有什么关系？"合伙人回答："难道你不知道这三艘该死的德国船在我们这投保了吗，现在我们得给他们赔450万英镑。"布林纳哈哈大笑："只要你强壮（言外之意是只要你反抗），那么就不用赔。"

1945年5月战争结束，关押的德国和意大利船员也被遣返回了自己的祖国。"德拉亨菲尔斯"号和"布劳恩菲尔斯"号上的6名德国船员：埃里希·绍特，埃尔温·蒂格尔，弗里茨·蒂姆萨克，卡尔·布莱特科普，库尔特·萨姆，瓦尔特·塞德拉茨克，由于和果阿当地女子组成了家庭，选择留在印度。他们的后人属于现在为数极少的德国裔印度人。其中一名德国船员在果阿当地开办了一家钟表店，该店至今尚存，由其孙子经营。

至于突击队员们，虽然战争结束，英国政府却没有公开并承认他们在战争中的作用。于是，突击队员们给自己设计了吉祥物"一条海马"做为纪念。"一条海马"还被做成胸针，供参加任务的突击队员的妻子佩戴。

1947年印度独立，加尔各答轻骑兵和加尔各答苏格兰团作为准军事组织被解散除名，后备役人员退役或调往其他单位。曾经参加"克里克"行动的队员们各奔东西。直到此时，英国政府才解密了这次行动。

1950年，莫尔穆高港口信托基金会把"艾伦菲尔斯"号打捞出水，拆解处理。

"安弗拉"号于 1948 年打捞出水，1949 年在孟买拆解报废。"德拉亨菲尔斯"号于 1948 年被当作废品出售，1950 年拆解。"布劳恩菲尔斯"号也在水中拆解。但是直到 2017 年，该港才宣布四艘船拆解完毕。

1978 年，英国记者詹姆斯·利索尔撰写的《登船小队》（*Boarding Party*）一书出版，详细讲述了"克里克"行动的故事。此事终于为世人所知，两年后电影《海狼》遂得以诞生。

2002 年，英国国家档案馆公布了"克里克"行动档案。档案显示，四名失踪的德国船员中，三名其实是投降了英国人，在 SOE 一直工作到战争结束才回国。此次行动的任务是捕获轴心国船只，并不是炸沉，任务完成得其实不算圆满。很早之前德国人自己就在船里安好了炸药，安排人看守海水阀，一旦出现突发情况，马上拔掉海水阀自沉。德国人怎么知道可能会有"突发情况"？原来有个充当德国间谍的印度人拉姆达斯·古普塔，是德国打入孟买航运办事处的线人。此人是钱德拉·鲍斯的好友，与德国间谍科赫关系密切，长期居住在果阿。科赫被捕，古普塔就开始四处活动。行动之前，这群突击队员虽发誓保密，其实各个都是大嘴巴，在科钦停留的时候见人就吹嘘，要开着驳船去抓德国潜艇。就这样，消息传到了古普塔耳朵里，自然让德国人有了警觉。

但是不管怎样，突击队员们干掉了"艾伦菲尔斯"号。印度洋的盟军运输船安全了，加尔各答轻骑兵们为战争胜利做出了贡献。正如多年后蒙巴顿伯爵为《登船小队》一书所写的序言那样：

"他们自愿参加一项危险的任务……当时我担任东南亚盟军最高指挥官……我立即了解到这次行动的价值何其之大。我深感高兴，这份伟大的荣誉属于那些计划并实施这项行动的人们。"

"从那时起,我不再信仰上帝":德军黑豹王牌路德维希·鲍尔的战争生涯

第十八章

路德维希·鲍尔（Ludwig Bauer），第二次世界大战期间德军一位名声稍逊的坦克王牌。他不是"泥泞中的老虎"奥托·卡里乌斯那样的传奇，也未曾创造过米夏埃尔·魏特曼那样的战绩，同样没有约阿希姆·派普那样的争议人生。2013 年，加拿大历史频道和美国军事频道联合推出纪录片《坦克大战 / 最伟大的坦克战》(*Greatest Tank Battles*)，其中专辟一集对战后年迈的鲍尔进行了访谈。许多人恍然意识到，残酷的战争中死神的双翼一次次从路德维希·鲍尔的头顶掠过，他却一次次成功活了下来，这或许才是最大的传奇。

1923 年 2 月 16 日，路德维希·鲍尔出生于德国的肯泽绍。第二次世界大战爆发后的 1940 年，17 岁的中学生鲍尔志愿参军，因不够年龄未能如愿。当年 8 月，鲍尔进入帝国劳动军团，在奥地利吉勒斯多夫附近服役。1940 年底，帝国劳动军团的服役期满，鲍尔得到了参加国防军的资格。他前往圣珀尔滕的德军第 9 装甲师第 33 装甲团补充营报到，开始接受基础训练。此时路德维希·鲍尔尚未满 18 岁，却又被第 33 装甲团选送到候补军官学校学习，接受额外的坦克训练。受训结束后，鲍尔被授予中尉军衔，晋升为排长。对于这段经历，多年后鲍尔回忆：

"我们这些年轻的士兵，每个人都想冲去前线。我们在普特罗斯（指德军普特罗斯装甲兵炮术学校）接受了高强度的坦克训练。训练十分艰苦，身体上和精神上都很疲惫。可是我心甘情愿。训练结束后，我们就被派往前线。"

1941 年初，路德维希鲍尔随部队前往东线集结。德国发动入侵苏联的"巴巴罗萨"行动后，鲍尔过上了随时处于待命状态、每天都有仗打的生活。他时常抱怨，自己驾驶一辆过时的德军二号坦克，20 毫米火炮、35 毫米正面装甲在重型的苏联坦克面前根本不堪一击。1941 年 11 月 16 日，莫斯科战役中，鲍尔参加了进攻莫斯科南部工业城市图拉的战斗。图拉城外挖有宽阔的反坦克壕沟，德军想方设法要将其填平。对于这一战，鲍尔多年后记忆犹新：

"夜里我们接到命令，在八到九辆坦克的尾部装载木料。黎明时分进攻开始，我们的坦克冲向壕沟。在距离壕沟 1200—1500 米时，坦克要加速，以最快速度冲过壕沟。随后我见识到了最恐怖的炮火攻击，苏联人好像把所有炮弹都打出来了。到达壕沟前，坦克要调转方向，同时炮手钻出来用斧头砍断捆绑木料的绳索。木料顺势滚进反坦克壕沟，第二批坦克就能从木料上冲过来了。整个过程惊心动魄。有一辆坦克掉进了沟里，被木料埋起来了。里面的士兵只能等到夜里再出来，其他坦克就从他们头上开了过去。

"剩下所有坦克都冲向了城郊的山坡。我也开着我的二号坦克从木料上轧了过去。我刚到山顶就被击中了,可能是一辆 KV-1 坦克打的,苏联著名的 76.2 毫米火炮。我的坦克马上就起火了。我从炮塔里跳了出来,可我的驾驶员和无线电操作员烧死在了车里。我的大腿中了 5 块弹片,膝盖和大腿也各中了一块。我只能躺在地上,是我的战友救我出来的。"

这是鲍尔在战争中第一次被死神盯上。伤愈回前线,死神接踵而至。1942 年 6 月 28 日,鲍尔指挥的三号坦克在穿越蒂姆河时被苏军反坦克炮击中炮塔。三号坦克燃起大火,同车的数名乘员当场毙命,鲍尔又活了下来。仅仅过了一个多星期,沃罗涅日附近的坦克遭遇战,鲍尔再度直面死神。多年后鲍尔回忆:

"突然,敌军出现在我们左侧,距离只有 300—400 米。战斗开始了,我成功击毁了一辆 100 米外的 T-34 坦克。可是就在这个时候,我的坦克也被一辆苏军的 KV-1 坦克撞上了。两辆坦克卡在一起,双方的距离非常近。KV-1 坦克的炮塔不能转动,所以整辆坦克连撞了我们两三次。最后它退后了 10 米,向我们开炮。我的发动机舱马上就起火了。无线电操作员和我急忙逃离了燃烧的坦克。"

这一次,鲍尔和其他坦克乘员在苏军后方东躲西藏,想尽办法躲避苏军的巡逻队,用了三天才逃回德军战线。一个多月之后,1942 年 8 月 24 日,哈尔科夫附近的希斯德拉地区,死神又来叩击路德维希·鲍尔的坦克:

"我们驶入了一个城堡,可能属于某个伯爵。里面有美丽的大花园,还有一栋漂亮的大房子。我们想要休息一下。早晨,我们被警报声惊醒了。我们还没做好准备,花园里已经满是苏联坦克。于是,一场坦克战打响了。如果目标在移动,就不能直接对着目标开火,而要考虑目标前进的方向。炮塔里的指挥官有个瞄准镜,在镜头的左右两侧排列着五个小三角形,相互之间有一定的距离。这些小三角形能帮助我们瞄准移动的目标,然后进行射击。我们击毁了 7 辆苏联坦克。与此同时,苏联飞机开始对我们投掷炸弹,我们四处躲避。

这时候,我们竟然跑到了一片墓地里。结果就碰到了最让我感到恐惧的事情:当时苏联人的炮弹像雨点一样朝我们袭来,炮弹炸开了坟墓,死尸被炸了出来。地上到处是半腐烂的尸体和头颅。坦克上有条半腐烂的人腿,上面还裹着裹尸布。我们赶紧离开了墓地,甚至没空担心敌人射过来的炮弹了。然后我们接到了命令:

5 辆坦克，包括我那辆，离开树林，冲进山谷里去。然后苏军开始对我们展开猛烈的炮火攻击。我们被击中了。炮弹打中了坦克右侧，炮塔被打裂了。指挥官德罗谢尔中尉从头到脚中了四十多块弹片。炮手的身子也被炸碎了。而我只中了几块弹片。"

其他乘员非死即伤，伤势最轻的鲍尔咬着牙将这辆三号坦克开了回来。他获得了几个月的喘息时间。死神下一次来敲门是 1942 年 12 月 14 日，勒热夫。面对苏联红军的"火星"攻势，转隶德军第 12 装甲师的路德维希·鲍尔又指挥起了一辆三号坦克。鲍尔多年后回忆，这一次的情况比前面几次都糟糕：

"我所在的连朝着苏军的攻击方向前进。30 辆苏军坦克向我们驶来。我们想绕到这支攻击部队的侧面。不知什么原因，连长布特纳中尉用无线电通知我们，到他那里去开会。10 到 11 辆坦克的车长都去了。突然，一辆苏军坦克从我军侧面开火了。所有车长全部阵亡或重伤。情况非常糟糕。在混乱中，苏军从四面八方发起攻击。我们无法瞄准射击，因为雨点一样的炮弹已经打过来了。

苏军用反坦克炮打我们。这种炮跟我们的 88 炮差不多。我们饱受这种炮弹的折磨。炮弹穿透坦克炮塔，正好击中炮手，把他从中间撕成了两半。它击碎了坦克的内部底板，掉在坦克里，但是没有爆炸。驾驶员说：'你不把这枚哑弹从坦克里弄出去，我就拒绝起步。'我非常小心地抱起哑弹，打开舱门，把它丢了出去。就在落地的瞬间，它爆炸了。我感到心力交瘁。我在经历这一切的时候，只有 19 岁。"

战争还要继续打下去。鲍尔转隶南方集团军群，参加了从库尔斯克到第聂伯罗彼得罗夫斯克的一系列大战，所幸死神在 1943 年遗忘了他。整整一年，鲍尔毫发无损。1944 年初，鲍尔随部队在乌克兰的土地上且战且退，最后一路撤到敖德萨。死神再度觉察到了鲍尔。1944 年 1 月 10 日，在乌克兰克里沃罗格附近的战斗中，鲍尔指挥的四号坦克从右侧被苏军反坦克炮击中，装填手和炮手受伤，鲍尔本人安然无恙。两天之后，1 月 12 日，战斗在索菲恩弗卡附近打响，这时鲍尔指挥一辆使用"黑豹"坦克炮塔的四号坦克。这辆"黑豹"又被苏军反坦克炮击中，炮手负重伤，鲍尔再一次躲了过去。

鲍尔最后奉命抛弃坦克，从敖德萨撤往罗马尼亚，而后又转往奥地利维也纳。再接下来，鲍尔随德军第 9 装甲师调往法国南部。盟军登陆诺曼底，鲍尔随部队赶赴法国北部增援，参加了梅斯之战，在梅斯防御崩溃后的大撤退中再次丢掉了坦克。这一次鲍尔随部队通过铁路撤回圣珀尔滕，在那里领到了新坦克。直到这时他才想

起,圣珀尔滕正是当年自己参军入伍的地方。短暂休整之后,鲍尔参加了阿登反击战,亲历了著名的巴斯托涅之战:

我们看见了谢尔曼坦克。我当时负责突击机枪,我们能够在与敌军距离只有800米时开火,就这样干掉了他们。我们前面有座小山,上面有辆美国坦克被击中了,燃起了大火。我们继续驾驶着坦克前行。突然,我们面前出现了近30辆谢尔曼坦克。我很快就中弹了,驾驶员的前额被打开了花。他就坐在那儿,半个脑袋没有了。这就是我们所经历的战争。

活下来的鲍尔一路撤到了德国本土的科隆。死神一路追到德国本土,且毫不在意鲍尔已转而指挥一辆三号突击炮。1945年3月下旬,在锡根地区的战斗中,这辆三号突击炮被反坦克炮击中,驾驶员被击毙,炮手受伤,活下来的又是鲍尔。而到了4月10日,著名的埃尔恩特布吕克村之战,路德维希·鲍尔终于迎来了自己战争生涯的终局。彼时他指挥的已经是一辆"黑豹"坦克:

"我们一路行进到埃尔恩特布吕克。到达那里之后,我要向塔里奥上尉报到。他是个维也纳人,他告诉我,估计美国人就要打过来了。于是我问他,我的阵地在哪儿?他就指给我看。他说,把你的坦克开到防御阵地,你带你的坦克一起过去。你要在村子中间建立防御阵地。于是我们就在一个鞋匠的房子前面构筑了阵地。我不得不说,12月17日,也就是阿登反击战开始之后,我和战友们就没有离开过坦克。于是我们走进了鞋匠家,'黑豹'坦克就停在房子前面。

突然听到了枪声,美军开始射击了。我听到了美国人在大喊:'伙计们,快出来吧!战争结束了!'各种各样的坦克都从村外开了进来,我看到他们都朝我开来。我顺着下水管爬出了房子,从后面爬上了坦克。突然,五六个美国兵跳上了我的坦克。我正坐在驾驶座上,有个美国人把头探进了坦克,看到了无线电操作员一边。他的脑袋离我非常近,我屏住了呼吸,心想他肯定听到了我的心跳。然后他就走了。美国人跳下了'黑豹'坦克。我们距离他们是如此之近。我心想,再不走就走不了了。我发动了引擎,向墙开去。他们吓了一跳,赶紧躲开了。

我开了20米才上了主路,离开了村子。我中了三发火箭弹,有一发打在了炮塔上。炮管落了下来,伪装网封住了舱门,我什么也看不见了。对面不远处就是我们的坦克。一发榴弹击中了我。我被打中了,'黑豹'坦克烧了起来。因为伪装网挡住了出口,我被困在了坦克里。我奋力往外冲,用力撕开伪装网。我以为自己就这么完了。我掉回了坦克里。大火把伪装网烧毁了。我这才逃了出来。我的耳朵、后背、胳膊和军装都被烧坏了。我对这场战争简直厌倦透了。这是我第 9 次遇袭，第 7 次负伤。"

没错，击毁鲍尔这辆"黑豹"的，正是"我们的坦克"。一辆德军"追猎者"坦克歼击车从左侧给了"黑豹"致命一击，以误伤结束了鲍尔的战争生涯。但死神还是没能如愿以偿，路德维希·鲍尔最终从第二次世界大战中活了下来。战争结束时，鲍尔的最高军衔是上尉，职务为德军第 9 装甲师第 33 装甲团第 5 连连长。1945 年 4 月 29 日，战争结束的前夜，鲍尔被授予了骑士十字勋章。他是德军中为数不多活到战后的黑豹王牌。

战后鲍尔靠开加油站为生，仍积极支持联邦德国国防军的预备役建设，还被授予过联邦德国国防军的荣誉军衔。但对于战争的看法，路德维希·鲍尔终生不改：

"我们这些士兵见惯了战场，见惯了死亡。所以我祈求上帝，让我们赢得战争的胜利，让我们活下去。我们向上帝祈祷能够赢得战争的胜利，杀死敌人。而敌人也向上帝祈祷能够赢得战争，杀死我们。从那时起，我不再信仰上帝。"

参考文献

[1](美)詹姆斯·麦迪逊,编著.历史密档中的二战[M].石左虎,译.上海:上海人民出版社,2015.

[2](德)台奥多尔·普利维埃.斯大林格勒[M].宁瑛,钟长盛,王德峰,译.北京:解放军文艺出版社,2005.

[3](美)时代生活丛书编辑部.斯大林格勒[M].罗宁晖,译.海口:海南出版社,2002.

[4](美)特克尔,编撰.劫后人语:第二次世界大战亲历者谈话实录[M].徐复,等译.北京:中国对外翻译出版公司,1988.

[5](苏)肖洛霍夫,爱伦堡,等.来自苏联情报局:1941—1945战争年代的政论作品和报告文学[M].傅采茹,孟宪谟,李鹏,等译.北京:人民日报出版社,1990.

[6](苏)热梅梯斯.斯大林格勒大会战[M].清河,译.北京:时代出版社,1954.

[7](苏)科洛杰耶夫.斯大林格勒特写集[M].张雅微,译.上海:新文艺出版社,1956.

[8](苏)格罗斯曼.斯大林格勒保卫战[M].吴人珊,译.上海:上海出版公司,1954.

[9](德)魏纳特.斯大林格勒回忆录[M].高年生,刘治娴,译.上海:新文艺出版社,1956.

[10](南斯拉夫)维利科·科瓦切维奇.卡彼拉的篝火[M].包朝志,于龙生,译.上海:上海译文出版社,1979.

[11](俄)拜尔·伊林切耶夫.苏芬战争:1939—1940[M].胡烨,译.北京:中国长安出版社,2014.

[12](法)盖伊·萨杰.被遗忘的士兵:一个德国士兵的苏德战争回忆录[M].杨华钢,译.北京:新华出版社,2016.

[13]萧乾.一个中国记者看二战[M].上海:上海人民出版社,2015.

[14]孙丽红.苏联卫国战争时期女性贡献探析:以女性主义史学为视角[M].哈尔滨:哈尔滨工程大学出版社,2016.

[15]防衛庁防衛研修所戦史室.戦史叢書45卷:潜水艦による対米風船爆弾、攻撃を断念す[M].东京:朝云新闻社,1970.

[16]防衛庁防衛研修所戦史室.戦史叢書81卷:「ふ」号特殊攻撃開始[M].东京:朝云新闻社,1970.

[17]防衛庁防衛研修所戦史室.戦史叢書81卷:8頁「サイパン島守備部隊の玉砕」[M].东京:朝云新闻社,1970.

[18]防衛庁防衛研修所戦史室.戦史叢書:大本営海軍部·聯合艦隊<6>—第三段作戦後期—第

45卷［M］. 东京：朝云新闻社，1970.

［19］防衛庁防衛研修所戦史室. 戦史叢書：大本營陸軍部＜8＞—昭和十九年七月まで—第75卷［M］. 东京：朝云新闻社，1974.

［20］防衛庁防衛研修所戦史室. 戦史叢書：大本營陸軍部＜9＞—昭和二十年一月まで—第81卷［M］. 东京：朝云新闻社，1975.

［21］防衛庁防衛研修所戦史室. 戦史叢書第62卷：中部太平洋方面海軍作戦＜2＞昭和十七年六月以降［M］. 东京：朝云新闻社，1971.

［22］橋川文三，今井清一. 日本の百年8 果てしなき戦線［M］. 东京：筑摩书房，2008.

［23］鈴木俊平. 風船爆弾—最後の決戦兵器［M］. 东京：光人社，2001.

［24］吉野興一. 風船爆弾－純国産兵器「ふ号」の記録［M］. 大阪：朝日新闻社，2000.

［25］日台愛子. 少女と風船爆弾［M］. 东京：理论社，1995.

［26］中条克俊. 中学生たちの風船爆弾［M］. 埼玉：さきたま出版会，1995.

［27］林えいだい. 女たちの風船爆弾［M］. 东京：亜紀書房，1985.

［28］林えいだい. 風船爆弾—乙女たちの青春写真記録［M］. 名古屋：あらき書店，1985.

［29］鈴木俊平. 風船爆弾［M］. 东京：新潮社，1984.

［30］足達左京. 風船爆弾大作戦—アメリカを惑乱させた謎の紙気球［M］. 京都：学芸書林，1975.

［31］学研編. 帝国海軍太平洋作戦史1［M］. 东京：学研，2009.

［32］前田徹. 産経新聞取材班. ルーズベルト秘録［M］. 东京：産経新聞ニュースサービス。2000.

［33］エーリヒ・ギンペル. Uボートで来たスパイ—あるナチス・ドイツ諜報員の回想［M］. 村田綾子，訳. 东京：扶桑社，2006.

［34］雑誌「丸」編集部. 写真・日本の軍艦第12巻：潜水艦［M］. 东京：光人社，1990.

［35］瀬名堯彦.「大本営を悩ました米空母情報」写真・太平洋戦争（2）［M］. 东京：光人社，1988.

［36］外山操. 艦長たちの軍艦史［M］. 东京：光人社，2005.

［37］槇幸. 潜水艦気質よもやま物語［M］. 东京：光人社，1985.

［38］木俣滋郎. 日本潜水艦戦史［M］. 东京：図書出版社，1993.

［39］藤田信雄.「追憶のアメリカ本土爆撃」丸エキストラ 戦史と旅8［M］. 东京：潮書房，1998.

［40］David Mille. Special Operations in South-East Asia 1942—1945: Minerva, Baldhead and Longshanks/Creek［M］. Barnsley : Pen & Sword Military, 2015.

[41] James Leasor. Boarding Party [M]. UK: House of Stratus, 2001.

[42] Ashley Jackson. The British Empire and the Second World War [M]. UK: Bloomsbury Academic, 2006.

[43] Bert Webber. Retaliation: Japanese Attacks and Allied Countermeasures on the Pacific Coast in World War II [M]. Corvallis: Oregon State University Press, 1975.

[44] Antony Beevor. Berlin: The Downfall 1945 [M]. NewYork: Viking Penguin Books, 2002.

[45] Chris Bellamy. Absolute war: Soviet Russia in the Second World War [M]. New York: Vintage; Reprint edition, 2007.

[46] Christer Bergstrom. Bagration to Berlin-The Final Air Battles in the East: 1944—1945 [M]. London: Ian Allan, 2008

[47] Alan Bullock. Hitler: A Study in Tyranny [M]. New York: Penguin Books, 1962.

[48] Micheal Clodfelter. Warfare and Armed Conflicts: A Statistical Reference to Casualty and Other Figures [M]. NC: McFarland & Company, 2002.

[49] Hans Dollinger. The Decline and Fall of Nazi Germany and Imperial Japan [M]. New York: Bonanza Books, 1967.

[50] Christopher Duffy. Red Storm on the Reich [M]. UK: Routledge, 1991.

[51] Bruce E. Empric. Storming the Beast's Lair: Red Army Valor in the Battle of Berlin [M]. Berlin: Teufelsberg Press, 2019.

[52] Bruce E. Empric. Onward to Berlin!: Red Army Valor in World War II - The Full Cavaliers of the Soviet Order of Glory [M]. Berlin: Teufelsberg Press, 2017.

[53] Bernt Engelmann. Berlin: Eine Stadt wie keine andere [M]. München: Bertelsmann Verlag, 1986.

[54] Thomas Fischer. Soldiers of the Leibstandarte: SS-Brigadefuhrer Wilhelm Mohnke and 62 Soldiers of Hitler's Elite Division [M]. Canada: Fedorowicz, 2008.

[55] Wilhelm R. Gehlen, Don A. Gregory. Two Soldiers, Two Lost Fronts: German War Diaries of the Stalingrad and North Africa Campaigns illustrated [M]. US: Casemate Publishing, 2009.

[56] Atina Grossmann. Jews, Germans, and Allies: Close Encounters in Occupied Germany [M]. Princeton: Princeton University Press, 2009.

[57] A. Stephan Hamilton. Bloody Streets: The Soviet Assault on Berlin, April 1945 [M]. UK: Helion and Company, 2008.

[58] Max Hastings. Armageddon : The Battle for Germany, 1944‑1945 [M]. UK : Macmillan, 2004.

[59] Karl Bahm. Berlin 1945: Die letzte Schlacht des Dritten Reichs [M]. Klagenfurt : Kaiser Verlag, 2002.

[60] Joachim Fest. Der Untergang : Hitler und das Ende des Dritten Reiches [M]. Berlin : Rowohlt, 2003.

[61] Peter Gosztony. Der Kampf um Berlin 1945 in Augenzeugenberichten [M]. München : Deutscher Taschenbuch Verlag, 1985.

[62] Bernd Hildebrandt, Ernst Haiger. Kriegsende in Tiergarten : Die Geschichte des Kriegsgräberfriedhofs Wilsnacker Straße [M]. Berlin : Lehmanns Media, 2009.

[63] Guido Knopp. Der verdammte Krieg, Das Ende 1945 [M]. München : C. Bertelsmann, 1995.

[64] Peter Kruse. Bomben, Trümmer, Lucky Strikes. Die Stunde Null in bisher unbekannten Manuscripten [M]. Berlin : wjs verlag, 2004.

[65] Erich Kuby. Die Russen in Berlin 1945 [M]. München : Scherz Verlag, 1965.

[66] Tony LeTissier. Der Kampf um Berlin 1945: Von den Seelower Höhen zur Reichskanzlei [M]. Augsburg : Bechtermünz Verlag (Lizenz Ullstein), 1997.

[67] Rolf D Müller, Gerd R Ueberschär. Kriegsende 1945: Die Zerstörung des Deutschen Reiches [M]. Frankfurt : Fischer Taschenbuch Verlag, 1994.

[68] Heinz Rein. Finale Berlin [M]. Berlin : Dietz Verlag, 1947.

[69] Helke Sander, Barbara Johr. BeFreier und Befreite [M]. Frankfurt : Fischer Taschenbuch Verlag, 2005.

[70] Waltraut Süßmilch. Im Bunker--Eine Überlebende berichtet vom Bombenkrieg in Berlin 1940-45 [M]. Berlin : Ullstein Verlag, 2004.

[71] Wilhelm Tieke. Das Ende zwischen Oder und Elbe:Der Kampf um Berlin 1945 [M] . Stuttgart : Motorbuch-Verlag, 1992.

[72] Earl F. Ziemke. Die Schlacht um Berlin [M]. Rastatt : Pabel/Moewig, 1982.

[73] Reinhold Busch. Survivors of Stalingrad : Eyewitness Accounts from the Sixth Army, 1942—1943 [M]. London : Frontline Books, 2014.

[74] Velimir Vuksic. Tito's Partisans 1941—45 [M]. London : Osprey Publishing, 2003.

[75] Ed Gilbert. US Marine Corps Raiders 1942—43 [M]. London : Osprey

Publishing, 2006.

[76] Joseph H. Alexander. Edson's Raiders : The 1st Marine Raider Battalion in World War II [M]. Annapolis : Naval Institute Press, 2000.

[77] James Gleason. Real Blood ! Real Guts ! U.S. Marine Raiders and Their Corpsmen in World War II [M]. Richmond : Raider Publishing, 2003.

[78] Jon T. Hoffman. From Makin to Bougainville:Marine Raiders in The Pacific War[M]. Washington : Headquarters Marine Corps, 1995.

[79] Jon T. Hoffman. Once A Legend : Red Mike Edson of the Raiders [M]. Novato : Presidio Press, 1994.

[80] Frank O.Hough, Verle E.Ludwig, Henry I.Shaw. Pearl Harbor to Guadalcanal-History of U.S Marine Corps Operations in World War II [M]. Washington : Historical Branch, G-3 Division, Headquarters U.S Marine Corps, 1989.

[81] Jim Moran. US Marine Corps Uniforms and Equipment in World War II [M]. London : Windrowe and Creene, 1992.

[82] Oscar F Peatross. Bless' em All:The Raider Marines of World War II [M]. Irvine: Review Publishing Company, 1995.

[83] John N. Rentz. Marines in The Central Solomons [M]. Washington : Historical Branch Headquarters, 1952.

[84] Gordon L. Rottman. US Marine Corps 1941—1945 [M]. London : Osprey Publishing, 1995.

[85] Martin J Sexton. The Marine Raiders Historical Handbook [M]. Richmond : American Historical Foundation, 1983.

[86] Henry I. Shaw, Douglas T. Kane. Isolation of Rabaul : History of U.S. Marine Corps Operations in World War II [M]. Washington : Historical Branch, G-3 Division, Headquarters U.S.Marine Corps, 1963.

[87] George W. Smith. Carlson's Raid [M]. Novato : Presidio Press, 2001.

[88] George W. Smith. The Do-Or-Die Men : The 1st Marine Raider Battalion at Guadalcanal [M]. New York : Pocket Books Division of Simon and Schuster, 2003.

[89] Jr. Charles L. Updegraph. Marine Corps Special Units of World War II [M]. Washington : Headquarters Marine Corps, 1977.

[90] Nik Cornish. Soviet Partisan 1941—44 [M]. London : Osprey Publishing, 2014.

[91] Phillip W. Blood. Hitler's Bandit Hunters : The SS and the Nazi Occupation of

Europe [M]. Washington : Potomac Books, 2006.

[92] Matthew Cooper . The Phantom War : The German struggle against Soviet partisans, 1941—1944 [M]. London : Macdonald and Janes, 1979.

[93] Alexander Dallin. German Rule In Russia, 1941—1945 [M]. London : Macmillan, 1957.

[94] Grau, Lester, Gress, Michael. The Red Army's Do-It-Yourself Nazi-Bashing Guerrilla Warfare Manual — The Partisan's Companion[M]. Philadelphia and Newbury: Casemate Pub & Book Dist Llc, 2011.

[95] Leonid D. Grenkevich. The Soviet Partisan Movement 1941—44 [M]. UK : Routledge, 1999.

[96] Anatoli Sudoplatov, Pavel Sudoplatov, Leona P. Schecter, Jerrold L. Schecter. Special Tasks [M]. London : Little, Brown & Co, 1994.

[97] Robert Rush. US Infantryman in World War II (1) : Pacific Area of Operations 1941—45 [M]. London : Osprey Publishing, 2002.

[98] Eric M. Bergerud. Touched with Fire : The Land War in the South Pacific [M]. New York : Viking Penguin, 1996.

[99] Mary Ellen Condon-Rall, Albert E. Cowdrey. The Medical Department : Medical Service in the War Against Japan [M]. Wshington : Government Printing Office, 1999.

[100] Gerald F. Linderman. The World Within War : America's Combat Experience in World War II [M]. New York : The Free Press, 1997.

[101] Robert Hargis, Starr Sinton. World War II Medal of Honor Recipients (1) Navy & USMC [M]. London : Osprey Publishing, 2003.

[102] Terry Crowdy. French Resistance Fighter : France's Secret Army [M]. London : Osprey Publishing, 2007.

[103] Henry Sakaida. Heroines of the Soviet Union 1941—45 [M]. London : Osprey Publishing, 2003.

[104] Henry Sakaida. Heroes of the Soviet Union 1941—45 [M]. London : Osprey Publishing, 2004.

[105] Philip Jowett, Brent Snodgrass. Finland at War 1939—45 [M]. London : Osprey Publishing, 2006.

[106] David Campbell. Winter War 1939—45 Finnish Soldier Versus Soviet Soldier [M]. London : Osprey Publishing, 2016.

[107] Alan Dearn. The Hitler Youth 1933—45 [M]. London : Osprey Publishing, 2006.

[108] David Yelton. Hitler's Home Guard:Volkssturmmann Western Front,1944—45[M]. London : Osprey Publishing, 2006.

[109] Brian L Davis. The German Home Front 1939—45 [M]. London : Osprey Publishing, 2007.

[110] David Westwood. German Infantryman (2) Eastern Front 1941—43 [M]. London : Osprey Publishing, 2003.

[111] David Westwood. German Infantryman (3) Eastern Front 1943—45 [M]. London : Osprey Publishing, 2005.

[112] Jack Smith. Greatest Tank Battles [Z]. Canada : History Television, 2010.

[113] Bill Thomas, Chris Spencer, et al. Nazi Megastructure [Z]. UK : National Geographic Channel, 2013—2019.

[114] Frederic Lumiere, Matthew Ginsburg. WWII in HD [Z]. US : Lou Reda Productions, 2009.

[115] Ian Herring. Hitler's Last Stand [Z]. Canada : Parallax Film, 2018.

[116] Kristen Akers Gozdecki, Nicolas Zimmerman. Inside World War II [Z]. US : Towers Productions, 2012.

[117] Serge de Sampigny. Inside the SS [Z]. France, US : Histodoc, 2017.

[118] David Korn-Brzoza. Hitler Youth [Z]. France, Germany, US : ZED, 2017.